再生资源产业系统脆性分析与调控管理

唐　燕　李　健/著

科学出版社

北　京

内 容 简 介

再生资源产业是实现有限资源无限循环的新兴产业，为资源再生利用指出了产业化发展道路，对加快生态文明体制改革、建设美丽中国具有重要战略意义。本书以再生资源产业系统为对象，研究了其基本运作过程、脆性影响程度与调控策略。具体内容包括：空间维度下的系统发展模式、时间维度下的系统演变过程、系统关联结构分析、产业聚集发展趋势、关键脆性因子影响分析、脆性评价模型构建、脆性风险预警设计等。最后，以天津市为例，进行再生资源产业系统的脆性分析评价的实例研究，提出了再生资源产业可持续发展的调控措施。

本书可供管理科学、系统科学、社会科学、工商管理等专业的本科生、研究生和教师阅读，也可为各级政府部门提供决策参考。

图书在版编目（CIP）数据

再生资源产业系统脆性分析与调控管理/唐燕，李健著. —北京：科学出版社，2018.8

ISBN 978-7-03-055717-9

Ⅰ. ①再…　Ⅱ. ①唐…　②李…　Ⅲ. ①再生资源–资源产业–经济管理–研究–中国　Ⅳ. ①F124.5

中国版本图书馆 CIP 数据核字（2017）第 294280 号

责任编辑：王丹妮 / 责任校对：王晓茜
责任印制：吴兆东 / 封面设计：无极书装

科学出版社出版
北京东黄城根北街 16 号
邮政编码：100717
http://www.sciencep.com

北京凌奇印刷有限责任公司印刷

科学出版社发行　各地新华书店经销

*

2018 年 8 月第　一　版　开本：720 × 1000　1/16
2019 年11月第二次印刷　印张：12 1/2
字数：253 000

定价：92.00 元

（如有印装质量问题，我社负责调换）

前　言

资源与环境是人类生存发展的基础，当今时代，“创新、协调、绿色、开放、共享”五大发展理念正引领中国深刻变革与发展，人们对资源与环境的关注程度与日俱增。多年来，我国始终将转方式、调结构放在重要位置，大力推进循环经济和绿色经济发展。再生资源产业是实现有限资源无限循环的新兴产业，是可持续发展战略在我国的具体应用，为资源再生利用指出了产业化发展道路。该产业的发展虽然取得一定成就，但也存在一定的问题，主要表现为社会回收体系不健全、消费者回收意识薄弱、研究和创新能力不高、市场发展无序化、法律法规不完善等。随着再生资源产业各参与方之间传统的对抗型关系逐步向合作型关系转变，产业内部衍生出各种复杂的交互联系，各利益主体联系不紧密，产业链条结构薄弱，这意味着再生资源产业处于一定程度的脆性风险中。其根本是需要各类影响因素互相耦合，避免一个子系统崩溃而产生的连锁崩溃效应，造成不可估量的损失。如何减弱再生资源产业系统的脆性，在一定程度上来说相比单单研究其工业化发展具有更高的重要性。

本书共分 7 章，其中第 1 章和第 2 章为相关研究背景、国内外研究现状及理论基础支持与主要模型。以建立结构模型为目的，介绍了再生资源产业的利益回收模式、相关理论的发展历程及支持结构，以及系统动力学方法的基本建模步骤、方法。第 3 章至第 7 章为再生资源产业脆性分析及系统调控。以天津为例，更为详细地介绍了再生资源产业系统的发展演变模式、系统脆性因子辨识、系统脆性评价、多维临界调控等方法的应用过程，便于读者理解和掌握。

本书由唐燕、李健负责全书的总体设计、组织、审校和定稿工作。天津理工大学管理学院博士研究生朴胜任负责总体整理工作，研究生刘小榕、郭俊岑负责内容修订工作，本科生孟繁玥、刘紫璠、陈禹锡、齐建旭、时正彬等负责数据收集和整理工作，在此一并表示衷心的感谢！本书出版得到了国家自然科学基金青年科学基金项目“中国再生资源产业脆性生成机理、风险测度与预警策略研究”（71503179）与教育部哲学社会科学研究重大课题攻关项目“京津冀协同发展战略实施中若干重大问题研究”（15JZD021）的资助。

唐　燕

2018 年 1 月

目　　录

第1章　绪　　论

1.1　再生资源产业系统脆性问题

1.1.1　社会现实问题

环境是人类赖以生存的必要保证，也是经济发展的物质载体。人类的文明史在某种程度上也可以被称为物质使用的演进史。在这数千年文明史中，资源的开发利用强度不断被加强，最大化利用资源成为经济社会发展的重要目标，与此同时，人类却常常忽略科学、合理地利用资源。特别自第一次工业革命以来，工业化进程加速，科技进步使得人类利用海底、地下、空中资源环境的梦想变为现实，几乎所有有限的世界资源都被加以利用，直接导致环境的污染、资源的枯竭、灾害的频发等人类所面临的生存威胁。世界自然基金会发布的《地球生命力报告 2012》中指出，如果人类按目前的速度消耗资源，到 2050 年，人类将消耗掉相当于两个地球才能提供的全部自然资源。即如果工业化国家的人均资源消耗量保持稳定，如同过去 30 年一样，而世界其他地区继续目前的追赶趋势，到 2050 年，每年的矿物、矿石、化石燃料和生物量总消耗量为 1400 亿吨，90 亿人口人均消耗 16 吨。这说明资源使用和排放在未来是不可持续的，很可能超过所有现有资源数量和消化环境影响的预计能力极限。因此，选择适当的资源利用方式、转变经济发展方式、反思自身与自然的关系，已成为人类必须面对的迫切问题。

20 世纪 60 年代，随着环境保护思潮的兴起，美国经济学家 Boulding 阐述了“地球宇宙飞船”思想，指出地球资源的有限性和环境破坏的无限性，定义了可持续发展的概念[1]。但是，人类对于如何改变资源利用方式，仍处于末端治理的思想中。直到 20 世纪 90 年代，英国环境经济学家 Pearce 和 Turner 在《自然资源和环境经济学》中，第一次使用了“循环经济”这一概念，由过去的线性思维走向系统思维，资源再利用方式也从末端治理转变为过程治理，开始有了真正意义上的理论化研究。特别是 1992 年联合国环境与发展大会和 2002 年可持续发展世界首脑会议提出可持续发展道路之后，德国、英国、瑞典等欧洲国家提出了循环经济发展战略，进而再生资源产业成为世界各国谋求可持续发展的战略性产业，并得到迅速发展[2]。

再生资源产业已被普遍认为是一个朝阳产业。再生资源产业的发展，已成为21世纪每一个国家可持续经济发展的重要组成。我国作为世界工厂，是世界最大的制造基地，每天向全球各个国家出口数以亿计的产品，这些产品消耗着中国的各种不可再生资源，消耗水平远远高于世界平均水平，透支着环境和生态，应当及时采取更加积极而稳妥的发展战略，加大再生资源产业发展力度，提高原生资源利用效率。因此，我国从20世纪50年代初期就建立了遍及城乡的废旧物资回收系统，实行周恩来提出的“变无用为有用，变一用为多用”的产业发展方针，形成了当时世界上最完善的回收系统[3]。随着可持续发展战略的实施和资源再生利用认识的提高，我国将再生资源产业发展政策作为落实科学发展观、缓解资源压力、实现经济可持续发展的重大国策。中共中央“十一五”规划明确指出建立环境节约型、资源友好型社会，为再生资源产业的发展提供了必要的政策支持和总体战略导向。在政策指导下，我国再生资源产业规模逐步扩大、回收体系逐渐完善、回收总量不断上升、回收总值持续增长、进口总量小幅提升、再生比例增中有降。2016年，国内回收总量约2.56亿吨，与2015年相比，增长了3.7%，回收总值约5902.8亿元，比2015年增长近1倍，各类回收企业10万多家，回收网点7万多个。但我国再生资源产业的回收市场比较混乱，各地还处于试点运行阶段，仍然存在很多现实问题。

第一，未建立完善的社会化回收体系，再生资源产业园区生产能力过剩。《中华人民共和国循环经济促进法》第十二条对各地制定循环经济规划的规定，促使再生资源产业园区数量大幅增加。但是，再生资源产业的主体属于工业产业，需要源源不断的废旧电子信息产品、报废汽车、橡塑等原料供给，以维持主体产业的生产。2016年，我国彩色电视机产量为1.57亿台、空调1.64亿台、冰箱0.8亿台、计算机3.31亿台、手机21亿部、汽车2811.9万辆。其中电视机、冰箱、手机等电子废弃物，由于科技水平的提升，更新换代速度越来越快，报废数量剧增。但是我国再生资源回收体系组织化程度低，大部分回收企业或个人仅仅停留在单一化回收方式，以手工操作、买废卖废为主，各自为政，没有形成规模化、网络化回收体系，导致再生资源产业园区虽然扩大了再生利用企业的规模，相应的回收企业却小而分散，未形成整体产业链的对接，没有实现再生资源产业的协同发展。

第二，废弃物的资源化水平低，研究和创新能力低。美国、德国、荷兰、日本等发达国家已经建立了完整的再生资源技术研发利用体系，再生资源的综合利用率较高。例如，美国对废旧家电的回收利用率已经达到97%以上，仅利用废旧家电回收制造的再生钢就占到钢铁生产总量的10%。目前，我国废钢铁利用率占钢铁产量的比例为26%，而世界平均水平为37%；我国再生铝产量占铝产量的

21%，而世界平均水平为40%；我国轮胎翻新率仅占新胎产量的4%，而发达国家一般为10%。目前，我国废弃物的利用技术相对落后，科研经费投入不足，使得一些研究成果难以推广应用，废弃物的综合利用率不高。由于自主创新能力低，再生产品以再生金属等初级产品为主，产业化程度不高，没有建立起全面系统的研发体系，未与制造业等其他工业产业形成整体网络化发展，降低了一些价值比较高的稀贵金属的利用效率，减少了再生资源产业的再生产品附加值，不能带动其他工业的发展。

第三，再生资源产业交易市场无序发展，政策法规制度不完善。我国废弃物的回收、综合利用和无害化处理环节分属不同的企业，缺乏统一有效的管理，再生资源产业的发展呈现出自发性、无序性等特征，未能建立起区域专业化和综合性的市场体系[4]。近年来，许多发达国家将我国作为废旧资源的出口地，将大量的电子垃圾倾倒到我国，严重扰乱了我国的生态平衡。因此，导致许多地区严重存在跨地区进口和倒卖国外废旧物资、虚开发票、倒卖废旧物资回收或经营许可证的现象，扰乱了正常的市场秩序。而且，废旧资源回收交易市场的交易方式落后，没有建立现代化水平的再生资源商贸市场，不能避免废弃资源的二次污染。这同时也是由于现有再生资源利用产业发展的法律政策不完善、不系统，在相关法律法规的衔接上存在一些问题，激励和引导产业发展的政策不健全，相应的准入制度和技术标准未颁布实施，从而影响了该产业长期稳定的发展。

1.1.2　科学问题的提出

再生资源产业产生于特殊的历史背景之下，是可持续发展战略在我国的具体应用，为资源再生利用指出了产业化发展道路。但是，从研究背景可以看出，再生资源产业的发展虽然取得一定成就，但也存在一定的问题，主要表现为社会回收体系不健全、研究和创新能力不高、市场发展无序化、法律法规不完善等[5]。这些问题既有时间空间限制的问题，也有产业发展自身的问题，其根本是一些不确定因素的存在，导致再生资源产业的集聚化均处于不稳定的发展状态，不能完全解决经济发展与环境保护之间的冲突问题，走入了尴尬的瓶颈发展阶段，影响了可持续发展目标的实现和最终完成。对于任何工业产业系统来说，可持续发展是至关重要的，需要各类影响因素互相耦合，避免一个子系统崩溃而产生的连锁崩溃效应，造成不可估量的损失。如何减弱再生资源产业系统的脆性，在一定程度上来说相比仅研究其工业化发展更具有重要性，这也成为本书研究的重要内容。

第一，系统复杂性增加，脆性作用机理不明确。20世纪90年代初，由于改革开放政策的推进和再生金属价格的不断攀升，一些地方出现了手工小作坊式的初级拆解加工，虽然经济规模扩大速度很快，但是对环境造成极大的破坏。近期，随着国家政策的战略性引导和资源需求的日趋强烈，原有手工小作坊和回收站点在市场经济发展中找到各自定位，再生资源产业园区规模日益壮大。可见，技术的进步使得再生资源产业系统变得越来越复杂，政府、企业和生态环境对系统的需求使得系统内各个子系统进行交互联系。但这种交互作用将受到更多因素的干扰，可能引致更多问题的产生，增加系统的脆性。传统研究方法是通过探寻系统事故发生的因果链，寻找诱发事故的关键性根源因素。然而，随着系统复杂性的增加，运用还原论对系统进行因果分析的程序难以逐步实施。寻找新的从复杂系统角度去解决脆性问题的方法成为当前研究的新思路。

第二，系统节点联系不紧密，产业链条薄弱。目前，再生资源产业节点主要包括回收站点、再利用站点、消费者三大利益主体，但是各节点以追求各自利益的最大化为目标，缺乏协同与耦合，导致再生资源产业走入了尴尬的瓶颈阶段。另外，现有再生资源产业链并未包括其上游产业“装备制造业”，也未包括其补链产业“新能源和环保设备制造业”，在产业链条结构上存在一定程度的脆性。大量的文献表明，由于节点联系不紧密和产业链条薄弱引起的失衡现象已经在许多国家生态产业系统中出现[6]，如丹麦的卡伦堡[7]、我国的鲁北和贵糖生态工业园[8]都出现了不同程度的失稳现象。如果不能对现有再生资源产业系统进行脆性分析，将不能评价系统中一些固有的、隐性的问题的脆性程度，测度系统可持续发展的实际需要，使再生资源产业系统产生剧烈的波动，面临崩溃却不能提前预知。识别产业系统中的脆性过程与脆性程度，加深企业间耦合的纵向深度，形成稳定高效的信息协同、过程协同、管理协同，才能使整个产业系统脆性较小以实现结构上的稳定。本书将通过评价系统中各子系统间的脆性程度来进行系统脆性的研究。

第三，产业扩张速度过快，系统调控手段单一。再生资源产业的原材料主要包含废旧机电产品、废旧电子信息产品、报废汽车的拆解加工，其中，废旧机电产品和废旧电子信息产品在我国主要依赖进口，导致一些沿海地区，借助劳动力成本优势，形成较大规模的废旧金属拆解业，仅浙江、广东、江苏三个地区就占了全国再生资源产业产值的70%，再生资源产业发展十分迅速。但是，产业的高速扩张和发展是与经济、环境、社会相交织的过程，决定了系统经济、技术、政治、生态和社会等方面的脆性，单单依靠政府政策的支持与激励，无法对日益庞大的系统进行有效的调控。面临废旧物资的成倍增长，这些风险不仅不会消除，还会因其相互交织度的增强而不断加剧，使再生资源产业蒙受巨大损失，生态环境日益恶化，社会稳定面临考验，影响该产业可持续发展。对再生资源产业系统的脆性进行有效的管理与调控，在新形势下成为迫切需要解决的问题。

1.2 再生资源产业与复杂系统脆性的相关述评

1.2.1 再生资源产业

目前，再生资源产业开始受到广泛的关注，许多发达国家已将其作为一门新兴的工业体系，主要发展模式以废弃物回收、拆解、资源化、无害化处理为基础，制定了许多保障和鼓励产业健康发展的政策机制，形成了较完整的社会化产业系统。但是，国内外直接提及“再生资源产业”的相关研究较少，主要集中在城市垃圾管理、逆向物流优化和再生能源利用技术等方面。“再生资源产业”研究领域尚不能单独构成一套完整的研究体系，需要与其他研究领域进行综合性研究。通过对现有文献进行总结，认为与本书相关的研究领域大致可以分为产业管理研究、利益主体分析、回收体系分析三个领域，具体如表 1-1 所示。

表 1-1 再生资源产业相关研究领域

研究领域	研究方向	主要研究内容
产业管理	再生利用产业管理	WEEE 各个角度的再生利用管理
	能源再生替代	再生资源对自然资源的技术替代
	管理体系构建	有效的政策引导与社会经济影响因素
利益主体	EPR	不同利益责任主体与两大收费方式
	成本-效益分析	收益、回收率、价格、价值率与废旧物资产生的数量预测
回收体系	回收模式	联合回收、制造商回收、第三方回收和公益性社会机构负责的四种回收模式
	回收网络及优化	特定产品、典型区域的回收网络优化
	回收方案实施	借助生命周期分析、物质流分析、博弈方法的回收方案优化实施策略

注：EPR—extended producer responsibility，生产者责任延伸制度；
WEEE—waste electrical and electronic equipment，报废的电子电气设备

1. 产业管理

目前直接提及再生资源产业管理的研究很少，相关研究主要集中在废旧电子产品回收处理、能源再生技术和工业固体废弃物管理等领域。这些方面都属于再生资源的一部分，有着密切的联系，可提供相应的借鉴作用。因此，再生资源产业管理方面的研究可从再生利用产业管理、能源再生替代和管理体系构建三方面进行。

大多数家庭用户的 WEEE 已趋于老龄化，基本没有再销售的价值，对环境危

害极大，它的闭环回收对于全球来说，是一种社会化循环的挑战与机遇[9, 10]，因此再生资源的国外相关研究以 WEEE 的回收与利用管理为主，通过各个角度再生利用状况的比较，为该产业的脆性研究提供经验借鉴。从区域再生利用角度看，各国实施的重点内容各不相同。王景伟等总结了美国 WEEE 再生利用产业的产业发展背景、生产规模、经济规模、产业结构、技术工艺及相关法律法规[11]。但针对当前企业对于 WEEE 指令的混乱执行情况，Huisman 等根据经济效益和环境影响评价结果，提出了适用于美国不同成员组织的有序的回收系统，实现资源利用与环境保护的初衷[12]。Yamasue 等估算并对比了日本 WEEE 材料的损耗金额与中国回收 WEEE 成本及利润的影响[13, 14]。国家发展和改革委员会资源节约和环境保护司分别对德国、荷兰、日本等国电子废弃物回收处理的法律要求及资源化情况进行描述，分析了回收处理体系的组织结构、管理原则和收费模式[15-17]。从国家间的比较角度看，郝应征等对世界主要工业国家或地区 WEEE 立法状况和再生实施过程进行了综述[18]。而其他一些国外学者对荷兰、丹麦、德国、瑞士、瑞典、日本、韩国、中国台湾等国家和地区的 WEEE 回收管理体系与策略进行了比较分析，总结了可借鉴之处及运作体系的物流、资金流责任承担方式和竞争程度，并提出了一些可行的建议[19-22]。

在能源再生角度，随着矿产资源的日益枯竭和原油价格创纪录的高涨，太阳能、风能、地热能源、生物质能等可再生能源资源，作为替代资源已被越来越多的国家所重视[23, 24]。Giuseppe 构建了可再生资源的内生增长模型，计算了再生资源和自然资源在模型中的技术替代率[25]。从资源化的技术角度看，美国最新的光学分拣设备制备商（MSS）自动分拣的光分离技术，可识别和分离塑料、电路板、铁、有色金属、不锈钢等材料[26]，并且对再生资源进行微波消解可以保留易挥发元素，进一步保护环境[27]。在农村能源循环方面，许多国家的农村地区都存在着再生能源供应不足的问题，可通过农业纤维利用、发展沼气工程和水力、风力发电等措施[28-30]，辅以合理分配为重点的新补贴政策[31]，加大农村再生资源利用力度。

为形成规范化的再生资源管理体系，必须首先考虑影响其实施有效性的主要影响因素。Taylor 认为在经济发达国家的废弃物管理中，政府鼓励与控制的引导政策十分重要，由公众心理、企业价值取向等因素所决定[32]。而 Johnson 等认为社会经济因素发挥的作用也很大，如教育程度、性别、年龄、收入等因素，从回收源头影响再生资源的产业化管理[33]。Realff 等认为各个国家应根据废旧电子产品材料实际情况的复杂多变，选择正确的收集方式，不存在最优管理策略体系[34]。Sinha 等对比瑞士和印度的再生资源产业管理体系，认为每个国家应考虑本国经济结构和相关法规的可行性因素，以改善或优化现有管理体系[35]。对于发展中国家来说，Troschinetz 等认为主要影响因素包括：废弃物回收和分类、废弃物管理者、废弃物从业人员教育水平、消费者受教育水平、政府的财政投入等[36]。Yang等通过成本分析发现回收成本影响着再生资源产业原材料的流向，是决定产业管理体系成败的关键因素[37]。Widmer等对比分析了印度、中国和南非的产业管理体系，认为应从回收处理的资金来源、技术工艺及法律法规等多个因素着手，开展安全有效的新的管理策略[38]。Goggin等则认为一些关键回收环节和资源化技术同样影响着产业管理体系的设计与控制[39]。

在再生资源产业管理体系规划与设计方面，国外相关研究较少。Abduli为德黑兰的城市固体废弃物制订了专门的管理计划，但是没从整体来考虑废弃物管理系统，缺乏相应合理的组织结构、法律、制度体系[40]。国内相关研究相对较多，主要从管理方式、产业布局、运作模式等方面进行阐述。从全国范围内考虑，王爱兰总结和借鉴了发达国家经验，分析了我国再生资源产业发展现状及存在的主要问题，提出了加快该产业可持续发展的对策建议[41, 42]。周宏春讨论了政府如何适应变化了的再生资源产业管理和服务需要，提出了规范回收体系、发展二手市场、加大技术研发投入力度、对进口废料实行园区化管理等建议[43]。在此宏观分析基础上，一些学者相继提出了以下强化再生资源产业管理措施：建议政府在管理过程中发挥一定杠杆作用，依据一定的原则最大限度地减少不利影响[44]；对再生资源产业实施圈区管理，并辅以政府的财税扶持[45]；充分发挥再生资源行业协会的作用[46]；构建再生资源产业园与协会相结合的运作模式等[47]。随着我国在各省区市再生资源产业建设试点工作的开展，对北京、天津、河北、湖南、珠江三角洲、台湾各地再生资源产业管理的分析也成为许多学者研究的重点，建议政府制定相关法规政策，强制生产企业或销售企业回收电子产品，成本可由消费者支付，并应着力增强产业规模、产业地位和产业市场方面的能力建设，科学合理布局再生资源产业[48-54]。对于一些经济欠发达地区，再生资源产业发展速度虽然较慢，但也出现了一些初步研究，如青海、湖北、广西、河北文安县等地均为学者关注对象，分析了地区产业发展现状，针对产生固废污染的原因和存在的问题，提出了各自的管理实施方案[55-58]。

2. 利益分析

大多数发达国家和地区对再生资源产业的分析、研究与调整，都是以利益分配为基础进行的，根据不同利益主体的特点，建立与其相适应的回收管理制度。从再生资源产业链条来看，其利益主体主要包括制造商、供应商、分销商/零售商、回收企业、资源化企业、消费者及政府等，各个利益主体承担着不同的责任。Chua等在此基础上加入了紧急利益相关者和代理利益相关者，包括交易中介、科研机构、社会环境组织和地球生物圈、人类后代等[59, 60]。不同利益责任主体对采用生产者责任延伸制原则的着重点是不同的，只有各利益主体之间积极主动合作，才能实现有效的环境进步[61]。例如，政府通常通过增加投资、减少税收等手段，以平衡废弃物管理的成本，或制定相应的激励措施，促进产业科研水平提高，使得产品废弃后易于拆解、再使用和再制造，产生最小的环境污染[62]；生产者会通过涨价来转嫁生产者责任延伸制度实施带来的边际成本[63]。通过比较分析日本、韩国、美国、欧盟的生产者责任延伸制原则，发现各国诠释与实际执行情况各不相同，说明适用于各种情况的最有效率的管理策略实际是不存在的[64, 65]。针对我国具体情况，刘冰等从环境经济学角度初步探讨了我国废弃物管理中施行生产者责任延伸制面临的挑战[66]。黄英娜等阐述了该制度的内容、特点及推行的现实意义，分析了对我国电器制造商将会产生的影响[67]。对原生制造产品进行收费，体现了各利益主体对该产品的经济和环境责任，只有通过立法制定明确的价格机制，才能使得生产者与政府达到合作的目的[68]。

目前，主要的收费方式有两种：原生产品销售收费模式和报废产品处置付费模式。在收费模式方面，国家发展和改革委员会环境和资源综合利用司曾对欧盟部分国家和日本的收费标准进行分析，指出由于国情差异，这些标准不能直接应用于我国再生资源的回收利用[69]。在付费模式方面，应重视产品污染的环境问题，Walls等设计了一个集成产品生命周期外部性的生产和消费模型，表明各个利益主体应共同承担其环境影响，上游污染下游处理，下游处理上游补贴[70, 71]；Macauley 等建立了成本-利益模型，通过对美国废弃显像管的处置成本进行分析，认为应完善政策以使处置成本小于避免环境污染与损害人类健康的成本[72]。在我国，应遵循“谁生产、谁销售、谁使用，谁承担”的原则，将“制造商责任制”与“生命周期化管理”作为政策制度的基础原则，由政府、制造商、分销商（零售商）、消费者共同承担再生资源回收处理产生的相关费用，建立“四位一体”的付费机制[73-75]，尤其需要对再生资源的回收处理费用、收益、回收率、价值率等方面进行研究[76-81]。

在回收处理的整个过程中，不同回收方式导致耗费的成本不同，收集和运输所耗费的成本最大，这也需要准确地预测不同地区废旧物资产生的数量，以此量化整个回收体系的成本、物流完善程度、收费模式及政策制定[82]。Kang 等预测了美国加利福尼亚州个人计算机未来回收量，指出废旧物资本身的再生、处置成本最大[83, 84]，与 Hainault 等的回收、运输成本较大的研究结果不同[85]。Peralta 等[86]与 Jain 等[87]分别预测了菲律宾、印度主要电子电器产品未来的废弃量，并找出影响回收处理成本-收益的关键性因素，主要包括电器产品社会保有量、技术水平及产品质量。Yang 等对中国废旧电子电器产品数量进行了估算，分析了普遍存在的不规范的回收处理行为，建议细化 ERP（enterprise resource planning，企业资源计划），制定规范完善的管理政策，使再生企业和制造企业之间形成生态共生网络[88]。

3. 回收模式

废旧资源作为产品供应链中的一个特殊环节，与正向销售物流相比，有分散性、混杂性、价格不稳定、不易回收、成本高昂、运输不安全等特点，选择不同的回收模式，逆向物流所经过的环节、造成的经济社会影响也会不同。Piet 于 1994 年提出并研究了产品回收的环境问题[89]。刘小丽等建模分析了我国电子废物类型及其对环境问题的影响，认为量大而且增速较快的电子废物的处置和资源再生化将是未来资源再生的主要难题[90]。Krumwiede 等提出了回收模式的定量模型，用于解决基于第三方供应商条件下的回收物流问题[91]。Spicer 等阐述对比了制造商回收、联合回收、第三方回收三种回收模式，认为第三方回收模式能最好地体现 EPR[92]。Ravi 等则将回收物流分为第三方回收、联合回收和虚拟逆向物流网络，并提出了基于层次分析法的网络层次分析法（analytic network process，ANP）决策模型和方法，为回收方式的选择提供了更精确的决策方法[93]。国内学者在国外回收模式的研究基础上，根据我国现有回收情况进行了深入探讨。范江华提出了第四种运作模式，即公益性社会机构负责的回收模式[94]；姚卫新以再制造为研究对象，对三种普遍存在的联合回收、制造商回收和第三方回收模式的实施进行了对比研究[95]；魏洁等则通过模型分析验证了最优零售价和生产商利润在这三种回收模式下的不同之处[96]；裴杰夫对外包公司的废旧电子产品回收进行了研究，认为回收过程中的物流外包是再生资源产业发展的一种必然趋势[97]。

为了提高不同回收模式下废弃资源的回收效率，需要对回收的物流网络进行优化，各国研究人员均提出了自己的见解，一般带有具体的废弃资源类别或者明显的地理位置特点，针对特定产品、典型区域的回收网络进行优化。Nagel 等通过构建项目终止（end of life，EOL）模型，优化了德国废旧冰箱的回收方式，并分析了其经济和环境影响[98]。在废旧计算机的回收模式中，der Horng 等应用两段启发式算法构建相关决策程序设计模型，解决了回收网络中复杂的设计问题[99]。Krikke 等讨论了整机和零部件两种不同的回收处理方式，构建了荷兰鹿特丹废弃计算机显示器回收最大净收益的随机动态规划模型[100]；而针对其他一些生命周期较长的电子产品，提出了基于多层回收网络的混合整数线性规划模型，以成本最低为回收目标，在备选方案中选择出最优的设置地点[101]。对于废弃资源回收方案的选择和实施，国内外学者采用了不同的管理数量方法进行分析和评价，如遗传算法、整数规划、生命周期分析、物质流分析、H∞控制方法、博弈（包括利益博弈与寡头博弈等）等[102-108]。其中使用最多的方法为生命周期分析（life cycle assessment，LCA），全球发展中心在报告中将生命周期法列为废弃资源管理中最有效的工具之一，可以帮助政府制定相关策略、制造商改进产品设计方案、资源化企业增加原料来源[109]。

4. 文献述评

从以上国内外有关研究中可以看出，政府、企业和公众对再生资源回收处理的重要性认识刚刚开始，再生资源的管理、利益成本的分析、回收体系的建立在国内外都是一个较新的课题，多数研究尚处于起步阶段，存在一定的局限性。

第一，对再生资源产业的管理体系构建缺乏相应的专门理论，系统性的结构研究不足。目前的研究多是借鉴循环经济、生态学、供应链等理论方法，综合性研究多偏向定性研究，定量研究不足。而再生资源产业是一个新兴的研究领域，其结构特点具有明显的复杂性，需要系统、全面、深刻的专门理论进行有针对性的研究。

第二，具有我国国情的再生资源产业系统运行稳定性分析较少。国内有关再生资源产业系统运行的研究很多，但是主要以发达国家的实践经验为起点提出建议，与我国实际国情的结合度不够，产业系统特征不明确，多数是泛泛而谈，缺乏依据及信服力，不能准确找出影响产业系统运行稳定性的关键性要素。

第三，在回收模式的选择方面，国内外已有学者进行探索，但并不是很系统，有的研究只是针对某些方面，缺乏大规模、多种类废弃资源再生系统脆性的相关研究。如前所述，影响再生资源产业系统的因素很多，产业链条的各个节点关系复杂，对系统的作用力不同，需要进行脆性评价和调控。

因此，本书将综合国内外的研究方法，从系统理论的角度将再生资源产业系统看做一个复杂系统，从脆性理论角度对再生资源产业的脆性进行研究。

1.2.2　复杂系统脆性

迄今为止，对于复杂系统，国内外理论界公认其具有：复杂性（cocmplexity）、开放性（openness）、进化涌现性（evolutoinnad emergence）、层次性（hierarehy）。但随着社会经济、科学技术的发展，人们在研究时发现，复杂系统的运行过程中，时常受到一些因素的干扰，这些因素有的可以测度，有的不能测度；有的可以预知，有的不能预知；有的影响力很大，有的影响作用不大。这些因素的干扰会不同程度地传递崩溃性，甚至最后导致系统崩溃和坍塌。人们称复杂系统的这种性质为脆性。近年来，已有越来越多的学者，在不同领域展开了广泛的研究。脆性理论最早是根据原国防科学技术工业委员会副主任栾恩杰对复杂系统脆性监控和预测的建议，以我国学者金鸿章为主的研究团队，基于突变理论、适应性 Agent 图论、熵理论、控制论等理论，从脆性致因机制入手，建立脆性模型并仿真，应用于对交通、矿业、电力、船舶、煤矿、通信系统及非典疫情控制等方面的脆性分析，开拓了复杂系统脆性的全新研究领域[110-122]。国外尚未明确提出复杂系统脆性这一概念，但也进行了一系列相关研究。其中，最为相关的概念为复杂系统的脆性研究，主要的研究成果和报告来自美国、英国、荷兰、瑞士、芬兰等国家，涉及国防装备制造、环境保护、气候变化、人工智能、控制系统、计算机软件工程、通信系统、电力系统、道路交通、工业生产、社会网络、煤矿事故等领域[123-133]。为了对复杂系统的脆性问题进行全面、深入的阐述，本书将结合脆性的相关研究，从与再生资源产业相关的生态环境和产业经济领域进行分析，具体如表 1-2 所示。

表 1-2　复杂系统脆性理论主要研究领域

研究领域	研究方向	侧重点
生态环境	气候变化	“灾害事件”评估与应对
	水环境	水资源相关环境因素的脆弱影响效果
	资源承载	综合承载力脆性崩溃过程与预警
产业经济	产业风险	农业与制造业、建筑业、海洋产业等工业面临的脆性风险分析
	金融体系	金融危机脆性的程度和传导机制
	供应链系统	供应链系统连锁崩溃过程与脆性势函数模型
	企业集团	企业自主创新系统脆性结构模型与成长风险的管理问题

1. 生态环境

在当今世界国家和区域发展过程中，自然科学和社会科学学者都一直在关注和研究生态环境的脆性问题[134]。Paul 等对人类所处环境变化的五个方面（自然规律、人类生态、政治经济、生态学构成及政治性）的优劣势做了评估，应在现实主义认识论的基础上解决社会结构、人力结构和生态环境之间相互关联的动态性问题[135]。Edwards-Jones 等使用碳足迹对英国出口业的脆性进行了分析，通过分析三种产品运输环节、国民经济和供应链等的碳漏洞，发现远距离发展中国家的替代性出口，是导致出口脆性的最重要因素[136]。

在生态环境脆性中，气候变化是最不受人类控制的重要因素，Füssel 对比了各种学术领域中“脆性”的定义方式，提出了适用于气候变化研究的普遍性理论框架，区分社会中四个根本性脆弱因素，用来解决全球各种气候变化风险应对问题的脆性研究方法[125]。Sergio 等运用利益相关者等理论，分析了墨西哥农民生存环境及策略的脆性，认为政府干预更能降低气候压力风险，提出了应对的长期战略性建议[137, 138]。Tommy 等对雅加达气候风险进行了阐述，考虑通常被忽略的关于社会经济状况影响的风险，提出了地理信息系统应该与社会经济脆性进行数据集成的脆性避免方案[139]。Suzanne 等通过在加拿大肯那根（Okanagan）山谷进行访谈，发现生产者制定战略容易受到气候变化的风险影响，可以通过提高资源、技术的可用性与获得政府的支持来适应脆性的动态变化性[140]。Wei 等在传统脆性分析方法的基础上添加子指数，构建了综合脆性指数体系，评估中国每个区域灾害的严重性，并为区域脆性分类提供新的方法及建议[141]。Michele 对中国四川农村这一高度脆性贫困地区进行研究，发现低消费和高脆性的作用性是类似的，应制定相关政策来促进消费以减小脆性[142]。

水资源是维持自然生态系统的基本要素，也是支撑人类社会发展的基础性资源。然而，随着生产规模和人口数量的不断扩大，水资源所处环境的脆性问题正在成为限制区域生态环境和经济社会发展的瓶颈，研究水资源环境的脆性，对合理利用水资源、科学制定发展战略、实现可持续发展具有重要的意义。Varis 等利用脆性评价方法对亚洲 10 条主要江河流域进行脆性的评估，通过使用各种地理空间数据库，分析了自然环境、人口治理、水资源短缺等数据，发现亚洲南部流域从本质上比其他流域更加脆弱[143]。David 等分析、评估了 14 个中美洲加勒比地区水文气象灾害脆性的主要症状，认为水文气象日益脆弱的恶性循环是生态系统退化的主要原因[144]。Amy 等从一个动态的过程分析了中国水电开发的有关问题，发现水电行业的改革动机并未建立在对能源和水资源的需求控制层面，应通过改善经济发展建设和机构改革，提高水电大坝的应变能力[145]。韩传峰等在此基础上研究了黄河中下游灾害系统的脆性源，并提出了脆性源控制的相关策略[146]。Adrianto 等应用总体岛屿产品方法，以日本的奄美群岛为例进行脆性评估，发现人均收入相对较高的岛屿对环境灾害的影响更大[147]。

随着地球人口急剧增长及城市规模的迅速扩张，资源环境的承载力问题引起人们的普遍关注，分别从燃料发电和区域可持续发展进行研究。燃料发电主要包括化石燃料发电和天然气发电，对这两种发电方式依赖性的高低，决定了燃料发电脆性的大小，可通过实施价格波动与税收公平措施来减少其脆性[148-150]。在区域环境可持续发展方面，国内一些学者进行了以下相应研究。李东序基于城市人口及资源环境的承载能力要素构成，分析城市综合承载力脆性要素与崩溃过程，制订了城市综合承载力预警方案，为政府制定、调整和落实城市可持续发展的各项政策措施提供参考[151]。唐敏利用突变理论对矿业系统进行脆性分析，找出系统脆性变化曲线，并以此为依据来确定负熵引入的最佳时机和位置，最后以云南铜业复杂系统为例进行实例分析和验证[152]。孙平军在此基础上，认为脆性与可持续性是发展的两个内在互异属性，区域经济是通过不断抑制和降低其脆性而获取螺旋式发展的过程，并基于“压力-敏感-弹性”模型对矿业城市经济发展脆性进行了评价[153]。

2. 产业经济

在生态环境的脆性研究基础上，脆性的研究领域也逐渐扩大和专门化，突破了自然环境和人文社会环境的传统领域，关于产业风险、金融体系、供应链系统和企业集团的研究也越来越受到重视。

从世界农业角度，Nicola 等面对世界农业经济价值下降的脆性现象，评估农作物授粉的经济价值，发现产业脆性与授粉媒介的减少呈正相关，可从市场战略角度提出相关解决办法[154]。Christopher 研究了尼加拉瓜北部不断变化的咖啡市场机遇与脆性漏洞，认为参与有机化生产和公平贸易网络，可以降低农民发展咖啡业的脆性[155]。刘金霞[156]分析了中国农业风险的形成机理。杨年芳等[157]在中国农业风险分析的基础上，进一步构建了柑橘产业系统脆性模型，分析和提炼产业链脆性因子，并构建出柑橘产业链脆性因子的评价指标体系。

而在工业研究领域，脆性研究主要集中在石油、制造业、建筑、海运、服务业。Eshita 以 2004 年为指标基准值，评估了 26 个石油净进口国的石油相对脆性，用来捕捉各种经济体走向国际石油市场发展的相对灵敏度[158]。Wong 等对中国的资本密集型制造业进行了实证分析，发现基于脆性的客户关系高水平维护与灵活的客户关系、强制整合、买方特殊投资、低水平的自我利益追求密切相关，提出了一个新的动态性方法框架[159]。Thun 等对德国 67 家汽车行业制造工厂进行了调查，研究区分内部和外部的供应链风险概率影响矩阵，发现执行程度高的企业表现出更好的供应链绩效，建议提高风险预防的灵活性和安全库存值[160]。在建筑行业，改善工作场所的安全性能与降低事故风险脆性也是一个很大的未开发的研究方向[161]。长期和复杂的海上运输产业系统更容易脆弱，Barnes 等分析海运贸易产业系统的安全性保障性措施，提出了一个港口和供应链网络之间脆性映射的新分类方案[162]；Øyvind 等提出了一种结构化的正式漏洞评估（formal vulnerability assessment，FVA）方法，确保提高海上运输从中断事件中恢复的能力[163]。从分布在数字领域的数字化产品脆性角度，Cook 等建议通过整个数字化产业供应链中三个环节（分销、展览、生产）的再造，解决经济上的脆性问题[164]。

随着经济全球化、金融自由化、体系复杂化的不断发展，金融危机的脆性、传染性和破坏性日益明显，尤其在经济转型过程中需要良好的财政政策体系，有效地控制通货膨胀，减少金融危机带来的一系列负面影响[165, 166]。Ashoka 等以 5 个东亚国家的经济为例，使用动态因子分析法来估计区域经济和金融危机脆性的程度，发现对外负债、国内股票信贷市场的繁荣、高收益的传导与区域脆性呈正相关[167]。Montalbano 研究了福利成本与贸易开发之间联系的振荡性和不确定性，提出了一个贸易脆性的概念框架，为今后研究提供了 3 个潜在的因素影响路线（宏观、微观和中观）[168]。武占云分析了国际金融危机的传染过程的直线逆反馈机制和网状交叉传染机制，发现金融和贸易脆性之间的相互作用，加剧了金融危机传染的强度与广度[169]。此外，我国的严太华等[170]、伍志文[171]、李正辉[172]等也分别从金融体系的脆性模型构建、脆性机制分析和系统脆性理论完善等方面，进行了深入的理论与实践研究。

供应链系统是一个具有耗散结构的复杂巨系统，其结构的复杂性、所处环境的不稳定性和过于追求精益化生产等脆性因素，在运行和发展过程中表现出极大的不稳定性，越来越容易遭受各类风险的侵袭，从而引发“多米诺骨牌”效应导致整个供应链系统崩溃[173-175]。因此，供应链系统的脆性管理与控制具有重要的理论意义和广阔的应用前景。Peter 等基于内权变理论，初步论述了关于供应风险的识别和预测的新框架，修正供应商的特定环境中的脆性因素，提出对供应商的评估和分类的新方法[176]。Bogataj 等基于投入产出分析、拉普拉斯变换和物料需求计划-配送需求计划（material requirement planning-distribution requirement planning，MRP-DRP）随机建模思想，开发出供应链风险计量模型，预测供应链的脆性，描述了紧凑的生产-销售网络所需的时间扰动[177]。Oke 等调查了美国一家大型零售商供应链管理所面临的脆性风险，将风险分为固有的或频繁的高风险和随机的或罕见的风险，对比处理这些风险的减灾战略，提出脆弱风险类型和处理的具体战略[178]。此外，我国的易海燕[179]、杨东升[180]等分别构建了供应链风险值评价模型和供应链系统脆性势函数模型，研究了供应链风险管理与控制的过程和方法，提出了监测和控制供应链运作风险的相关方案。

作为一种特殊的企业空间组织形态，企业集群在发展过程中出现潜在的或明显的脆性本质，同样引起了众多领域研究者和决策者的热切关注[181]。田耕借助结构方程模型（structural equation model，SEM），探讨了市场资本、人力资本、创新资本、生产质量和外部环境等脆性因子，建立了基于最大熵原理的脆性评估模型，完善了企业危机管理评估机制[182]。杜军等构建了由外部脆性环境输入和系统内部结构组成的企业自主创新支持系统脆性结构模型，分析了形成机理及其与系统失效危机的逻辑关系[183]。张东风运用复杂系统脆性理论构建了三链螺旋企业集群创新系统（enterprise cluster innovation system，ECIS）模型，对企业集群成长风险的管理问题进行了阐述与研究[184]。李金兵在给定资源负熵概念的基础上，通过脆性函数进行脆性博弈与仿真，研究资源负熵的引入时机与企业复杂系统的可持续发展的关系[185]。马丽娜结合复杂系统脆性理论和企业集团复杂性特征，分析并辨识导致整个企业集团崩溃的脆性事件及各自的关键脆性因子，构建企业集团脆性模型，并进行脆性风险的相关预警分析，提出相应的对策建议[186]。

3. 文献述评

综合以上国内外有关研究，对复杂系统脆性理论的相关研究时间较短，尽管已有许多专家、学者、研究人员进行了一些研究，但是国外脆性相关理论研究成果只针对某一具体崩溃或风险较大的现象，或者仅限于某一典型研究领域；相反，国内有关脆性的研究只是从总体给出可以应用的理论及宏观层面的对策建议，还存有较大的可研究空白，还没有形成系统的研究，具有一定的薄弱之处。

第一，目前复杂系统脆性理论的研究主要集中在生态环境保护和动脉产业经济风险规避中，但是这两方面与再生资源产业系统的关键特征、脆性影响因素和作用机理有很大的区别，再生资源产业系统管理与发展的目标和途径也并不相同，简单运用现有复杂系统脆性理论对再生资源产业系统进行优化调控并不适用，如何很好地将脆性理论方法与再生资源产业系统脆性管理结合起来，目前还缺乏这方面的研究与实证。

第二，复杂系统的脆性评价指标体系虽然比较全面，但不具备广泛的适用性，存在一定程度的重叠性问题，许多研究为了追求指标的完备化，不断地增加新指标，使指标的种类和数量越来越多，在实际操作中造成了一定的困难。由于缺乏工人的指标定量筛选方法，权重选取主观化现象严重，在脆性因子求解时很难达到一致性。

第三，国内外研究对脆性风险管理与控制的宏观方法和理论研究取得了很多成果，在复杂系统脆性理论和评价方法、模型研究方面也有较大突破，但这些方法的可行性还有待于典型案例应用实践的进一步验证，特别是面向再生资源产业系统脆性程度评价模型的研究目前还基本处于空白状态，需要对现有脆性评价模型进行创新与改进，拓展其适用范围。

因此，本书将结合再生资源产业系统具体特征，将脆性理论角度应用到再生资源产业系统的脆性因子选取、脆性评价模型构建和脆性风险规避等研究中。

第 2 章　再生资源产业相关理论

2.1　可持续发展理论

2.1.1　发展历程

朴素的可持续发展思想古已有之，中国古代即有“天人制衡”“与天地相参”的思想，西方也较早认识到人类的经济活动是存在生态边界的。现代可持续发展思想萌于生态学，工业文明时代认为“人类是唯一值得尊重的物种，应以人类自身利益作为唯一的尺度”去对待其他任何事物。但是，维持高效、有序运转的人控系统，是以不断地从自然界获取有序物质、能量、信息与破坏自然界资源、能源、环境为前提的。这种不平等的交换超出了自然所能承受的临界状态，需要人类以可持续发展的思想看待环境问题，并在不同时期对其理论认识进行不断的深化，如图 2-1 所示。

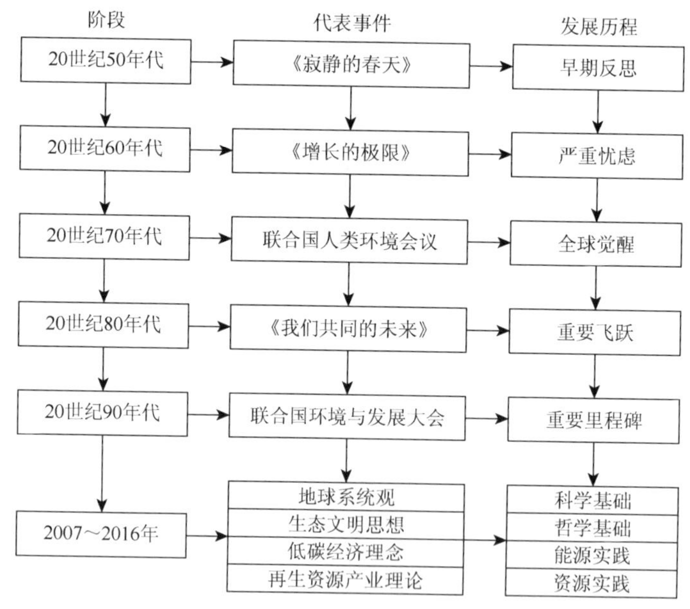

图 2-1　可持续发展理论的发展历程

20 世纪 50 年代，美国海洋生物学家 Rachel Karson 潜心研究杀虫剂对美国环境所造成的极大危害之后，发表了环境保护科普著作《寂静的春天》，向世人呼吁：

人类所具备的改造周围大自然的异常能力，长期以来污染了空气、土地、河流及大海，虽然经济发展速度很快，但是这条看似舒适、平坦的发展之路有着灾难性的未来，应该走另一条为我们提供最后唯一机会以保住我们地球的岔路。不过，这条岔路具体如何选择，Karson并没有提出实施的途径，但她的思想仍旧在全世界范围内引发了人类对自身行为和观念的深入反思。

20世纪60年代，罗马俱乐部主席奥雷利奥·佩西委托麻省理工学院梅多斯等深入研究了长期流行于西方的高增长理论，于1972年提交了俱乐部成立后的第一份研究报告——《增长的极限》。报告研究了“世界模型”下资源与人口之间的矛盾关系，指出世界人口增长、粮食生产、工业发展、资源消耗和环境污染的运行方式是指数性增长方式，世界将因地球资源耗竭而崩溃，限制人口与资本快速增加的速度（“零增长”）成为一种必要的协调手段。此报告在国际社会特别是学术界引起了强烈的反响，引发了一场激烈的、旷日持久的学术之争，有力地促进了全球的环境运动，为孕育可持续发展思想的萌芽提供了土壤。

20世纪70年代，罗马俱乐部相继提交了一系列涉及人类未来发展前景的报告，提倡“有机增长”（包括代际公平、全球均衡等）的研究观点，放弃了绝对悲观的论点。斯德哥尔摩召开的联合国人类环境会议通过了《联合国人类环境会议宣言》，唤起了各国政府对环境污染问题的保护意识，从广度和深度上都向前大大地迈进了一步。

20世纪80年代开始，世界自然保护联盟（International Union for Conservation of Nature，IUCN）、联合国环境规划署（United Nations Environment Programme，UNEP）与世界自然基金会（World Wide Fund for Nature，WWF）等国际组织，在发表的《世界保护策略》一书中首次使用了“可持续发展”（sustainable development）的概念，但并未给出明确的定义。联合国秘书长任命挪威首相布伦特兰夫人为主席的世界环境与发展委员会（World Commission on Environment and Development，WCED）于1987年提交了题为“我们共同的未来”（*Our common future*）的研究报告，在探讨了人类面临的一系列重大环境、经济、社会问题之后，第一次明确给出了可持续发展的定义，即在满足当代人资源需求的同时保存一定资源能力，以保护后代人的资源需求，体现了人类在可持续发展思想认识上的重要飞跃。

1992年6月，联合国环境与发展大会（United Nations Conference on Environment and Development，UNECD）通过了《里约环境与发展宣言》和《21世纪议程》两个纲领性文件。前者是提出了一种公平的“关于国家和公众行为的基本准则”的框架性文件，后者旨在提供可持续发展的全球性实施战略框架。这次会议通过的相关文件，为可持续发展明确了实施方向，从实践方面进一步阐释可持续发展理论，在该理论的发展道路上矗立了一座不可或缺的里程碑。

从全球范围看，我国在可持续发展战略中的实际行动与学术研究中处于前列。1994年，国务院常务会议上通过《中国21世纪议程》，包括中国可持续发展的总体战略与社会、经济、资源及环境的发展方向，并进行全面规划与设计。1999 年由中国科学院发布的《1999 中国可持续发展战略报告》，以系统学研究方向为准线，在世界上独立开创相关创新性研究。在近十几年的报告中，相继提出了可持续发展系统关联结构、能力建设方程、综合国力的理论分析及实例测算、世界主要国家的资源节约和环境保护状况的综合评价、资源节约型社会建设的具体对策等。

在 2007～2016 年，国内外有四个与可持续发展理论相关的重要理论进展值得特别关注，它们是：地球系统观、生态文明思想、低碳经济理念和再生资源产业理论。这四个看起来没有直接关联的概念其实有着十分密切的理论联系。地球系统观被称为“第二次哥白尼革命”，深刻地改变了人类对自身和所处地球环境的认识，强化了可持续发展理论的科学基础；生态文明思想从根本上颠覆了工业文明中资源环境代价过高的思想，深化了可持续发展理论的哲学和伦理学内涵；低碳经济理念是以气候应对为基础提出的新理念，以能源高效利用、节能减排技术创新和可再生能源发展为特征，是可持续发展理论在能源实践的具体化；再生资源产业理论是以城市垃圾回收、资源再生利用、危险固废处置为内容的物质循环利用理论，是可持续发展理论在资源利用的实践活动。四个概念都将地球系统作为一个整体来研究、开发、利用和保护，强调了运用全新视角和多学科研究方法研究可持续发展理论的重要性，是深入理解可持续发展内涵与近年进展的关键[187]。

2.1.2　概念内涵

为寻求长期生存和发展的道路，人类提出了一些富有启发和很有意义的观点、思想和对策，可持续发展是其中最有影响和最有代表性的概念，彻底地改变了人们的传统发展观和思维方式，包括生态学、社会学、经济学和系统学四个方面的基本观点，从环境发展平衡、效率公平角度、经济观念和协调度四个方面建立思考框架[188]。在可持续发展概念的形成过程中，存在着不同的研究流派，强调可持续发展中的不同角度与属性，比较有影响的有以下四类，如表 2-1 所示。

表 2-1　可持续发展研究的基本观点

分类	来源	含义
生态学角度	世界自然保护联盟	保护和加强环境系统的生产和更新能力，不超越环境系统的承载、再生、更新能力的发展，用来说明自然资源及其开发利用程度间的平衡
社会学角度	《保护地球——可持续生存战略》	在生态系统自我修复能力范围内，不断改善社会生活质量和合理开发利用自然资源
经济学角度	《经济、自然资源：不足和发展》	在保持环境质量和不破坏自然资源的前提下使经济发展的净利益达到最大化
系统学角度	各国学者	运用清洁生产技术减少能耗和污染物排放，尽可能接近“零排放”或“密闭式”的先进工艺方法

如表 2-1 所示，可持续发展各个角度定义的核心思想都认为，该发展模式应建立在生态健康发展能力、经济健康发展趋势、社会公正和人民积极参与自身发展决策的基础上。进一步分析模式内部的紧密性可知，生态健康发展能力是基础，经济健康发展是保障，社会可持续是目的，能较好地有机统一短期利益与长远利益，是一种立足于环境与资源角度提出的人类长期发展战略或模式[189]。这其中还存在着由戴维・皮尔斯等提出的两种研究范式：强可持续性与弱可持续性。

弱可持续性的范式常被称为“索洛-哈特威克可持续性”[190]，在不考虑其他资本形式的情况下，要求保持非负的累计投资总量，即世界资源是一直可再生或替代的。与此形成鲜明对比的是，强可持续性的本质是假定自然资本对经济增长的约束力很强，人造资本和自然资本之间不能完全相互替代。

进一步看，在可持续发展理论研究的两个范式中，弱可持续性是资源最优化的分析范式，得到主流经济学家的支持和肯定。而强可持续性更易获得可持续发展理论研究范式辩论的理解和支持，即对作为生命支持系统存在的最基本的自然资本形式的实际存量加以保存，以超越它们再生能力的方式保证其环境功能[191]。

2.1.3　支撑结构

实施可持续发展战略已成为全人类的共同观念，已逐渐扩展到实践的各个地区和各个行业。但作为一种全新的发展观，其实践是一个长期、艰苦、复杂的系统工程，需要多样性的支撑结构体系，从不同实施重点突出各个系统的特征和作用。按照中国科学院可持续发展研究组的观点，任何一个国家或地区的可持续发展，都受到支撑结构体系的共同影响，具体分为生存、发展、环境、社会和智力五个支持系统，在可持续发展理论实践过程中起不同作用，如表 2-2 所示。其中任何一个支持系统的失误，都会最终削弱可持续发展的总体能力。

表 2-2　实施可持续发展的支持系统

支持系统	与可持续发展实施的关系	主要内容
生存支持系统	是实施可持续发展的基础条件	以供养人口和保证人类种群延续为标识，作为启动和加速发展支持系统的前提
发展支持系统	是实施可持续发展的动力条件	人类应用多种资源的组合能力，产生更多的中间产品，满足更多更高的人类需求
环境支持系统	是实施可持续发展的限制条件	以其缓和能力、抗逆能力和自净能力的总和，维护生存和发展支持系统
社会支持系统	是实施可持续发展的保证条件	通过公平分配社会资源、调和社会矛盾、消除战争威胁等维持社会稳定
智力支持系统	是实施可持续发展的持续条件	涉及教育水平、科技竞争力、管理能力和决策能力，提供可持续发展后劲

从可持续发展规划实施的角度看，区域可持续发展的支撑结构在这五大支持系统的基础上，也可以概括为“一个核心（即以人为本），六个空间（即经济空间、生态空间、资源空间、环境空间、地理空间和基础设施网络空间）”的模式，如图 2-2 所示。

图 2-2　区域可持续发展的支撑结构

由图 2-2 可知，区域可持续发展的支撑结构是一个有机的整体，推进“一个核心，六个空间”模式的协调和高效发展，是实施可持续发展的主要任务。在自然规律、社会规律、经济规律、技术规律与环境规律的制约下，“人”的发展是对人口总量、分布、结构、素质、管理等因素的优化与调控，需要经济空间的物质基础和动力、生态空间的良好格局、资源空间的合理开发利用、环境空间的健康舒适、地理空间的功能稳定、网络空间的设施完善中的物流和信息流等相结合的综合协调发展。通过开展以下七大策略，切实推动人类-经济-环境的可持续发展，具体包括：满足人的基本生存需求；提高人口素质；维持保护和合理利用地球资源；始终保持经济的健康增长；改善经济财富内在质量；关注科技进步的成果转化；调控环境与发展的平衡。总之，可持续发展已经超越了单纯的环境保护问题和经济发展问题，需要多个领域研究的有机结合，要求人类在发展中讲究经济效率、关注生态和谐和追求社会公平，作为世界各国社会经济发展的全面性战略。

2.1.4　再生资源产业系统可持续发展核心内容

由于再生资源产业系统的可持续发展是一个综合概念，是相互联系的多种要素的集合。从系统的角度，再生资源产业系统是处于可持续发展环境（包括经济子系统、社会子系统、自然资源子系统和生态环境子系统）之中的一个动态的、开放的、有序的复杂巨系统，具有层次性、不可逆性、可调控性、渐进性、环境适应性等五个基本特征。针对我国再生资源产业的主要特点，其可持续发展的基本定义可简单概括为：在重视生态环境保护、完善回收体系、提高资源化效率、实现无害化生产和处置的同时，满足人们的有效处理废物、购买再生产品与资源循环利用需求，又不对后代资源需求的能力构成危害，具体包括以下四个方面的内容。

（1）再生资源产业是新兴战略型产业的重要组成部分，因此该产业可持续发展的核心内容为：满足工业经济持续稳定增长，以及工业和生活过程中废弃物处理日益增加的需求。

（2）依靠科技进步，提高资源化技术，提高再生资源利用效率，提高废旧电子产品、报废汽车等资源再生产出有色金属、稀贵金属的效率，最大程度地节约原生资源和能源利用，是再生资源产业可持续发展的重要任务。

（3）优先发展再生资源精深加工产业，合理发展再制造环节，加速优化产业链结构，积极发展新能源和环保设备制造业，将传统以拆解筛选为主的简单利用方式，发展为以精深加工与再制造产品为主的深入利用方式作为传统方式补链，是再生资源产业可持续发展的关键举措。

（4）实现再生资源产业相关技术的创新性研究，同时实现再生材料与再制造产品“质”和“量”的提高，协调发展经济、社会、资源和环境之间的不同目标，实现再生资源的永续资源化长久发展和利用，即再生资源产业可持续发展的根本要求。

2.2　复杂系统脆性理论

2.2.1　相关定义

1. 脆性定义

脆性的概念来自于物理学，在字典中的定义为，“物体在受到外力作用（拉伸或冲击）时，没有显著变形而容易突然破碎的性质”；“材料在断裂前未被觉察的塑性变形的性质”。对于复杂系统来说，具有类似的属性。因此，可以将脆性引申到复杂系统，表征其除了开放性、复杂性、涌现性、进化性、层次性等之外的一个新的属性，随着系统的演化而变化。根据材料力学中脆性的定义，对复杂系统中的脆性作如下定义：对一个开放的复杂系统 S ，当受到内、外部影响因素（如信息流、价值流、物流、能流）的扰动时，子系统 S_i 本身有序状态被破坏而首先产生崩溃，进一步使其他相关子系统也产生崩溃，逐级增加崩溃子系统的数量、扩大崩溃层次，发生连锁的崩溃反应，最终导致整个复杂系统崩溃的特性[192]。对于社会经济系统来说，复杂系统的崩溃意味着社会、经济、环境等指标的失衡，而崩溃后的系统恢复到新的平衡状态需要影响脆性的因素消失或者做根本性改变，如图 2-3 所示。系统初始处于平衡的 A 状态，如果按照平稳状态，会按照 $A \to B \to E$ 的方向发展，但在受到某些因素影响时产生崩溃，先过渡到 C 状态，有可能会无法修复原有状态，有可能再经由 D 状态达到 E 的平衡状态，产生新的平衡面。

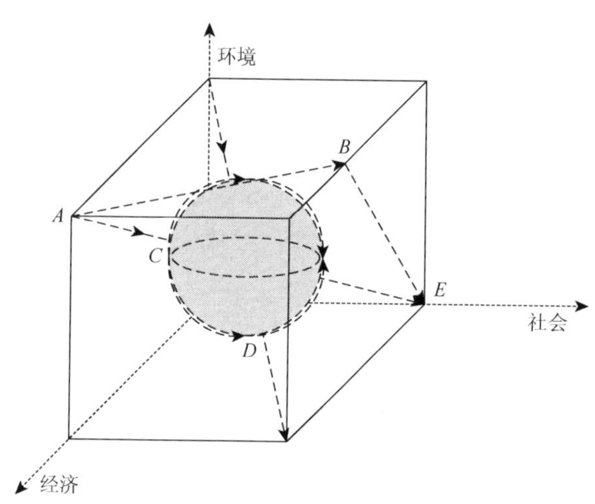

图 2-3　复杂系统崩溃与恢复图

在上述脆性定义中的崩溃指的是当复杂系统受到内、外干扰因素的影响而使该系统出现不可修复的功能性故障，并且完全丧失其原有的机能时系统所处的状态，在此种状态下该系统不能完成人们预想的目标，这也是脆性作用的表现。对于一个复杂工业系统，其脆性行为体现了子系统个体性行为对整个系统性能紊乱、失衡的影响，而熵是热力学描述系统无序程度的物理量，同样可以用来描述复杂工业系统崩溃的过程，衡量复杂工业系统的脆性程度。因此，采用金鸿章等对系统脆性定义的数学描述[193]。

设复杂系统 S 由 n 个子系统 S_i（$i=1,\cdots,n$）组成，描述 S_i 的状态向量为 $x_i(t)$，则复杂系统可表示为 $x(t)=\{x_1(t),x_2(t),\cdots,x_n(t)\}$，以影响其主要功能的关键子系统状态向量表现其状态。当系统正常运行时，存在集合 $K\subset R_n$，$\forall\|x_i(t)\|_2\in K$，$1<i<n$，$n\in N$，$\forall t\geqslant 0$。当系统复杂性增大时，原有状态向量不足以描述系统特性，需要增加状态向量个数。若 $\exists n_0\in N$，当 $n>n_0$ 时，存在干扰 $r(t)$ 作用于系

统，使其中某一子系统$\|x_i(t)\|_2 \notin K$，并存在时刻t_0点，另一子系统$\|x_j(t)\|_2 \notin K$，$j \neq i$，$1 < j < n$，此时，代表复杂系统的脆性被激发。设T为系统崩溃的滞后延迟时间，当$t > (t_0 + T)$时，则称整个复杂系统因为关键子系统的崩溃而彻底崩溃，这个致因称为脆性。

可以看出，脆性的定义主要针对子系统的影响程度，针对复杂系统的研究，往往从社会、环境、经济三方面进行。考虑脆性是复杂系统的固有特性，还应该对脆性的其他相关概念进行理解。

2. 脆性过程

脆性过程表示了复杂系统脆性发生的中间状态，与脆性源、脆性接收者共同构成了脆性发生的主体，三者之间的关系如图 2-4 所示，定义分别如下。

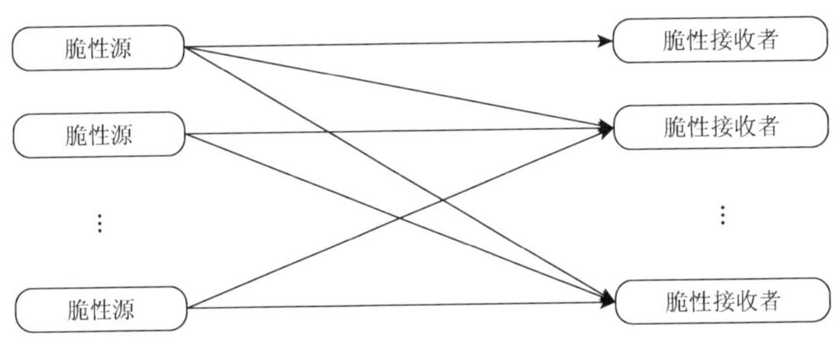

图 2-4　脆性源、脆性过程与脆性接收者的关系图

脆性源：在系统内、外部干扰作用下，首先崩溃并发出脆性的（部分）子系统称为脆性源。也就是说系统其他部分（子系统）的连锁性崩溃是由该部分（子系统）崩溃所引发的，则这部分（子系统）称为脆性源，也可称为脆性危险源。

脆性接收者：在逐级崩溃影响过程中，受到其他部分（子系统）的崩溃影响而发生崩溃的部分（子系统）称为脆性接收者。

脆性过程：当某个脆性源被关键要素激发后，传播给至少一个脆性接收者，即形成了脆性过程[194]。

由图 2-4 可知，脆性源与脆性接收者并不是唯一的，可以存在一对一、一对多、多对一、多对多的关系[195]。影响较多脆性接收者的脆性源称为主脆性源，对脆性过程的发生起着决定性的作用；相反，没有任何影响力的脆性源称为非脆性源；处于两者影响作用之间的脆性源称为亚脆性源。同样，脆性接收者也存在三种类型：主脆性接收者、非脆性接收者和亚脆性接收者。通过对脆性源、脆性接收者进行等级评价，可以更好地对系统进行调控。

2.2.2　脆性特点

从脆性及相关概念的定义来看，可以得知脆性是复杂系统的一个基本属性，不会随系统或外界环境的变化而消失，具有以下基本特点。

（1）隐藏性。复杂系统的脆性是系统在受到外界的打击时容易崩溃的性质，在平时并不表现出明显的征兆，只有在受到脆性因子足够强度的干扰作用时才被激发出来，为人们所认知，但也同时造成了难以估量的损失。随着系统的不断演化，复杂系统的脆性随时会被激发，其激发的可能性也随之变化，系统演化的趋势越有序化，它的脆性越易被激发。

（2）连锁性。当复杂系统受到一定的外界刺激，或者其中一个子系统受到干扰而崩溃时，系统伴随的脆性，使得与其有脆性联系的其他子系统相继崩溃，导致该复杂系统有可能全部崩溃。系统复杂性越大，子系统之间相互关联越大，受到子系统崩溃而波及的子系统越多，脆性造成的后果越严重。

（3）危险性。系统的崩溃是从有序到无序的一个过程，在一定时间段内具有极大的危险性。由于连锁性的影响，复杂系统的脆性被激发出来时，往往带来的都是灾难性的后果。即使系统可以通过某些手段的调节恢复到原有的状态，但是其崩溃所带来的相关损失难以弥补，经济政治影响十分严重。

（4）时滞性。当复杂系统受到扰动时，因为其自身具有的开放性和自组织性，系统并不是立刻崩溃，而是会根据实际情况产生一定时间的滞后，尽力维持原有的状态，经过一段时间的滞后，达到系统崩溃的状态，真正激发出系统的脆性。

（5）整合性。复杂系统的脆性随时间的变化而呈现出不同的状态，激发脆性的因素和方法多种多样，受影响的系统也具有各种相互作用的子系统。如果只在微观角度考虑其中一个子系统，忽略系统的整体属性，无法对其脆性进行全面而真实的研究。

（6）突发性。脆性的出现不是逐渐显现出来的，而且在极短时间内使得系统出现崩溃的现象或者达到崩溃的临界状态，以及在系统经历的不同状态里会出现中断。简单地说，就是指复杂系统未曾有过的结果或功能，突然出现在系统从正常工作状态过渡到混乱状态的过程中，使得这个过程显现断层[196]。

2.2.3　主要模型

1. *多米诺骨牌模型*

在多米诺骨牌模型中，每一块骨牌代表复杂系统中的一个子系统，相邻骨牌之间距离的远近表示子系统之间的脆性联系强弱。距离越近，代表脆性联系越强；

距离越远，代表脆性联系越弱。但是，由于各子系统之间的脆性过程影响，脆距越近，两子系统崩溃的概率不一定越大[197]，如图 2-5 所示。

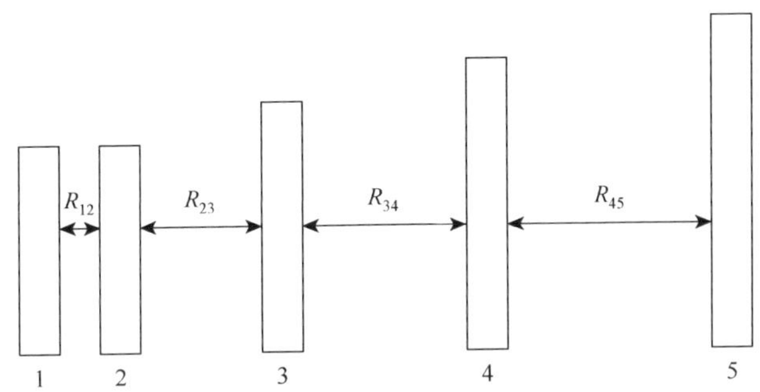

图 2-5　复杂系统脆性的多米诺骨牌模型

如图 2-5 所示，以 R_{12}、R_{23}、R_{34}、R_{45}，表示骨牌 1-2、骨牌 2-3、骨牌 3-4、骨牌 4-5 之间的距离，其中 $R_{12} < R_{23} < R_{34} < R_{45}$，表征着复杂系统中子系统之间的联系由强变弱。两块骨牌之间的稳定程度，与它们之间距离的远近密切相关，也取决于相邻倒下的骨牌传递给它的能量大小。假设 1 号骨牌与相邻 2 号骨牌之间的距离很近，但是 3 号骨牌传递过来的能量很小，也不足以推翻 1 号骨牌。只有距离和能量同时作用才能产生倒塌的后果。也可以把这种情况看作单脆性源、单脆性接收者、单脆性联系，或者说 2 号骨牌既是 3 号骨牌倒塌的脆性接收者，也是 1 号骨牌可能倒塌的脆性源，处于两个脆性基元之中。

2. 金字塔模型

金字塔模型展示了复杂系统的层次性，上层子系统的数量小于底层子系统的数量，但是系统规模和影响效果均大于下层子系统，而且脆性传播的方向是自上而下的。也就是说，当位于上层的某个规模较大的子系统受到干扰，并且发生了较大崩溃，伴随而来的脆性将逐级向下层传递，崩溃的子系统越来越多，具体如图 2-6 所示。

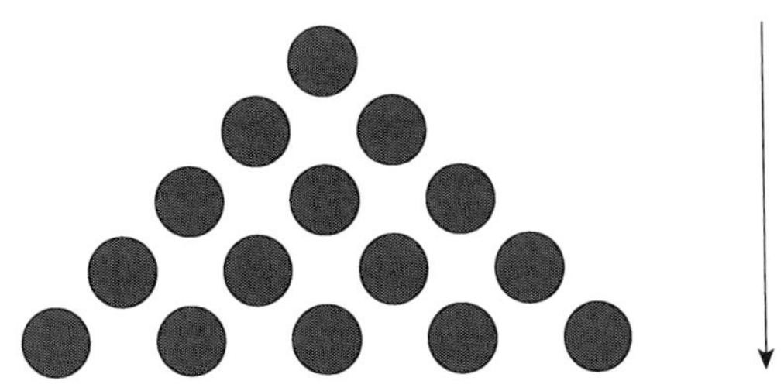

图 2-6　复杂系统脆性的金字塔模型

3. 倒金字塔模型

倒金字塔模型不但展示了复杂系统的层次性，而且也说明了规模较小的子系统的崩溃过程，是与金字塔模型相反的复杂系统模型，导致同一层子系统呈现无序化状态，由底层子系统影响上层子系统，最终引发整个复杂系统的彻底崩溃。当底层某个较小子系统受到外界干扰而崩溃，伴随而来的复杂系统脆性将由下至上传播，使得上层崩溃的子系统越来越多，如图 2-7 所示。

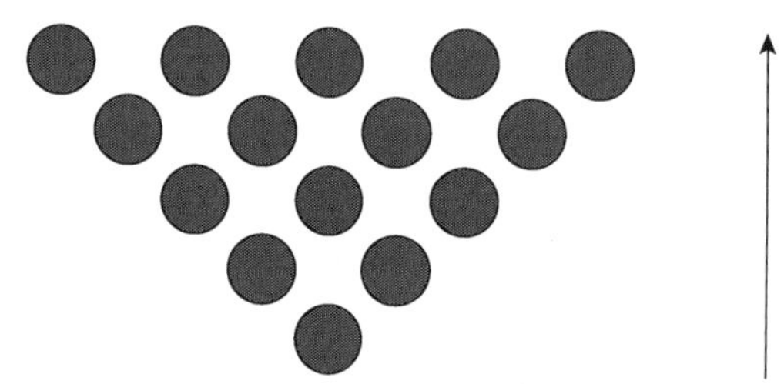

图 2-7　复杂系统脆性的倒金字塔模型

4. 元胞自动机模型

与上述三个模型有方向传递复杂系统脆性不同，元胞自动机模型是时间和空间都离散，相关物理参量只取有限数值集的理想化系统模型。如果将每一个子系统看作一个元胞，那么当某一元胞突然受到一个扰动，并满足一定规则，该元胞将崩溃，不再参与系统运行。同时，该元胞将向相邻元胞传递一个脆性状态负荷，改变相邻元胞的状态参数并且导致其崩溃。这样就构成了系统脆性激发时连锁崩溃的扩散性传播。扩散传播的程度和范围取决于不同子系统间的脆性关联度。常见的二维元胞自动机模型，有扩展 Moore 模型、von Neumann 模型和 Moore 模型，分别如图 2-8 所示[198, 199]。

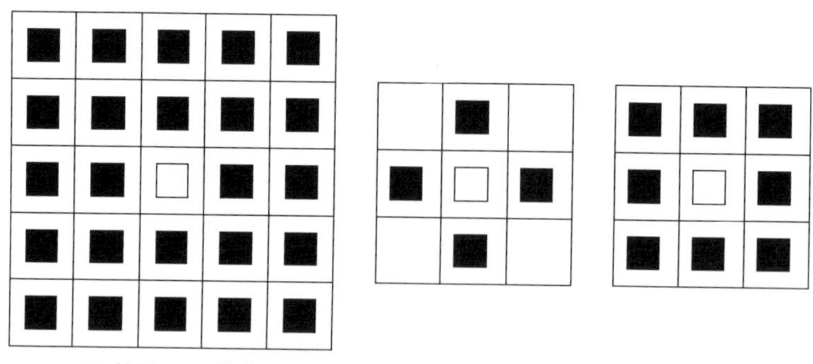

图 2-8　复杂系统脆性的元胞自动机模型

2.3　产业经济理论

2.3.1　研究范畴

产业经济学以产业为具体研究对象，研究同一产业内企业间竞争与合作关系，以及不同产业之间的结构关系。一般意义而言，产业有广义和狭义两种定义。广义而言，产业指国民经济行业分类中的所有行业类别。狭义而言，产业指具有某种共同特征企业的集合。由于企业本身具备很多不同的特征，从不同视角对同一企业进行分类，可将其划归于不同的“产业”，也就是说企业的产业类别划分基准服从于产业经济学研究的实际需要。因此，国内外学者根据自身研究方向的不同，从不同角度对“产业”的概念提出了多种具有代表性的观点[200-208]，如表 2-3 所示。

表 2-3　产业经济理论代表性观点

研究人员	基本观点
李悦	产业是具有相同属性的各经济单位的集合，包含以专业化分工为基础形成的各个行业和部门
唐晓华	介于宏观经济和微观经济之间，一定数量的具有某一相同特征的经济组织的集合
简新华	在产品或劳务上具有某一相同性质的企业、单位活动的集合，包含产业部门和行业
李孟刚	按照某一标准划分的国民经济部分，包括按照以同一商品市场、相似技术工艺和经济活动阶段三个层次划分的标准
干春晖	从产业组织和产业结构层面划分的企业集合，即产业内部企业之间和整体经济运行中企业之间复杂关系的企业组团
刘志彪	生产同类型或替代性较强的产品、服务的企业集合
杨公仆	使用相同原材料、相同技术工艺或产成品的用途相同的企业集合

一旦对产业的定义进行了比较清晰的认识，那么产业经济学的研究范围也就明确了。产业经济学不仅关注产业内部各个企业的运行状态，也研究不同产业之间的关系，主要包括产业组织、产业结构和产业政策三大范畴，涵盖了市场和企业微观运行的产业组织理论、产业间互动的产业关联、产业布局、产业集群、产业组织政策、产业结构政策等。

产业组织理论广义地讲，是在产业的框架下企业的所有活动及其后果。例如，企业在不同市场结构下的定价行为、采购与营销、科技研发活动、对外融资、投资、并购活动，以及激励理论、委托–代理理论等。狭义来说，其研究范围与微观经济学类似，主要研究产业内部各个产业的行为，但又有所不同，更为关注寡占市场中的企业行为，是在微观经济学的研究基础之上，向完全竞争市场模型中加入一系列影响参数，如不完全信息、进入壁垒、交易成本、契约责任、政府干涉等，深入剖析企业在实际市场竞争中的各种组织形式及变化，解释在何种类型的市场能保证企业行使控制价格的垄断势力，企业市场行为的不同如何对市场绩效形成影响，企业是否行使了策略性行为以违背公平竞争原则，等等。而产业结构的研究范围，更多强调的是产业结构的均衡与否问题，这是不能单纯完全依靠市场自身调节得到解决的，因为市场调节所付出的成本和时间等代价很大。研究产业结构则是为了分析在生产和再生产过程中，产业部门之间、行业部门之间及行业内部各种中间产物之间的稳定状态。产业结构理论就是采用克拉克的产业分类方法，对各个细分后的产业子类别进行分析与调整。因此，研究产业结构变动的演化规律、产业布局与集群化发展有重要意义。第三个重要领域的研究范围，即产业政策研究，更多地强调政府管理而不是市场的自由放任与随意发展，代表性国家有日本、韩国和新加坡，以此弥补经济过渡时期市场发育不良问题。中国目前仍处于经济转型时期，有关法律和政策不配套、不完善、不全面，急需通过相应的政策调整来促进我国快速向发达国家看齐的转变。政府实施产业机构政策、改善市场运行绩效、提高公共政策的效率等，都是产业政策理论研究的重要对象。

总之，产业经济学主要研究的是产业结构与企业行为（market structure and firm behavior），讨论不同市场结构下的企业行为和政府行为对企业的影响，如定价行为（pricing）、营销策略（marketing strategies）及这些行为的后果（outcome of these activities）、法律与政府管制对企业行为的影响及其后果。这些后果往往从三个角度进行分析：企业盈利状况（profit of the firm）、社会福利状况（social welfare）及在竞争（competition）、垄断（monopoly）、寡头（oligopoly）、垄断竞争（monopolistic competition）等不同市场结构下政府政策所导致的后果。

2.3.2　理论学说

产业经济学作为一门独立的经济学科，有其特有的内容体系，国内外学术界的研究着眼点各不相同，研究体系也有较大差异，主要分为“一板块论”“四板块论”“多板块论”三种派别。“一板块论”为欧美学者所提出并倡导，认为产业经济学就是产业组织理论；“四板块论”为东亚各国或地区学者所总结，认为产业结构理论、产业布局理论和产业政策理论也是产业经济学的研究对象，韩国学者甚至将技术经济学和中小企业理论也归于产业经济学的理论体系中；“多板块论”是由我国学者李悦于 2008 年提出的，体系所包含的内容更为广泛，包含经济发展理论、产业发展规律、产业结构理论、产业组织理论、体制条件与宏观调控，结合了中国市场经济发展的特点，自成体系[209, 210]。本书在参考、综合相关研究成果的基础上，合并类似研究内容的理论体系，将产业经济学的理论研究内容分为三个组成部分：产业组织、产业结构和产业政策。

从产业经济学的现代产业组织理论研究发展历程看，理论主线比较清晰，主要分为三个重要的理论学说，分别是哈佛学派、芝加哥学派及新产业组织理论派。20 世纪 30 年代，哈佛大学经济学家团队为产业组织理论领域做出了奠基性贡献，主要代表人物有梅森、贝恩，又被称为哈佛学派，探讨了“有效竞争”的概念及其测度标准，提出了结构（structure）-行为（conduct）-绩效（performance）的 SCP 分析范式，强调市场行为对市场结构和产业关联的反馈效应，成为产业经济学的主流学派。同时，开创了通过统计分析跨部门数据，以分析经验型产业组织的时代，提出了著名的“集中度、进入条件与利润率假说”。这种结构主义观点对反垄断政策的开展起到重大推动作用。然而，哈佛学派的 SCP 分析范式仍然存在许多缺陷，20 世纪 60 年代以来，芝加哥学派，即芝加哥大学的一群学者，包括斯蒂格勒（Stigler）、布罗曾（Brozen）、波斯纳（Posner）等形成了信奉自由市场经济中竞争机制作用的理论，相信市场力量的自我调节能力，坚持认为产业组织应该从价格理论的视角展开研究，批判 SCP 分析范式。在芝加哥学派看来，企业自身的效率比进入壁垒更能决定市场结构与绩效，否定了著名的“集中度、进入条件与利润率假说”。20 世纪 70 年代以后，在芝加哥学派产业组织理论的基础上，逐渐形成了旨在分析企业策略性行为的新产业组织理论派，在寡占市场竞争者的战略相互作用研究中取得了很大的进展。以泰勒尔、克瑞普斯等为代表的学者将博弈论引入产业组织理论的研究范畴，将研究领域扩展到短期价格竞争、产品差异化、进入组织、定价策略、技术进步等方面。

产业结构理论在 20 世纪 50～60 年代，由美国著名经济学家西蒙·库兹涅茨进行了深入的研究，通过 20 多个国家产业结构变化数据的整理，发现第一产业的劳动力随着人均国民经济收入的提高而不断向第三产业转移，经济学家称这种现象为“经济服务化”。此外，钱纳里（Chenery）等提出了“发展形式”理论，认为导致结构变动的制约因素包括收入、人口、资源、技术等，并不包括投资和储蓄因素。狭义地说，霍夫曼提出了产业结构的重工业化理论，但是受到美国和日本一些学者的批判和修正，梅泽尔斯认为还应从工业外部分析工业化过程，赤松从国际贸易角度提出了“雁行产业发展形态说”，弗农则提出了“产业循环说”。与产业结构理论相对应，类似研究内容的理论还包括产业关联、产业集群及产业布局理论。

2.3.3　学科体系

在参考、综合相关理论学说的基础上，本书将产业经济学理论的研究体系分为产业组织、产业结构和产业政策，具体研究内容和框架如图 2-9 所示。

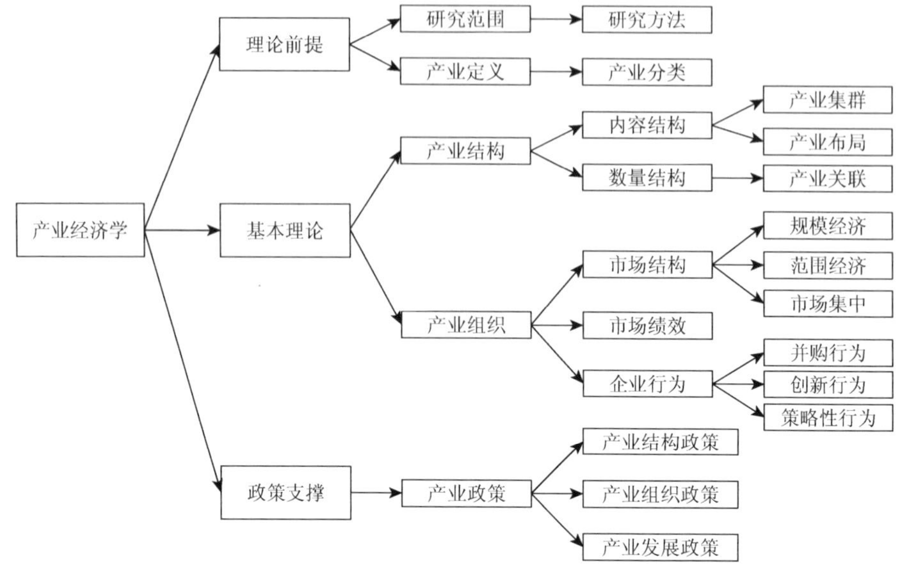

图 2-9　产业经济学理论体系架构图

1. 产业组织理论

产业组织理论（theory of industrial organization）主要研究市场运行状态和企业经营行为，产业结构演变及其对经济发展的影响，是微观经济学的纵深发展，关注一些处于极端情况之间的中间态情形，如垄断、不完全信息、寡占等不完全竞争性市场。其研究内容包括市场结构、市场绩效和企业行为，特别强调规模经济、范围经济、市场集中、并购行为、创新行为、策略性行为。

规模经济与范围经济是产业组织理论的核心内容，都是实现社会资源有效利用、提高经济效率的重要途径，涉及企业适度规模的确定，应用了量本利比较法、工程分析法和适者生存法等确定方法，发现多元化经济的合理边界受范围经济的制约，提出企业要成功地实行多元化战略，应充分理解范围经济，优先考虑选择与企业原有产业相关联的新产业。

市场集中在经济领域中通常可以分为一般集中和市场集中，前者以整个国民经济作为对比的基准，后者则以某个特定的产业作为比较基准。市场集中反映了企业行为和市场绩效在过去一段时间的结果，在一定程度上影响着当前的市场绩效，最常用的测量指标有绝对集中度指标（CR_n）和 H（Hoover）指数。分析市场集中现象，有助于理解企业竞争行为。

企业创新行为是企业发展的重要推动力，新进入市场的企业具有更强烈的研发动机，原有企业也会具有更大的积极性而从事渐进式研究与开发。从趋势上看，各个国家对于创新的管制都逐渐放松，甚至提倡和促进企业的自主创新性行为。

企业并购是市场经济中优化资源配置的有效手段，有助于企业规模的迅速扩张，从而推动产业结构的不断升级。根据并购企业的行业特征，可以把并购分为横向并购、纵向并购和混合并购。通过企业混合并购，可以充分利用多余的非专用性行为，降低企业经营风险，改善资源配置。

利用博弈论的研究方法，讨论企业策略性行为的选择，是产业组织理论的重要分析工具。策略性行为是指一个企业旨在通过改变竞争对手对该企业的战略预期，使得竞争对手做出错误决策，从而有利于该企业发展的行为，可分为非合作策略性行为和合作策略性行为，主要研究限制性定价、掠夺性定价、默契合作策略性行为和明确合作策略性行为，能够很大程度上为这些现象和行为提供更加合理的理论依据。

产业组织理论对市场绩效的研究主要从以下几个方面进行分析：市场绩效本身进行直接描述和评价（资源配置效率、技术进步、X-非效率）与市场结构和企业行为之间的关系。市场绩效实质上反映的是在特定的市场结构条件下市场运行的效率，从收益率、价格-成本加成和托宾 Q 三个微观指标进行衡量，指某一产业在效益、产量、利润等方面达到的最终经济成果。

2. 产业结构理论

一般来说，产业结构理论应研究产业间的相互关系与联系方式，揭示产业间这种关系和方式的演变趋势[211]。从广义视角看，产业结构还包括产业关联、产业布局、产业集群等内容。因此，产业结构理论的具体研究内容包括：产业分类、产业结构的演化规律、影响因素、相关产业的前向关联和后向关联关系、产业感应度和影响力、投入产出模型、企业的空间集合等。

产业关联分析又称投入产出分析，其理论基础为瓦尔拉斯的一般均衡理论，运用由里昂惕夫简化后提出的投入产业表，从数量上分析产业之间的相互依存关系，按照分析时段的不同，分为静态模型和动态模型。在现代计算机技术的支持下，通过使用自动化技术和相关计量软件，减少人力计算的强度，不仅提高计算结构的精度，而且大大加快运算的速度，在原理和方法论的深度方面有很大进展，扩大其应用范围的广度，作为预测和计划的重要依据。

产业布局是在不同地区配置不同产业资源的一个过程，从空间角度寻求资源的最优配置，是研究建立在经济、社会、环境协调和可持续发展基础上的经济效益、社会效益、环境效益的共同最大化问题。其基本影响要素包括资源禀赋、技术水平、文化制度、知识管理、人才供给、生态环境、政策法规、基础设施等古典和现代区位要素的结合[212]。产业集群具有鲜明的区位因素，与产业布局存在着天然的联系，同样受以上基本要素的影响，有着独特的成长机制，是一种区域性的产业集中现象，可产生显著的集群效应和经济绩效。产业布局应该选择集群化发展路径，培育新区位因素，突出生态效率，通过集群化企业组成优化产业组织结构，提高产业竞争优势。

3. 产业政策

产业政策的研究内容主要包括产业组织政策、产业结构政策和产业发展政策等，受产业组织和产业结构理论影响，主要构成要素包括产业政策制定主体及程序、实施机构、作用对象、制定目标、执行手段及政策的监督和评估等几个方面，可以弥补市场失灵导致的效率损失和市场功能，在市场机制基础上更有效地实施“赶超战略”的需要，促进企业转移资源稳定预期的产生。

产业组织理论对产业政策的直接作用，体现为政府的竞争政策和垄断性管制政策。市场经济本质上是一种竞争经济，有效竞争理论是政府制定与实施产业组织政策的基本目标，需要把规模经济与竞争活力有效地协调起来，其协调点是合理界定有效竞争的“度”，由梅森（Mason）从市场结构和市场绩效两个角度分别提出了有效竞争的标准，这也是政府制定产业组织政策的重要依据。结合具体产业的不同特点，政府可以采取抑制过度竞争政策以追求规模经济，或者抑制垄断来增强竞争活力的反垄断政策，通常也被称为产业组织政策的二元性。经济不发达国家一般采用促进发展规模经济的产业组织政策，包括企业并购政策、企业联合政策、中小企业政策、经济规模。反垄断政策则一般为经济发达国家所采用，尽管各个国家反垄断政策不尽相同，但主要由禁止限制竞争协议、禁止滥用市场支配地位、控制企业间并购行为三项基本内容组成。

产业结构理论在产业政策制定中的应用，促进了产业结构政策的发展。产业结构政策是指国家政府依据本国在一定时期内的发展规划和具体情况，遵循产业结构演进规律和一定时期的变化趋势，制定、实施、监督有关产业部门之间资源配置方式、产业间及产业部门间比例关系，指导和促进产业结构的合理化、高度化与高效化，综合支柱产业政策、主导产业政策、“幼小稚嫩型”产业保护政策和衰退产业援助政策等政策体系，最终实现经济的稳步、快速、高效、可持续发展。其效果可以通过应用全要素生产率检验法和层次分析法进行衡量，比较产业结构政策实施前后的绩效差异。

2.4　系统动力学方法

系统动力学（system dynamics）原名为“工业动力学”（industrial dynamics），之后被应用到城市、人口、企业、能源、环境、建筑等多个系统中，逐步扩大了研究范围，因此福斯特（Forrester）教授于 20 世纪 70 年代将其更名为“系统动力学”。系统动力学综合了控制论、信息论、系统论、计算机仿真技术等多种理论基础，结合定性与定量分析方法，在处理高层复杂系统的决策问题上有独特的优势，成了一种供人们学习与进行政策分析的有效工具。

2.4.1　基本观点

系统动力学是从运筹学的基础上改进发展起来的，引进信息反馈和系统力学理论，将社会、经济问题流体化，构造社会、经济系统模型，通过电子计算机超高速的运算能力弥补运筹学“最优解”的理论不足，以现实存在的世界为前提，认为不存在最优的终极模型，只存在预定条件下的相对成果，从而寻求改善系统行为的最符合实际的恰当的机会和途径。系统动力学模型与现实系统的关系可用图 2-10 形象地加以说明。

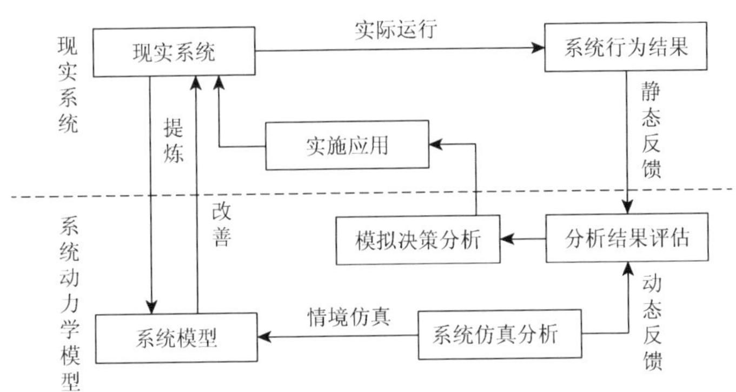

图 2-10　系统动力学模型与现实系统的关系

由图 2-10 可知，为构造能够反映现实系统中真实问题的系统基本结构和模型，系统动力学以不同于“黑箱”模拟的“白箱”方式模拟与分析复杂系统的动态行为，基本观点包括以下几个方面。

（1）“结构依存型”模型特点。以具有远离平衡的、有序的耗散结构的系统为研究前提，以内部动态结构和外部反馈机制作为系统发展的内在动力，进行闭环、动态、结构性思考，着重于从根本上解决问题，在不同情景条件下仿真、预测和检验系统的行为变化。

（2）复杂系统的观点。社会、经济、农业、工业、政治、生态、军事等系统都是开放的高阶非线性反馈系统，具有复杂性、动态性、突现性、反直观性、对变更策略的抵制性、对变动参数的不敏感性等动力学特征，可在宏观和微观层次上对大系统进行综合性研究。

（3）因果机制的观点。系统动力学认为研究真实系统问题要注重从因果机制出发，一阶反馈结构（或环路）是构成系统的基本结构，在复杂系统的结构中存在着若干相互作用的反馈环路，形成系统中的普遍性因果关系，通过分析这种因果关系中内涵的系统反馈环，可探索出系统被引发的外在现象的内在原因和形成机制。

（4）内生的观点。从内部寻求解释系统行为的规律出发，即通过系统内部反馈结构与机制，系统动力学认为要想深入了解系统行为模式产生的原因，应该从观察和分析系统内部的微观结构和变化机制为着眼点，找出整体系统行为及后果的产生原因与变化规律。

（5）主导动态结构（变量）作用原理。系统中主回路的性质及多条主回路之间的相互作用，在相对大程度上决定了系统行为的性质及其变化与发展。系统内存在一部分相对较为重要的变量，对系统结构与行为的影响较大，具有关键性的决定作用，且一般包含在主回路中，也称为灵敏变量。灵敏变量（往往非线性）若处于主回路中或两种极性回路的联结处，即使其发生的是极其微小变化，也可能将变化传递到主回路上，使主回路转移或改变其极性，甚至导致整个系统的结构与行为产生巨大变化。

（6）非线性和延迟性特征。从阐述和理解非线性特征出发，有助于处理复杂的非线性系统，尤其适用于含有非线性产业链再生资源产业系统的研究。又由于系统动力学模型引入了延迟机制，构建出的模型与现实中的复杂系统更为接近，更能反映出现实世界复杂因素关系作用下的系统行为结果。

（7）与管理者思维模型相沟通。所谓管理者思维模型，是管理者反映管理对象时所运用的所有逻辑形式、结构、方法的总和，需要通过组织信息、澄清观点、统一认识等方法步骤，充分解释一些难以理解和存在争议的系统行为。而系统动力学的建模方法与仿真技术，能够较为容易地将管理者的思维进行量化，并与其相互沟通，较好地解释令人困惑或者存有争议的系统行为。

（8）系统的历史性与进化规律。系统的结构、参数与功能、行为一般随世界的推移而变化，通过借鉴、综合、吸收、融汇多门学科、理论、方法的优势，利用系统动力学相对标准的建模方法剖析、仿真、检验系统，剔除人类主观差错，系统问题的内部得到逐步探索，规律化和简单化这些复杂的问题，寻找和求得系统较优结构与功能的统一体。

2.4.2 建模步骤

系统动力学模型通过对现实世界系统的结构与决策进行抽象建模，再对模型进行仿真、分析、比较，得出系统仿真结果，参考结果重新制定相应调控策略来完善现实系统模型，有效地解决真实世界面临的问题。这个过程大概分为以下五个基本步骤，即系统目标辨识、结构模型分析、数学模型构建、模拟仿真实施、模型检验评估，如图 2-11 所示。

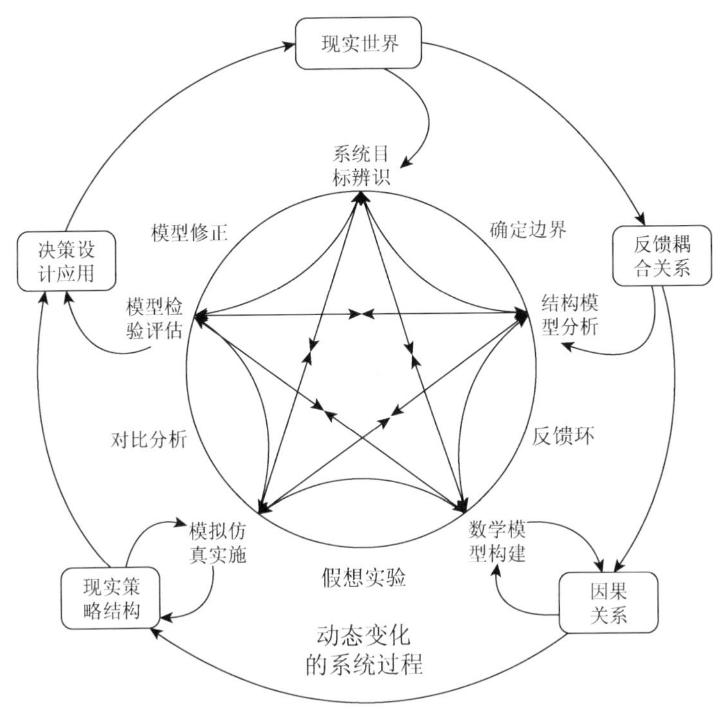

图 2-11　系统动力学建模步骤

1. 系统目标辨识

第一步是弄清系统研究的目标，明确表达要解决的问题，确定系统的边界，对某个系统采取的策略总是与系统的目标紧密相连的，随着建模目的的不同，系统边界也随之变化。因此，系统目标辨识是系统动力学实施的首要步骤，必须弄清系统仿真的目的，其他步骤如下所示。

（1）调查研究系统选择的研究范畴，搜集相关基础数据与资料，探寻待解决问题的具体内容，以及它成为一个问题的原因。

（2）分析系统的主要问题和主要矛盾，确定构成系统的元素及描述系统行为的相关变量与参数，尤其找出系统的关键变量，以及必须考虑的基本概念和现实用户的要求。

（3）详细分析系统中存在的缺陷、问题、各种变量要素，从系统外部和内部两个角度确定外生变量、内生变量与输入量，划定系统边界，将追溯问题的根源及预测期限等重要变量划入系统边界内。

（4）探析关键变量的历史行为，以及它们在未来的行为的变化情况，确定系统行为的参考模式。

2. 结构模型分析

结构模型分析是对被研究对象进行整体、系统的思考后，分析所研究系统的结构，确定决策心智模型并进行因果关系分析，通过对整个系统及其子系统的划分确定系统总体及局部的反馈结构，指导系统动力学的建模，在这个阶段要做好如下工作。

（1）通过系统反馈环关系的明确化，确定系统的控制量、操作量和目标值，形成总体与局部反馈机制。

（2）在对整体系统与子系统的各个模型进行划分之后，将存在于各个变量及其之间的关系（正向、反向、无关系），确定它们的反馈耦合关系。

（3）为找出进行决策所需的策略，需要确定系统的主回路及其性质。

（4）分析主回路随时间变化的可能性，绘成系统因果关系流程图。

3. 数学模型构建

对所研究的问题，根据对系统的因果关系分析，用数学方程式表示出变量、决策策略等的相互关系。这种规范化数学模型建立过程的主要内容包括以下五部分。

（1）数据准备。直接从有关部门获取是最简单的方法，但多数情况下需要在调查变量以往历史和现状的基础上分析其动态特性，并将参数值推断出来。

（2）构建系统概念结构图。通过确定系统成员及确定系统业务流程，用定性描述反映系统的整体架构，奠定后续仿真建模的基础。

（3）构建因果关系反馈环路图。正因果关系、负因果关系及无因果关系包含了存在于系统任意两个要素间所有类型的因果关系，通过对因果关系的分析，可以明确各变量之间的反馈环路结构，依据各反馈环路的耦合做决策。

（4）构建系统动力学流图。基于系统的因果关系反馈回路，利用各种变量符号构成系统动力学存量流量图，描述变量间的促进与抑制结构和行为。

（5）建立规范的模型。把因果关系图转换成可以用计算机模拟的数学方程式（包括建立初值、状态变量、常数、速率和辅助等各类型方程）；分析、确定和估计能使计算机执行和模拟的参数；在函数方程中给某些变量进行赋值（包括初值、固定值、已知点值）。

4. 模拟仿真实施

通过在计算机上对假想模型的各种假定性设计与实验，改进模型结构、所设参数及相关策略，然后对所建的模型进行仿真及不同策略之间的对比分析，所获得的信息供作新的决策时参考，对模型进行反复的修改，有效地保证、提升模型的稳健性和有效性。主要内容包括以下两部分。

（1）DYNAMO 方程式的建立与计算。将数式模型按 DYNAMO 语言规则写成方程式，确定仿真步长、各类变量初始值和模型输入输出形式。

（2）模拟不同策略组合方案，对输出结果进行验证，分析运行结果，发现问题，查找原因，对假设或模型进行修正，再进行仿真，直至得到一个可行策略方案，供决策者参考。

5. 模型检验评估

系统动力学的最后一个步骤是对根据不同复杂系统所构建的仿真模型及仿真结果进行剖析和对比，从而检验其真实性、有效性和可信度。其中有相当一部分是在上述各个步骤中分散非同步进行的，并不是必须放在研究的最后一起来做，主要目的是探讨模型中的设计怎样应用于现实世界。目前，检验系统动力学模型的内容方法主要包括有效性检验、灵敏性分析、历史数据检验、参数检验、模型结构检验、模型预测行为检验等。

2.4.3　建模方法

系统动力学认为，系统的动态行为是由单元、单元的运动和信息组成的反馈回路所决定的，其建模与仿真需要确认系统内反馈结构及环路，即量化各组成结构及各变量之间的关系。一般来说，系统动力学使用的建模方法包括框图法、因果关系环路法、流图法等。

1. 框图法

框图即系统结构框图，也称结构图或控制结构图，是描述系统物理结构的主要图表工具。框图法比较简单，一般用方块、圆圈、箭线等符号简明表示系统主要子块，并描述它们之间物质与信息的交互关系，包括系统层次分解关系、子模块之间的调用关系、数据流和控制流信息的传递关系。由于调用的先后次序关系，框图法中的有向线段表示了调用时程序控制在被调用模块中，只在调用结束之后才将控制权交还给调用模块，依照调用的逻辑输出关系，框图法显示子模块或子系统相互之间的总体设计。在建模初期的系统分析与系统结构分析中，框图法的作用非常明显，其简便的特性有助于确定系统界限，分析各子模块间的反馈关系及系统内可能的主要回路。如果以社会、经济、人口、资源与环境子系统之间和整体系统中的可持续发展关系为例，框图法的具体表示方法如图 2-12 所示。

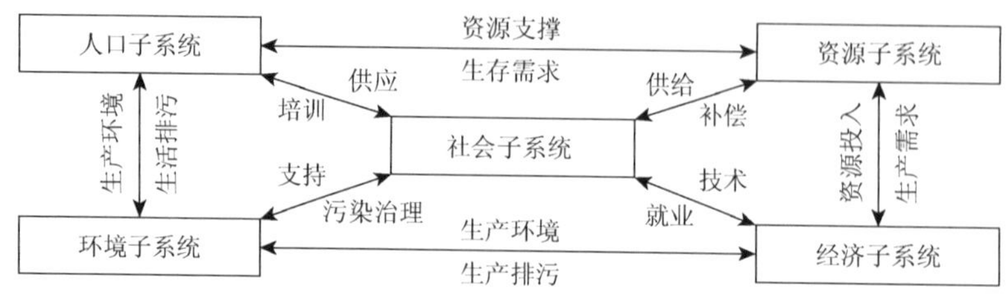

图 2-12　社会、经济、人口、资源与环境子系统可持续发展框图

如图 2-12 所示，此框图包括社会、经济、人口、资源与环境五个子系统。驱动系统发展变化的动力源自人口子系统，经济是为满足人口物质需求而进行的各种活动，资源、环境是系统存在的基础支撑，而社会则是前述几个要素活动的综合性子系统。从框图中箭线的方向可知，这五个基本要素之间存在着紧密的相互联系和相互作用关系，如人口存在着迁移、资源存在着交换、环境存在着影响、社会存在着借鉴、经济存在着资金投入，反映了各子系统间的反馈关系。

2. 因果关系环路法

因果关系环路法是结论性研究中的一种，利用因果关系来表达系统结构中各变量之间的关系及反馈环路的方法，获取有关起因和结果之间联系的证据，是一种非技术性、直观描述模型结构的方法。因果关系环路法多用于构思模型的初期阶段，是研究复杂系统内在因果关系及其反馈机制的常用有效方法，有助于与不熟悉系统动力学的人员交流讨论系统问题，可从因果关系和反馈环两方面进行理解。

1）因果关系

因果关系（casual relation）是系统内部各要素之间及系统与环境之间存在的固有关系，构成了系统动力学模型的基础。例如，由于报废量（解释变量）对回收量（被解释变量）的影响，可将同类经济发展水平的地区随机地分为两组，分别回收电视机、空调、洗衣机或冰箱等同类废旧电子信息产品，最后再进行比较。通过因果关系的确定可以来说明复杂系统中存在的真实问题，既符合逻辑，又直观明了，为研究各种复杂系统分析提供了科学的思路和清楚的沟通信息渠道，为模型的建立提供基础。

如图 2-13（a）所示，从变量（要素）A 指向变量（要素）B 的箭线，表示 A 施加在 B 上的作用。箭端 A 表示原因，箭头 B 表示结果。则这个带有箭头方向的轮廓线被称为因果关系键。如图 2-13（b）所示，A 对 B 的正向作用，用“+”标于因果关系键旁，如果 A 增加会促使 B 的增加，则称为一种正的因果关系存在于 A、B 之间，这种键被称为正因果关系键。相反，如图 2-13（c）所示，A 对 B 有反向作用，如果变量 A 增加，变量 B 反而减少，即 A、B 两变量作用方向相反，用“–”标于负因果关系键旁。简单来说，正因果关系键与负因果关系键也可分别简称为正键、负键。

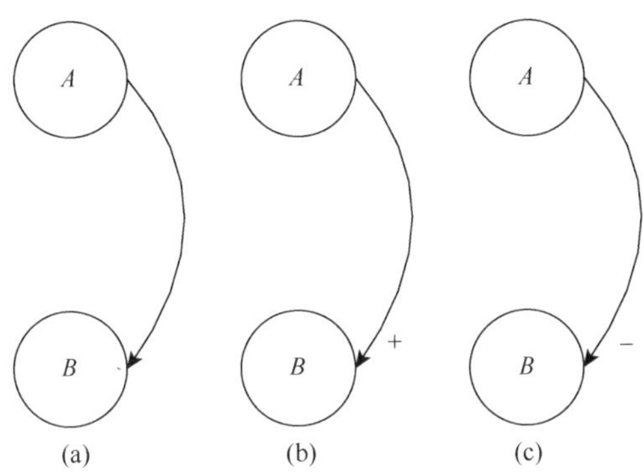

图 2-13　因果关系键

因果关系是逻辑关系，不从公式化和时间化上的定量表示两个变量间的意义。不管系统中任意两个变量数量的大小和关系的滞后如何，只要它们间存在因果关系，则必然为正因果关系或者负因果关系其中一种逻辑关系。如图 2-14 所示，两个具有因果关系的变量间存在各种各样的正或负的因果关系，通过这些因果关系键可以把复杂的系统描述成易于理解的构架，从而深入研究系统的本质，并进一步构建系统动力学模型。

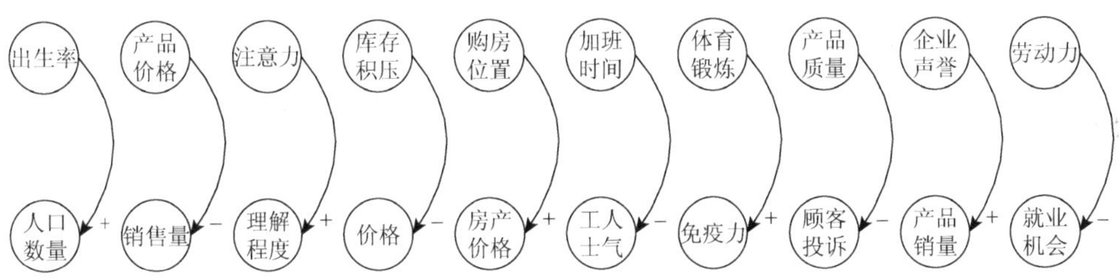

图 2-14　因果关系示例图

2）反馈环

反馈环即因果反馈环（feedback loop），是按复杂系统中各种关键顺序，由两个以上的因果关系键首尾串联而成的封闭环路。如图 2-15 所示，按照正因果关系键与负因果关系键的划分方法，由正、负键串联而成的反馈环也可以分为正、负两种连接形式的反馈环。如图 2-15（a）所示，如果变量 A 增加了 a，变量 B 增加了 b，而变量 C 则减少 c；如果变量 C 减少 c 之后，又使变量 A 再

增加 a'。这就是说，当变量 A 增加 a 之后，通过整个因果反馈环的传导影响，最后使变量 A 的增加成为 $a+a'$；相同地，如果变量 A 减少 a，结果会使变量 A 再减少 a'，从而使总的减少量达到 $a+a'$。总体来说，在任一变量变化的带动下会强化反馈环中该变量同方向变动的趋势，因此正因果反馈环也称为增强型反馈环（reinfocing loop）。同理，如图 2-15（b）所示，如果变量 A 发生反向变化后，环中各个变量的依次变动作用，最终使该变量减少其变化，来使变化趋于稳定，达到自我调节的目的。这种反馈环称为负因果反馈环，或者平衡型反馈环（balancing loop）。

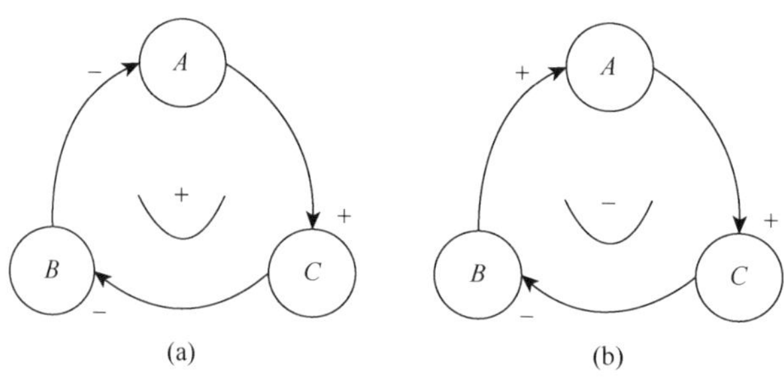

图 2-15　反馈环示意图

按照反馈环中变量与变量间关系的个数，可进一步将反馈环分为一阶反馈环和二阶反馈环。一阶正反馈环中包含一个积累量，对应一个一阶常微分方程式，如图 2-16（a）所示，如果年出生人口数量增加，人口总数将会随之增长，并且会导致年出生人口数量的进一步增加，因此在年出生人口数量与人口总数间存在一阶正反馈环。如图 2-16（b）所示，假设只有入库量而没有出库量，库存量只受回收速度影响，存在正因果关系。但是库存量不可能无限制地增长，那库存量还会受目标库存量和回收周期的影响，这样就构成了库存系统的反馈环。

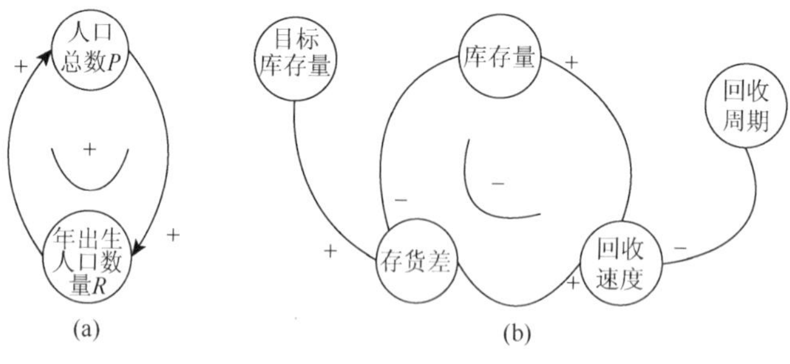

图 2-16　一阶反馈环

二阶负反馈环中存在着信息传递的延迟性，如图 2-17 所示，一旦决定了回收，那么回收过程中的废旧物资不能立即变成库房中库存的回收产品，需要增加一个积累量（回收过程中的废旧物资 G），即在回收量 R 和库存量 I 之间引入一阶指数延迟，则包含了两个积累变量（R 和 G）的反馈环为二阶负反馈环。

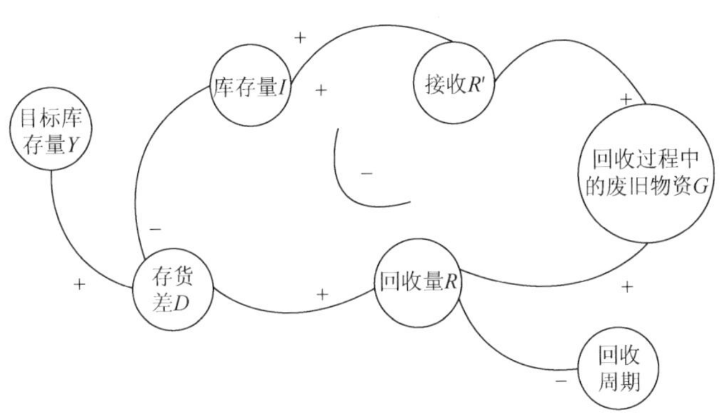

图 2-17　二阶反馈环

实际的社会复杂系统是由很多个正、负反馈环相连而组成的，阶数较高。负反馈环的自我调节、平衡作用在系统中产生的影响较为重要，尤其是当其强于正反馈环作用时，系统呈现一种稳定发展态势；反之，系统就呈现无限增长或无限衰退的趋势。如图 2-18 所示，再生原材料分别与再生速度、使用速度构成正反馈环和负反馈环，也就是说变量再生原材料同时受两个变量的控制。

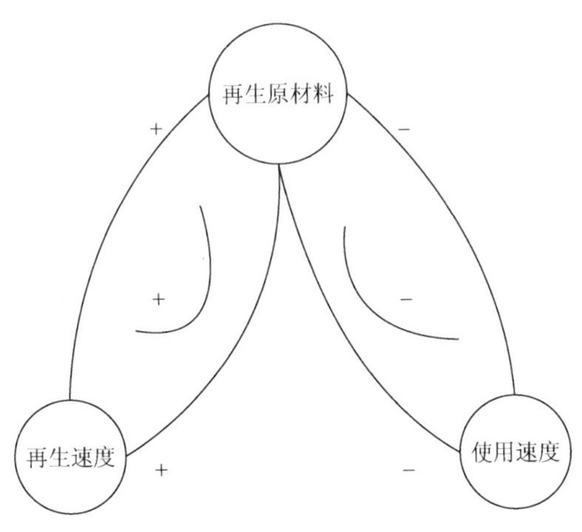

图 2-18　正负反馈环作用下的模型

但是，因果关系环路法也存在着一定程度的局限性，它不能区分系统中不同性质的变量及其变化的比例，也不能描述积累效应的动态变化过程，需要使用其他方法进一步量化系统模型。

3. 流图法

流图法是参照因果关系环路结构，使用框图法中描述的各种变量关系，借助专门存量流量图绘制符号得出的流程图形（模型），反映系统中各种状态变量的变化，在系统动力学仿真中具有重要的意义。流图法可以提供数学量化模型蓝图，作为量化模型而收集数据和设计系统动态仿真实验的依据和基础。系统动力学流图的简单逻辑可以从图 2-19 来刻画系统状态变化的过程，决策者通过对容器中水位高低信息（系统状态）是否达到目标期望水平的判断，作出对源（source）和汇（sinks）的完整决策过程。如果最初的水位高于期望水平，则作出打开汇阀门的决定；如果水位逐渐降低并接近于期望水平，则作出打开源阀门的决定。在此信息的反馈作用下，形成封闭的反馈控制环路。

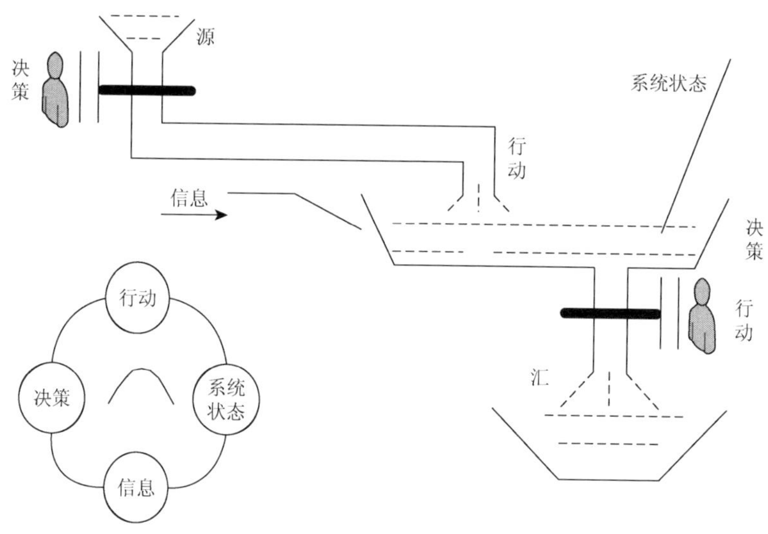

图 2-19　系统动力学流图的简单逻辑

如图2-19所示，流图揭示了对应于积分的积累变量和对应于微分的速度变量，其中的控制逻辑可简化为图 2-20（a）。在系统动力学流图里，源和汇都用云团来表示，前者表示输入状态的一切物质（即库存来源），后者表示输出状态的一切物质（即交货的去向）。而库存状态变量变化的简单流图，如图 2-20（b）所示，更多关心的是库存积累的过程变化。

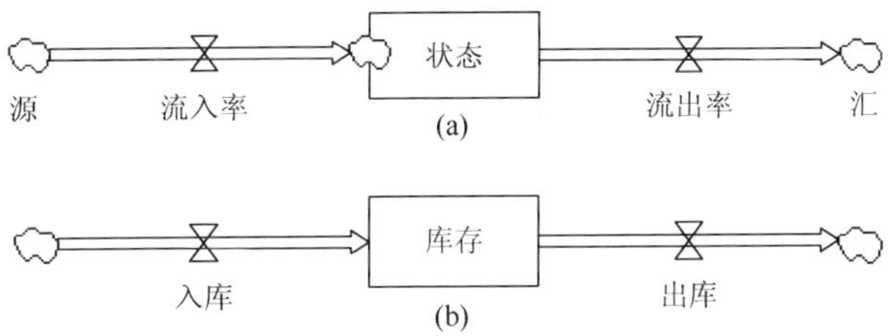

图 2-20　流图刻画系统状态变化的简化过程

第3章　再生资源产业系统分析

3.1　再生资源产业系统概念界定

从“废弃物”“城市生活垃圾”“工业‘三废’”的传统认知，到“再生资源”的创新性思想，是研究学者、社会公众、政府及企业观念的更新。精明的犹太人说过，再好的铁矿也不如废钢，世上有多少新，就有多少旧。废弃资源，尤其是城市废弃资源，是全球唯一在成倍增长、迟早取代自然矿产的“矿山”，它所蕴藏的财富随着人们认识程度的提升而增长。从资源学理论角度看，资源是自然界与人类活动影响下的结合产物，包含自然原生资源和社会制造资源[213]。自然原生资源是自然界自然形成的物质物资与能源；社会制造资源是对自然原生资源开发利用后的产品，可分为可重复利用部分或可更新资源和不可重复利用部分或不可更新资源。再生资源既涵盖了自然原生资源中的可更新资源，又包括了社会制造资源中的可重复利用部分，如图3-1所示。

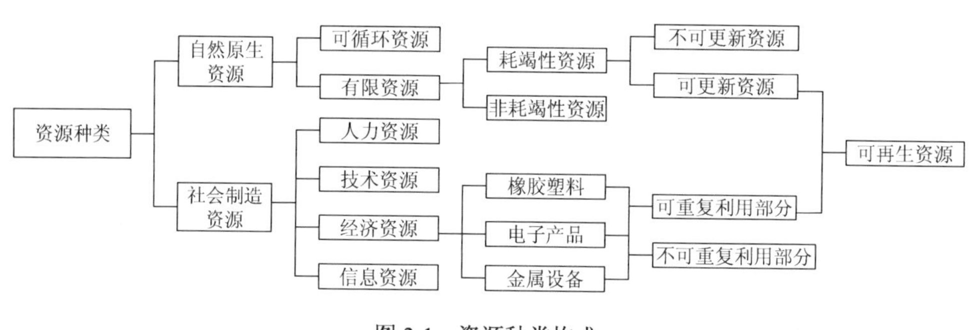

图3-1　资源种类构成

3.1.1　再生资源产业内涵

从再生资源的定义方面，我国政府赋予废弃资源综合利用行业更深层次的意义，在不同时期对再生资源进行了政策性定义。

（1）1991年12月26日，《国务院关于加强再生资源回收利用管理工作的通知》中指出，再生资源主要指社会生产和消费过程中产生的可以利用的各种废旧物资，其中包括企事业单位生产和建设中产生的金属与非金属边角废料、废液，报废的各种设备和运输工具，城乡居民及企事业单位出售的各种废品和旧物。这是一个以国务院文件形式确定的概念。

（2）2006 年 5 月 17 日，商务部等六部委通过的《再生资源回收管理办法》中指出：再生资源是指在社会生产、生活消费过程中产生的，已经失去原有全部或者部分使用价值，经过回收、加工处理，能够使其重新获得使用价值的各种废弃物。

从再生资源的再生利用方式来说，Thierry 等认为主要有四种方式：直接再利用（direct reuse）、修理（repair）、再生（recycling）、再制造（remanufacturing）[214]。当前学术界的主要研究对象为第三种和第四种资源重新利用方式，对再生资源产业的概念众说纷纭，学者从各自不同的视角对再生资源产业的概念进行阐述，至今尚未达成一致意见，主要论述如下。

（1）全国人大常委会原副委员长蒋正华在首届中国再生资源论坛上，对再生资源产业的定义是：那些从事再生资源流通、加工利用、科技开发、信息服务和设备制造、环境保护等经济活动的集合[215]。

（2）吴解生则认为，再生资源产业是指集流通、生产、科研、环境保护等功能于一体，集经济效益、社会效益、环保效益等利益为一体的新型产业[216, 217]。

（3）朱海伦将再生资源产业界定为专门或主要从事再生资源收购、销售、加工利用（及以再生资源为原料生产制造各种再生原材料、半成品、成品），以及与其相关的科技研发、信息服务和设备制造等经济活动的集合[218]。

（4）郭庭政等则指出资源再生企业包括从事再生资源回收经营的流通企业、以再生资源为原料的加工利用企业、再生资源加工利用的机械制造企业，以及再生资源市场交易组织、科研及信息等服务性企业[219]。

通过以上对再生资源产业相关定义的综述，可知大部分学者认为再生资源产业属于制造业分类之下，以再生资源为原料生产相关产品，在我国《国民经济行业分类》（GB/T 4754—2002）中，与“废弃资源和废旧材料回收加工业（C43）”相对应。在此基础上，本书将再生资源产业的概念界定为：国民经济活动中，为满足经济、社会、环境综合需求，以再生资源为原料，从事再生资源的流通、拆解加工、再制造，以及相关的商贸物流、科技研发、信息服务等企业的集合。即可将再生资源产业构成划分为四大部分：回收活动、拆解加工活动、再制造活动和其他相关活动[220]，如图 3-2 所示。

3.1.2　相关概念辨析

再生资源产业概念的提出过程中，同样产生的相关概念有：循环经济、绿色经济、低碳经济、资源综合利用、静脉产业、废弃物等[221-228]，具体关联辨析如表 3-1 所示。

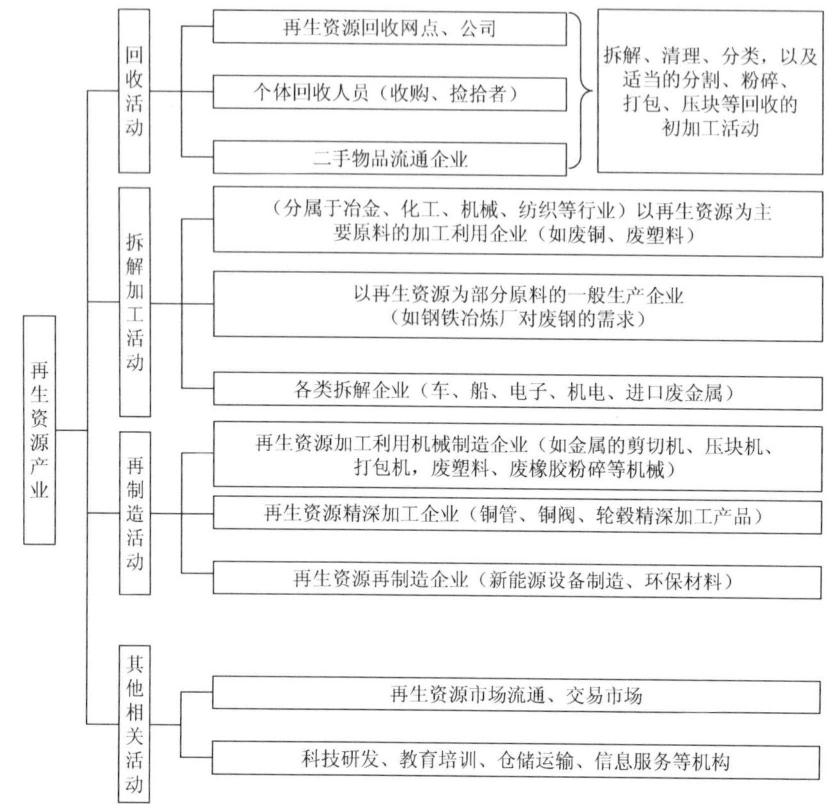

图 3-2　再生资源产业构成

表 3-1　再生资源产业相关概念、定义及关联辨析

概念	定义	关系
循环经济	从资源投入、生产制造、产品消费及其报废整个生命周期过程出发，在一定区域范围内物质和能源闭环流动的经济，是将线性增长经济转变为生态化循环发展的经济	再生资源产业是循环经济的重要组成部分
绿色经济	以市场为导向、以传统产业经济为理论基础、以经济-环境和谐发展为目的，包含绿色生产、绿色消费和低碳消费，考虑环境友善，是对环境危害最小的产业经济形式	绿色经济是再生资源产业实现的前提
低碳经济	在可持续发展理论指导下，通过低碳手段，尽可能减少高碳能源消耗、提高能源利用效率，侧重能源结构优化	不是相互替代或排斥，而是相辅相成关系
资源综合利用	在以资源高效利用为目标，对终端废旧物资和生产副产品进行多层次、多用途的“综合”开发利用	属于再生资源产业活动的核心组成部分
静脉产业	将废弃物转变为可重新利用的资源，以及将再生资源转变为产品，为动脉产业提供有色金属、稀贵金属及其他可再用零部件的产业	再生资源产业的初步利用环节
废弃物	泛指被丢弃、废弃的物资，包含有利用价值和完全失去可用价值的物品，与废旧物资内涵相似	再生资源产业生产的主要原材料来源

由此可见，再生资源产业概念与其他相关概念，既有联系又有区别。

相同之处是：都是主张减少资源消耗、提高资源利用效率的经济；都是以可持续发展和经济-社会和谐共生为目标的经济；都是提倡减少环境污染、人与自然协调发展的经济。

不同之处是：一是提出的背景不同，低碳经济是针对全球气候变暖、温室气体排放问题提出的；绿色经济、再生资源产业、资源综合利用、静脉产业是为了应对资源危机，减少自然环境破坏提出的。二是实施主体不同，低碳经济是企业与政府间的行为，循环经济是国家间或经济体系间的行为；静脉产业、资源综合利用和再生资源产业是企业间的行为；绿色经济是人与自然的行为。三是目标不同，低碳经济的目标是减少了多少排放气体；绿色经济、再生资源产业、资源综合利用、静脉产业是净增长了多少经济。

人们要在发展低碳经济、绿色经济、再生资源产业、资源综合利用、静脉产业的同时，着重发展再生资源产业，既要节能减排，又要减少资源消耗和环境破坏，同时促进资源利用效率、保障经济健康发展。

3.1.3　系统范围界定

根据再生资源产业及相关概念的定义，再生资源产业系统按照生产环节的不同分为以下几个子系统：供应子系统、回收子系统、市场化子系统、资源化子系统，如图 3-3 所示。

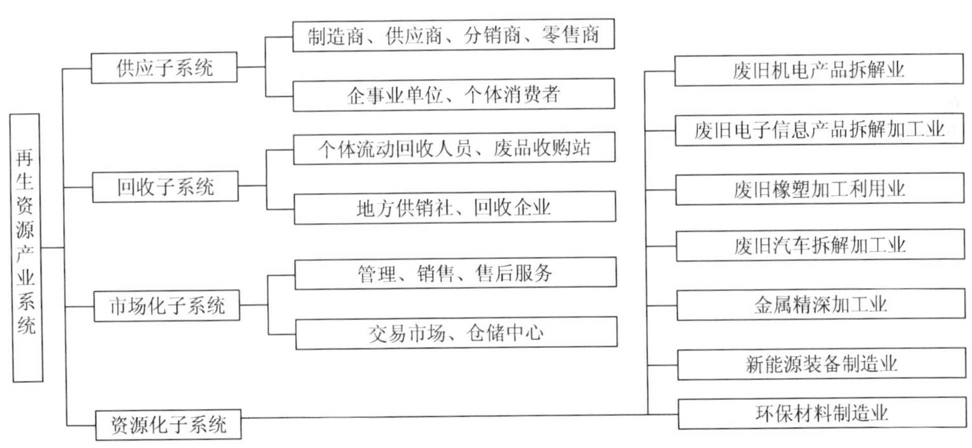

图 3-3　再生资源产业系统构成

（1）供应子系统是指废弃资源的产生部门，既包含制造企业在生产过程中产生的副产品、金属废料、终端废弃设备，又包括在流动过程中的问题产品，也包括消费后的有利用价值的废弃资源，相关主体有制造商、供应商、分销商、零售商、企事业单位、个体消费者。

（2）回收子系统是指废弃资源回收过程中的相关主体，主要有个体流动回收人员、废品收购站、地方供销社、回收企业等。

（3）市场化子系统指再生材料及再生产品的管理、销售、售后服务、交易市场、仓储中心等部分。

（4）资源化子系统指废弃资源拆解、加工、再制造三个环节，包括废旧机电产品拆解业、废旧电子信息产品拆解加工业、废旧橡塑加工利用业、废旧汽车拆解加工业、金属精深加工业、新能源装备制造业和环保材料制造业。

3.2 空间维度下的系统发展模式分析

3.2.1 国外再生资源综合利用经验借鉴

发达国家和地区对再生资源的综合利用非常重视，在立法、利用技术和公众意识等方面均领先于其他国家，明确提出了有关资源综合利用的基本方针、各个环节利益主体所承担的责任和应采取的措施、政府扶植的优惠融资和扶植政策等。借鉴国外再生资源综合利用的经验，对促进我国再生资源综合利用的快速、稳定发展有很大的促进作用。在此详细介绍美国、日本、德国、瑞典、荷兰五个典型国家的再生资源产业发展现状，主要特点如表 3-2 所示。

表 3-2 国外再生资源综合利用现状

内容	美国	日本	德国	瑞典	荷兰
利益主体	专业回收企业、专业处理企业、政府、消费者	生产商、零售商、生产者组织、政府、消费者	生产商、生产者组织、加工利用企业、政府、消费者	生产商、政府、消费者、零售商	生产商、生产者组织、政府运输企业、加工利用企业、消费者
物质责任	消费者负责运送至指定回收站（点）；专业回收企业负责回收；专业资源化企业负责处理	消费者负责运送至指定回收站（点）；零售商或政府回收站（点）负责回收；制造商负责处理	消费者负责运送至指定回收站（点）；零售商或政府回收站（点）负责回收；制造商负责处理	市政府、生产商、零售商回收站（点）负责回收与处理	消费者负责运送至指定回收站（点）；零售商或政府回收站（点）负责回收；签约运输商和处理商负责处理
管理责任	政府负责管理，拟交付第三方组织	政府负责所有企业的监督	政府授权、监督；生产组织监督	政府负责所有企业及自身的监督、实施	生产者组织负责管理；政府负责监督
经济责任	消费者预付费；生产商新产品预付费（不同州不同）	消费者废弃时后付费	生产商新产品预付费；生产商废旧产品按市场份额分担	消费者预付费；生产商新产品预付费	消费者预付费；生产商废旧产品按市场份额分担

1. 美国

美国矿产资源的紧缺和城市垃圾对资源环境的巨大污染，使得20世纪90年代初便开始废旧矿产资源回收利用问题的相关研究，以市场环境为基础，广泛采用押金回收制度和无驱动的自发市场调节机制，探索有效回收分类激励机制[229]。在立法机制方面，美国废旧金属回收的立法体系走在世界前列，对从事废旧家电产品中制冷剂回收的人员资格、采用的设备及回收比率等要求和技术指标，都做出了明确规定。在资源再生利用技术方面，美国已形成了一个技术成熟、回收体系完整、管理完善的回收利用行业。在废旧家电拆解处理业中，电子产品拆解专业化分工程度很高，回收利用率高达97%以上；在报废汽车拆解再利用行业中，汽车制造商积极参与到研究、开发废旧汽车资源化手段和技术过程中，预计2020年实现95%的回收利用率；废旧轮胎再利用业的主要回收方式包括热裂解燃料、轮胎翻新、制作胶粉、内圈金属再利用。但是，由于美国长期向亚洲的中国、印度、巴基斯坦等发展中国家大量出口废弃电子信息产品，大大减小了国内环境压力，因此大多数美国企业对生产者责任制政策的认同程度较低，更愿意达成资源性的环境保护政策，美国国家环境保护局也认为不同的产品需要不同的生产者责任延伸制。

2. 日本

日本是家电和汽车生产大国，其报废数量庞大，在废旧电子产品的处理和利用方面起步较早，技术、工艺研究比较成熟[230]。据日本有关部门统计，每年要废弃1800万台电视机、空调、冰箱和洗衣机，重达60万吨，钢铁的资源回收利用率为84.2%，铝的资源回收利用率为80.6%，碎玻璃的资源回收利用率达77.8%，塑料瓶的回收利用率也达到35%[231]。2001年4月，日本开始实施《日本家用电器回收法》。目前，已经有30多家废弃家电回收利用厂商，以雄厚的经济技术基础作后盾，通过各个相关部门协调合作，在回收利用方面取得了巨大的成功[232]。日本再生资源综合利用主要是以废弃资源的循环利用为核心，并且通过官、产、学三方共同努力来探索有效的回收利用模式，主要分为有偿回收制和分类回收制两种模式。日本政府每年用于回收政策实施的总支出在1.62兆日元左右，并通过监测再生资源回收效率每年的指数来调控整个回收利用体系。另外，日本企业相对美国企业来说，非常积极地参与回收利用的技术创新。例如，松下电器产业公司宣称，他们最新研发的废物处理技术，能将废旧电器中的树脂等有机物转化成无害气体，便于提炼回收被有机物覆盖的金属材料。

3. 德国

德国是废旧物资回收立法的领头羊。1972年颁布的《废弃物处理法》，在资源再生利用实践的道路上开创了历史先河；1991 年通过的《包装废弃物处理法》，是首部按照“资源—产品—再生资源”的资源循环思路，要求生产商负责回收利用的法律，并从此成为欧盟制定包装标准的重要依据，掀起了包装废弃物再生利用的革命。1994 年颁布、1996 年开始实施的《循环经济及废弃物法》，使得资源循环利用与企业发展和民众生活休戚相关。同时各州还依据自己的实际情况制定了各种地方法规。除此以外，德国还率先建立了以“绿点”为标志的“双元回收系统”，对废弃资源回收和处理体系的周密设计和高效运行为各国所称道，其“绿点”标志在 170 多个国家都得到了法律保护，并得到了世界贸易组织和欧盟的认可，已成为世界上使用最多的环境保护标识之一。经过多年的实践检验，产品责任制、双元回收系统和“绿点”标志、押金制度在德国较为行之有效，确保了废弃资源的综合利用、利用过程中废物的有效处置，降低了能耗，有助于生态环境的保护。

4. 瑞典

瑞典废弃物管理协会主任魏内·维奎斯特在 2009 年 7 月出版的《瑞典垃圾处理报告》中说，瑞典重视废旧物质回收与利用，废弃物处理水平世界领先，97%的废弃物都得到了回收。瑞典处理废弃物有四个步骤，首先考虑直接回收拆解利用，其次尝试生物技术处理，再次实施垃圾焚烧发电处理，最后才进行掩埋。由于前三个步骤的技术领域中科技先进，最后填埋处理的比例不高，并且逐年下降，目前这一比例已降至不到 3.0%。而且这 3.0%的垃圾中还有 48.5%通过焚烧处理，可产生 13.7 兆瓦时的能量用作取暖，占全瑞典供暖能量的 20%。责任机制明确在市政府和生产商两个方面，地方政府负责家庭垃圾和有害废弃物（归于生产商责任的废弃物除外）的回收与处理，一般由具体执行机构通过购买服务的方式解决，主要表现为行业协会根据各企业销售额进行收费。

5. 荷兰

荷兰也是欧盟废旧家电管理立法和实践开展较早的国家。1998 年，就已颁布实施了《白色家电和棕色家电法令》，近似于欧盟 WEEE 指令的规定；1999 年，启动了大型家用电器回收管理系统；2000 年修改后，包括了所有家用的电子、电气设备；2004 年，通过了《WEEE 管理法令》（WEEE Management Decree）和《WEEE 管理办法》（WEEE Management Regulations），涵盖了欧盟 WEEE 指令所规定的全部电子产品种类。对于各相关方的责任承担类型而言，与德国不同的是资金来源，荷兰废旧电子产品回收管理体系的资金主要依靠预付费制度，即消费者购买新产品时所预先支付的费用（advance recycling fee，ARF）。目前，在荷兰废旧电子产品的回收利用系统中，消费者可通过零售商和市政指定回收点两种渠道免费交付电子废物。针对不同电子产品类别，荷兰主要建立了三大回收组织：NVMP（the

Dutch Association for the Disposal of Metal and Electrical Products，荷兰金属及电气产品处置协会）、ICT 系统（IT 产品、办公设备、电信产品环境系统）和 Stichting Lightrec（照明设备）。单纯从数据上讲，仅其中一个回收系统的回收效率就已经达到了欧盟 WEEE 指令规定的回收目标，因此，荷兰的回收管理体系在具体实施上成效显著。

相比之下，发达国家回收利用废弃资源的主要经验有以下五个方面。

（1）按照废弃资源回收、再利用和无害化处置建立完整的社会化产业发展体系。例如，德国的双元回收系统，由产品制造商、包装物生产商、零售商及垃圾回收部门联合组成，使德国循环经济走在世界的前列。

（2）成立具有重大协助和支持作用的社会中介服务组织和行业组织。例如，美国电子工业协会（Electronic Industry Association，EIA），负责建立电子垃圾回收机制和促进电子产品生产企业承担责任。

（3）调整产业布局，发挥产业聚集效应。例如，日本北九州园区以废旧物资拆解为主导产业，承接上游废弃物加工，为下游企业提供再生材料，辐射带动性强。

（4）为产业发展提供技术支撑。例如，美国拥有综合性生态环境科学研究与管理机构，以及多层次、多种类的再生技术研究机构，并进行大量的资金投入，其再生资源利用技术的创新水平居世界领先地位。

（5）制定保障性法律法规和激励性政策措施。例如，日本、德国、美国、瑞典均颁布了规范化、科学化的法律政策体系。

3.2.2　国内再生资源产业发展现状

目前，我国再生资源产业尚处于发展的起步阶段，可以将该产业的集聚区为试点和突破口，发挥产业聚集的规模化效应，可实现社会、环境和经济效益的多赢化局面，促进该产业飞速发展。因此，对我国再生资源产业的现状研究，可以从园区化角度进行分析。

1. 再生资源产业园区概况

再生资源产业园区是国家倡导建立的一种新型工业园区，通过园区内、外的废旧产品、中间产品和废旧物资的相互交换，实现物质的循环，形成固废资源化和固体废物处理处置的特殊产业集群，从而使资源得到最佳配置、废物得到有效利用。目前，我国已建立试点生态工业园区，主要经营对象包括废七类、废橡胶、废轮胎、废塑料、废纸、废汽车、废电子产品等，主要分布在东南沿海地区。主要已建或在建园区情况如表 3-3 所示。

表 3-3　我国主要的再生资源产业园区概况

园区名称	主营业务	代表企业	所获荣誉
天津子牙循环经济产业区	废旧电子信息产品、报废汽车拆解、橡塑加工、节能环保产业、废弃机电产品精深加工与再制造	富勤环保（天津）有限公司、天津环美高科技石油化工有限公司、TCL 奥博（天津）环保发展有限公司、天津博瑞特金属制品有限公司等 130 家企业	国家循环经济试点园区；国家级废旧电子信息产品回收拆解处理示范基地；国家进口废物“圈区管理”；国家“城市矿产”示范基地
文安东都再生资源环保产业基地	废六类物、废七类物、废塑料	—	国家进口废物“圈区管理”
烟台资源再生加工示范区	废机电、废塑料、废有色金属、废轮胎橡胶、废汽车压件	齐合天地（烟台）再生资源有限公司等约 45 家企业	国家进口废物“圈区管理”
台州金属资源再生产业基地	产品精深加工、废塑料加工利用、报废汽车压块拆解及再利用、废旧家电及电子线路板拆解利用和废橡胶、轮胎加工利用	宁波吉长金属再生有限公司、宁波锌宝再生资源有限公司等 47 家企业	再生资源加工“圈区管理”试点园区
中国清远再生资源示范基地	回收拆解加工及安全处理各类废五金电器、废电机、废电线电缆及其他废金属和废塑料（再生铜为主）	清远华清再生资源投资开发有限公司、清远市亿宝物资回收有限公司等约 57 家企业	国家循环经济试点单位
湖南汨罗工业园	金属回收、废旧物资交易、汽车拆解、电子废弃物回收拆解利用	湖南同力电子废弃物回收拆解利用有限公司、汨罗市衡联铜材有限公司等	国家循环经济试点单位
湖南郴州永兴国家稀贵金属再生利用产业化基地	有色金属生产再生，三废中提取金、银	湖南鑫达银业股份有限公司、郴州雄风稀贵金属材料股份有限公司、永兴金荣材料技术有限公司、永兴县元泰应用材料有限公司等	省级开发区、国家级出口加工区
江西鹰潭（贵溪）铜产业循环经济基地拆解加工区	废铜、废铝等金属、废塑料、废七类物	江西铜业集团有限公司	中国再生资源循环利用基地、再生资源加工“圈区管理”试点园区
安徽界首田营循环经济园区	废旧电瓶和废旧塑料市场	安徽华鑫铅业集团有限公司等	“城市矿产”示范基地、国家循环经济试点单位

结合上述园区情况，可知目前我国再生资源生态工业园区发展较快，一些园区已粗具规模，主要园区情况如表 3-3 所示。根据国家环境保护总局环办〔2003〕61 号文件《关于限制进口类废物审批管理有关问题的通知》，“国家循环经济试点园区”、“国家进口废物‘圈区管理’”、“国家循环经济‘城市矿产’示范基地”等荣誉或资质，可认定再生资源产业园区已形成了综合化、集中化、专业化发展特色，通过差异化和突出经营特色来开拓或扩大市场，扩大经营规模。园区内的各个企业可共享公共设施、减少重复建设，使得企业和园区突破行政界限，

实现区域协调性发展。纵观国内产业园区，需要认真分析其概况，吸取经验教训，积极借鉴园区发展的有益经验，推动再生资源产业的跨越式发展，将再生资源产业打造为推动经济发展的新引擎。

2. 国内再生资源回收利用的发展趋势

我国再生资源回收利用的发展趋势可从以下五个方面进行理解。

（1）再生资源产业规模将不断扩大。目前，我国矿产资源总回收率已接近35%，生产和消费过程中产生的各种废弃资源的回收、再生、利用规模也不断扩大。我国非常重视再生资源产业发展与升级的空间，专门制定了相关中长期发展规划和目标。在“十二五”期间，国家将在多个领域重点推进资源综合利用。为了提高废弃物资源化水平，重点推进粉煤灰、脱硫石膏、尾矿、煤矸石、磷石膏、建筑垃圾等废弃物的综合利用。同时，对生产、生活过程中产生的废水、废气及余压余热进行回收利用，推进废弃电子产品、废旧轮胎和橡塑、废旧机电产品等再生资源的回收利用。可以预见，随着我国可持续发展战略的实施，再生资源再生处理的产业化进程与规模扩张速度将日益加快，进一步发挥再生资源产业在社会、经济、环境方面的朝阳性作用，跨进世界再生资源回收加工大国的行列。

（2）再生资源回收利用体系将不断完善。自2006年起，国家先后批准24个城市建设再生资源回收体系试点，初步形成以集散中心和商贸交易市场为核心、居民社区回收站点为基础、分拣加工中心为依托、资源化再利用为目的的再生资源回收网络体系。据初步统计，商务部公布的第一批26个试点城市中，目前新建和规范化的网点有28 000多个，政府为回收网点配备了各类回收车辆7000多辆，并且新建和改造集散市场140余个，建成了一批专业分拣中心、专业回收企业及再生资源产业园区，以点面结合为特点的再生资源回收网络基本形成。

（3）示范化再生资源产业园区快速发展。根据产业规模化和集聚化发展要求，再生资源产业园区将根据所处地区区位优势和产品特色，不断向综合性资源化和专业性示范化园区方向发展。在发展规模角度，规模较小的园区将加大对外招商引资力度，不断扩大其自身规模，从而加快园区整体规模化建设，更加推动各具特色并且具有示范意义的再生资源产业园区的陆续涌现。

（4）再生资源再生利用技术将得到创新性深入研究。国家和地方政府及企业自身都逐渐加大再生资源再生利用技术研究的重视程度，支持相关科研院所与机构成立，增加研究开发专项资金投入，将再生资源产业发展的共性技术和关键技术纳入各级高新科技开发规划，推进技术创新与进步，解决再生资源降级利用、低值利用问题，提供有力的技术支撑。

（5）产业发展的制度环境日趋完善。目前已颁布了《中华人民共和国循环经济促进法》给予再生资源产业法律上的支持，今后将继续制定和完善有利于产业的发展法规政策，如制定危废处置法规和资源促进再生法，修改现行的再生资源利用政策，同时制定针对各种特定再生材料再制造的专项法规，提供法律政策支撑，为产业发展创造良好的外部环境。

3.3　基于时间维度的系统发展演变分析

3.3.1　经济效益

再生资源产业经济效益的提高具有重要的意义，可增加企业盈利和国家收入，有利于缓解人口、资源与环境之间的利益矛盾，促进社会的健康、可持续发展。本书选取了如下指标进行经济效益变化趋势分析：工业总产值、资金配置、盈利能力。再生资源产业所用数据，均选取《中国统计年鉴》（2004～2016）中对应的“全部国有及规模以上工业企业”。

1）工业总产值

根据年鉴中“全部国有及规模以上工业企业”、“国有及国有控股工业企业”、“私营工业企业”与“外商投资和港澳台商投资企业”的工业总产值指标，进行再生资源产业工业总产值增速及比例分析，如图 3-4 所示。

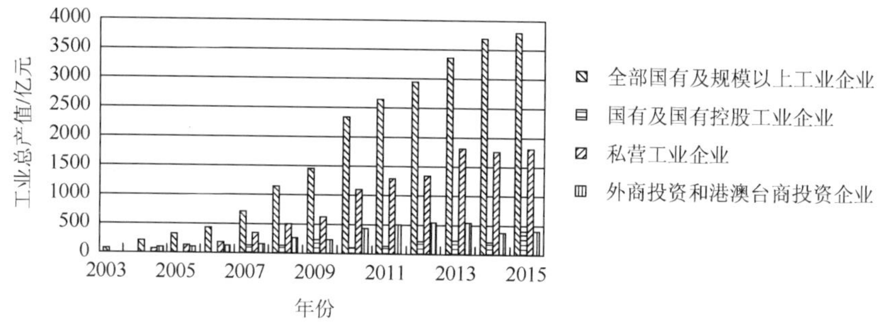

图 3-4　2003～2015 年再生资源产业的工业总产值

如图 3-4 所示，我国再生资源产业的工业总产值逐年快速提高，由 2003 年的 49.94 亿元增长到 2015 年的 3770.88 亿元，年均增长率高达 43.4%。私营工业企业占再生资源企业工业总产值的 50%左右，2015 年的工业总产值达到 1798.3 亿元，比同年所占比例最小的国有及国有控股工业企业多 1629.77 亿元。而外商和港澳台商投资企业在 2003～2004 年高于私营工业企业，从 2005 年开始才低于私营工业企业，说明我国大力开展的循环经济等战略性发展规划是行之有效的。

2）资金配置

选取固定资产净值年平均余额、总资产贡献率、资产负债率和流动资产周转次数，对再生资源产业资金配置进行分析，四个指标的增长趋势如图 3-5 所示。

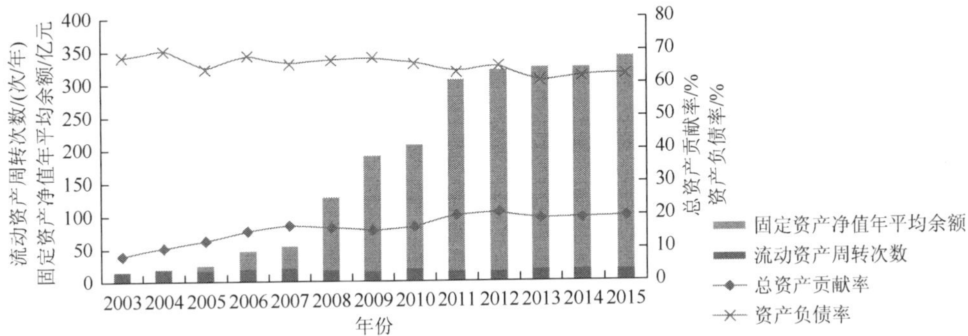

图 3-5　2003～2015 年再生资源产业资金配置情况

从图 3-5 可知，固定资产净值年平均余额的平均增长率为 96.16%，从 2007 年开始在数值上有了明显增长。而流动资产周转次数保持相对稳定态势，固定资产净值年平均余额在 2003～2007 年一直缓慢提升，但 2008～2015 年快速增长。从负债方面看，资产负债率一直在 70%左右，但 70%的资产负债率为业界普遍认为的警戒线，因此再生资源产业需要特别谨慎判断其财务可能出现的风险。

3）盈利能力

再生资源产业的盈利能力可从利润总额、成本费用利润率和产品销售收入三个指标衡量，如图 3-6 所示。

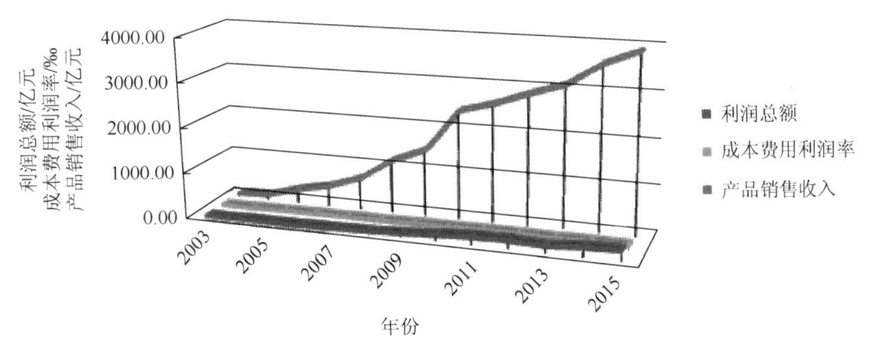

图 3-6　2003～2015 年再生资源产业盈利能力

图 3-6 中的利润总额指标变化，显示了从 2003 年 0.84 亿元到 2015 年 210.86 亿元的飞速增长，也说明了再生资源产业从初始的大部分亏本状态转变为真正盈利的状态，

尤其是 2015 年 52.8‰的成本费用利润率，表明该产业的废弃资源利用率很高，体现了经营耗费所带来的经营成果很好，反映了企业经济效益很好。而产品销售收入代表了企业销售能力的大小，从 2003 年的 50.89 亿元到 2015 年的 3870.58 亿元，再生资源产业的市场规模越来越大，商贸交易能力越来越强，盈利能力与市场销售能力实现了同步高速增长。

3.3.2　产业规模

产业规模代表再生资源产业的整体数量，指的是企业数量和从业人员数量两方面的变化，以年鉴中与再生资源产业对应的“废弃资源和废旧材料回收加工业”为对象，选取《中国统计年鉴》（2004～2016）中有关数据，进行产业规模分析。

1）企业数量

企业数量可形容再生资源产业市场的繁荣程度，选取“全部国有及规模以上工业企业”、“国有及国有控股工业企业”、“私营工业企业”与“外商投资和港澳台商投资企业（以下用‘三资’企业代替）”的企业单位数，如图 3-7 所示。

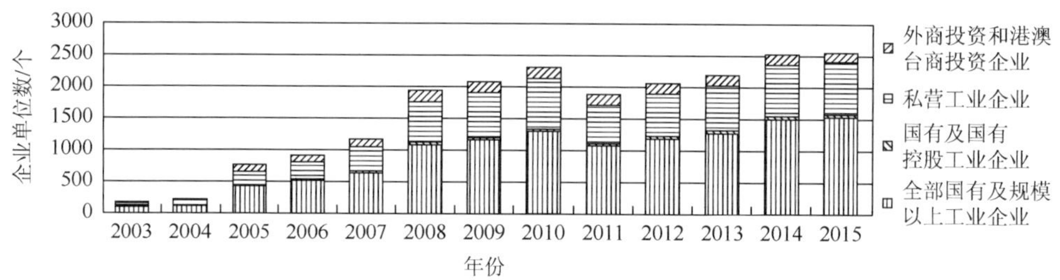

图 3-7　2003～2015 年再生资源产业企业数量

2003～2015 年全部国有及规模以上工业企业数量由 107 个增加到 1530 个，年平均增长率为 24.8%；国有及国有控股工业企业、私营工业企业和“三资”企业的平均增长率分别为 18.2%、27.2%和 17.7%。可知与工业总产值增长情况类似，再生资源产业企业数量的增长以全部国有及规模以上工业企业的增长为主，2015 年私营工业企业比例达到 61.0%，其次是“三资”企业、国有及国有控股工业企业，说明我国再生资源产业的结构比例较好，符合市场经济发展特点，属于健康、可持续发展态势。

2）从业人员数量

人力资本主要从再生资源产业从业人员总数、女性人数、劳动报酬、平均劳动报酬四方面进行考量，选取《中国劳动统计年鉴》（2004～2016）中相应指标进行分析，如图 3-8 所示。

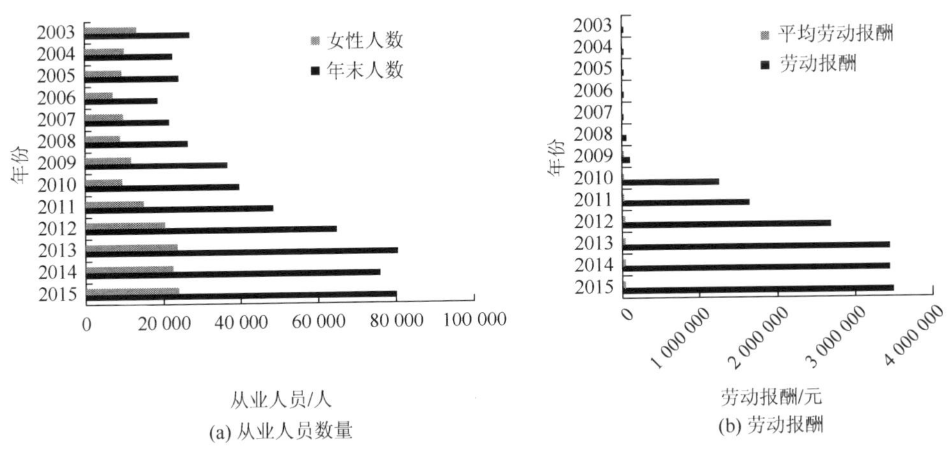

(a) 从业人员数量

(b) 劳动报酬

图 3-8　2003～2015 年再生资源产业从业人员数量与劳动报酬

如图 3-8 所示，再生资源产业从业人员数量增长效果并不明显，从 2003 年的 27 000 人到 2015 年的 80 035 人，年平均增长率仅为 9.5%，并且在 2006～2013 年稳步增长，直到 2014 年才出现下降趋势。其中，女性从业人员比例 2011 年以后逐渐稳定于占从业人员的近三成，2015 年为 30.0%，这也与再生资源产业以拆解、加工为主要环节的特性有关。从劳动报酬角度看，2003～2015 年的年平均增长率为 47.2%，远高于从业人员数量增长率，表明该产业的科技含量不断提高，由小作坊式的简单利用转为专业化的综合利用。

3.3.3　基于 Hoover 指数的规模演变分析

针对上述指标的衡量范围，选择赫芬达尔指数（即 Hoover 指数，以下简称 H 指数）来反映再生资源产业规模的分布情况。根据搜集数据特点，选择 2004～2015 年为研究时限，并对该产业做如下理想假设：设 j 地区 i 产业中所有企业具有相同的规模，即工业总产值相等[233]，则其计算公式为

$$H=\sum_{j=1}^{r} n_{ij}\left(\frac{\text{Output}_{ij}/n_{ij}}{\text{Output}_{i}}\right)^{2}=\sum_{j=1}^{r}\frac{1}{n_{ij}}\left(\frac{\text{Output}_{ij}}{\text{Output}_{i}}\right)^{2}=\sum_{j=1}^{r}\frac{1}{n_{ij}}s_{ij}^{2} \tag{3-1}$$

其中，r 为地区总数量；n_{ij} 为产业 i 在区域 j 的企业数量；Output_{ij} 为产业 i 在区域 j 的总产值；Output_{i} 为产业 i 的全国总产值；s_{ij} 为 j 地区 i 产业的全国市场占有率。H 指数考虑了企业总数和企业规模两个因素的影响，可比较准确地反映产业集中程度。$0<H<1$，H 指数越小，则产业集聚程度越小。全国的指数变化趋势按照此公式将简化为企业数量分之一，不具备经济意义，因此对各地区的 H 指数进行测算，如表 3-4 所示。

表 3-4　2004～2015 年

地区	年份					
	2004	2005	2006	2007	2008	2009
北京	0.000 036 02	0.000 027 63	0.000 062 25	0.000 025 46	0.000 015 47	0.000 013 22
天津	0.000 000 23	0.000 001 70	0.000 011 72	0.000 000 98	0.000 000 45	0.000 000 33
河北	0.000 002 54	0.000 012 01	0.000 015 82	0.000 011 23	0.000 003 27	0.000 000 86
山西	0.000 024 90	0.000 008 66	0.000 009 60	0.000 006 04	0.000 006 66	0.000 002 73
内蒙古	0.000 003 46	0.000 000 14	0.000 000 45	0.000 014 92	0.000 002 27	0.000 000 92
辽宁	0.000 003 33	0.000 006 86	0.000 011 45	0.000 002 88	0.000 004 31	0.000 002 07
吉林	0.000 049 00	0.000 180 57	0.000 264 17	0.000 177 70	0.000 049 77	0.000 008 29
黑龙江	0.000 000 18	0.000 000 06	0.000 000 24	0.000 000 09	0.000 000 36	0.000 000 36
上海	0.000 076 37	0.000 003 94	0.000 007 20	0.000 006 25	0.000 006 52	0.000 003 70
江苏	0.000 002 13	0.000 002 57	0.000 003 29	0.000 001 85	0.000 005 42	0.000 001 82
浙江	0.000 000 12	0.000 001 57	0.000 020 97	0.000 022 27	0.000 040 65	0.000 022 17
安徽	0.000 034 68	0.000 023 76	0.000 037 40	0.000 021 30	0.000 007 65	0.000 003 51
福建	0.000 001 87	0.000 001 63	0.000 002 13	0.000 002 14	0.000 010 33	0.000 005 98
江西	0.000 010 68	0.000 000 61	0.000 011 41	0.000 000 71	0.000 000 07	0.000 000 02
山东	0.000 001 27	0.000 002 12	0.000 006 26	0.000 004 94	0.000 000 29	0.000 000 63
河南	0.000 000 26	0.000 006 68	0.000 011 93	0.000 006 04	0.000 000 13	0.000 000 99
湖北	0.000 015 03	0.000 011 98	0.000 011 59	0.000 143 25	0.000 139 57	0.000 049 56
湖南	0.000 000 66	0.000 006 82	0.000 000 81	0.000 003 33	0.000 000 53	0.000 003 24
广东	0.000 004 38	0.000 006 67	0.000 013 12	0.000 010 28	0.000 005 90	0.000 004 98
重庆	0.000 001 10	0.000 006 55	0.000 000 68	0.000 000 68	0.000 000 95	0.000 000 77
四川	0.000 000 10	0.000 000 00	0.000 000 00	0.000 000 00	0.000 000 12	0.000 000 56
贵州	0.000 001 32	0.000 000 39	0.000 000 41	0.000 000 35	0.000 000 62	0.000 004 83
云南	0.000 000 39	0.000 002 26	0.000 000 45	0.000 000 81	0.000 000 26	0.000 000 03
陕西	0.000 005 59	0.000 008 98	0.000 004 29	0.000 002 19	0.000 001 46	0.000 000 06
甘肃	0.011 378 43	0.006 160 82	0.000 000 52	0.000 000 35	0.000 000 18	0.000 961 32
青海	0.000 000 00	0.000 008 70	0.000 017 81	0.000 009 72	0.000 008 48	0.000 000 00

注：广西、海南、西藏、宁夏、新疆地区数据不全，未进行测算；也不包括港澳台地区数据

全国各地区 *H* 指数

地区	年份					
	2010	2011	2012	2013	2014	2015
北京	0.000 003 32	0.000 002 24	0.000 002 43	0.000 002 40	0.000 002 33	0.000 014 16
天津	0.000 000 17	0.000 000 33	0.000 000 32	0.000 000 33	0.000 000 33	0.000 036 14
河北	0.000 006 42	0.000 007 05	0.000 007 00	0.000 006 96	0.000 006 95	0.000 000 98
山西	0.000 003 45	0.000 003 29	0.000 003 03	0.000 003 21	0.000 003 57	0.000 000 29
内蒙古	0.000 002 12	0.000 002 23	0.000 002 35	0.000 002 67	0.000 002 98	0.000 000 33
辽宁	0.000 002 84	0.000 002 82	0.000 002 78	0.000 002 79	0.000 002 85	0.000 025 73
吉林	0.000 002 33	0.000 002 41	0.000 002 38	0.000 002 40	0.000 002 36	0.000 010 70
黑龙江	0.000 005 15	0.000 005 79	0.000 006 32	0.000 006 71	0.000 006 80	0.000 002 33
上海	0.000 000 63	0.000 000 95	0.000 000 99	0.000 001 01	0.000 001 03	0.000 006 62
江苏	0.000 002 48	0.000 002 32	0.000 002 19	0.000 002 05	0.000 001 93	0.000 013 61
浙江	0.000 002 65	0.000 002 32	0.000 002 31	0.000 002 36	0.000 002 63	0.000 079 23
安徽	0.000 004 87	0.000 005 00	0.000 004 73	0.000 004 39	0.000 005 07	0.000 006 86
福建	0.000 003 62	0.000 003 75	0.000 003 06	0.000 002 74	0.000 002 67	0.000 004 31
江西	0.000 002 02	0.000 002 12	0.000 001 96	0.000 001 82	0.000 002 04	0.000 006 69
山东	0.000 006 87	0.000 008 90	0.000 008 75	0.000 008 30	0.000 008 00	0.000 005 03
河南	0.000 006 70	0.000 006 94	0.000 007 13	0.000 006 92	0.000 007 24	0.000 019 21
湖北	0.000 004 04	0.000 005 19	0.000 004 80	0.000 006 10	0.000 003 73	0.000 043 32
湖南	0.000 005 67	0.000 005 57	0.000 005 06	0.000 004 66	0.000 004 35	0.000 013 58
广东	0.000 004 23	0.000 004 23	0.000 004 08	0.000 004 03	0.000 003 89	0.000 096 14
重庆	0.000 004 77	0.000 002 95	0.000 002 85	0.000 003 03	0.000 003 12	0.000 018 90
四川	0.000 013 37	0.000 011 91	0.000 011 20	0.000 011 29	0.000 010 60	0.000 004 32
贵州	0.000 013 18	0.000 006 60	0.000 005 48	0.000 005 71	0.000 005 13	0.000 000 60
云南	0.000 010 85	0.000 009 94	0.000 009 55	0.000 009 75	0.000 009 75	0.000 001 56
陕西	0.000 004 89	0.000 004 68	0.000 004 16	0.000 004 14	0.000 003 88	0.000 004 34
甘肃	0.000 006 02	0.000 005 36	0.000 003 89	0.000 003 96	0.000 004 50	0.000 011 91
青海	0.000 001 11	0.000 001 12	0.000 000 72	0.000 000 71	0.000 000 66	0.000 000 00

从 H 指数的数量级看，其数量级非常小，并存在一定程度的下降趋势，表明再生资源产业从整体上看，内部产业结构不合理，发展并不均衡；从 H 指数的均值变化看，H 指数说明该产业企业规模仍然较小，企业数量较少，表示该产业为低度聚集，处于逐年下降态势，没有形成技术密集型工业。其中，2015 年以广东省的 H 指数最高，说明广东省再生资源企业数量虽少，但是工业产值很高，在由国家批复的区域循环经济发展规划《广东省开展循环经济试点实施方案》的指导下，实现了循环经济从理论到实践的重大转变。

3.4　面向产品生命周期的系统结构分析

3.4.1　主要环节

再生资源产业的主要任务是收集、运输和资源化废弃物，并召回有质量问题的商品和可再利用包装物，从产业链角度看，主要环节由生态化回收环节、资源化利用环节和无害化处置环节构成，再生资源流动方向如图 3-9 所示。

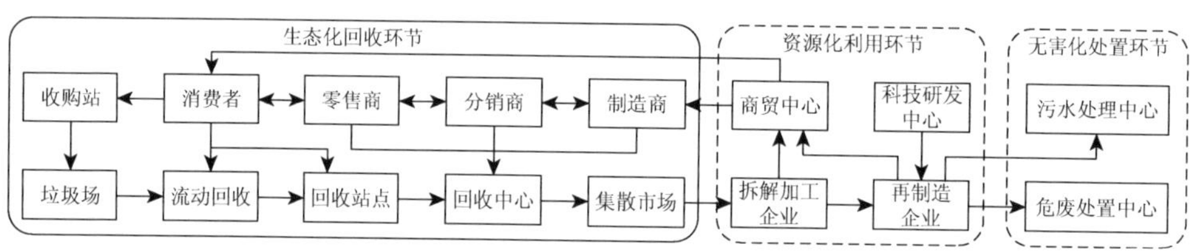

图 3-9　再生资源产业主要环节的构成

（1）生态化回收环节。再生资源的回收来源主要包括生产性来源和生活性来源，其中生产性再生资源的流通过程相对简单，一般由制造商、分销商和零售商，通过公开招标方式或私下非正式渠道（熟人介绍、老客户续约）等途径确定回收企业，仅有少数制造商、分销商和零售商会进行零散性售卖，卖给个体流动回收人员。另外，生活性来源的再生资源流通过程相对复杂，大部分由个体流动回收人员回收，另有一部分在直接丢弃到垃圾场后由个体流动回收人员回收，只有少部分由消费者直接送到指定回收站点。然后统一经过回收中心运送到集散市场中，出售给拆解加工企业。

（2）资源化利用环节。通过购买进口再生资源和集散市场中的国内再生资源，识别再生资源的种类、数量和价值，制定拆解、加工、利用实施方案，采取不同再利用技术方法处理，并且在科技研发中心的技术支撑下，对再生原材料进行精深加工和再制造，实现产业链的延伸和耦合。最后将再生原材料和再生产品运输到商贸中心，重新销售给制造商和消费者。

（3）无害化处置环节。在拆解加工企业和再制造企业对再生资源进行综合性利用之后，会产生少部分的危险废弃物和污水，简单的处置会对环境造成污染。通过分析资源化企业产生的危险废弃物和污水信息，安排专门的运输车辆进行转移，按照危险废弃物和污水的申报及处置程序对其进行处理，在危废处置中心和污水处理中心内实现无害化处置，将环境污染降到最低。

3.4.2　市场主体

再生资源产业的每一个处理环节业务量都很大，需要严格的标准化操作管理降低其复杂程度，按照再生资源产业三大主要环节构成及再生资源的流动方向，考虑如下几个与该产业联系较为紧密的市场主体：供应商、制造商、分销商、零售商、消费者、流动回收人员、收购站、回收中心、资源化企业、再制造企业等。这些市场主体在各个环节中发挥着价值增值作用，相互协调，形成了各主体之间的利益关系网络，可用利益主体屋形式进行表示，如图 3-10 所示。

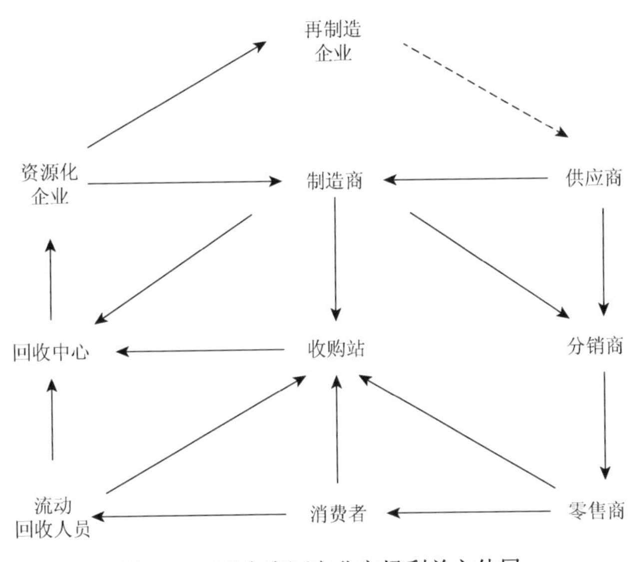

图 3-10　再生资源产业市场利益主体屋

（1）供应商。供应商即为制造商提供原材料、零部件、半成品等生产支持的企业，在再生资源产业系统中，也是再生原材料、可用零部件等的购买企业，应尽量选择环保型材料，提高再生原材料使用比例。

（2）制造商。制造商一般指废旧物资的生产商，在回收环节中的责任取决于政策对回收模式的规定，如选择生产商负责回收模式，制造商负责直接经营，承担废弃物资处理费用；如选择第三方负责回收模式，制造商只提供专业技术支持。在再生资源产业系统中，制造高不仅是供应网络的核心企业，还是再制造产品的销售对象。

（3）分销商。分销商负责构建制造商新产品销售网络，与制造商生产责任的承担方式密切相关，在回收环节中执行回收点的功能，可回收问题产品及部分废弃产品。

（4）零售商。在供应链模式下，零售商是再生资源的主要回收者，并进行初步的筛选、分类。但在我国实际市场经济运行中，人口与废弃资源的基数很大，从事这种活动会严重影响零售商的正常业务活动。

（5）消费者。消费者是再生资源的产生者，为再生资源产业的繁荣发展提供了较大的市场空间，直接影响着废旧物资的来源与数量，承担着主动送到指定回收站点的社会责任。

（6）流动回收人员。流动回收人员包括在各个社区、街道、企事业单位周边的小型个体流动回收人员，回收范围和回收物品较为灵活，主要将再生利用后具有较高附加值的再生资源送至收购站或者回收中心。

（7）收购站。从事废旧物资回收的站点，对企业、个人或流动回收人员提供的再生资源进行有偿回收，集中储存、交易废旧物资，减少环境污染，提高物资再循环利用。

（8）回收中心。回收中心指的是专业回收再生资源的经营主体，经过分拣、打包、压块等初步机械化专业处理后，负责将废旧物资统一运送到资源化企业，进行进一步的加工利用[234]。

（9）资源化企业。资源化企业包括拆解企业和加工型企业两种类型，在拆解企业中，承担科学拆解废旧电子产品、废旧汽车中有价值资源部分的任务，为市场提供可再利用零部件，而加工型企业主要对废旧玻璃、纸张、电子产品、橡塑等进行加工利用，减轻环境损害。

（10）再制造企业。利用资源化企业生产的再生原材料，采用先进处理技术，对其进行重新加工、组装，再造为新的机械设备或材料，最大限度地利用再生资源，防止环境的二次污染。

3.4.3　系统产业链分析

结合再生资源产业特点和产业链架构，统筹主体企业与配套企业、新建项目与产业延伸的关系，以废旧电子信息产品拆解加工业（重点是白色家电和无线电通信设备）、报废汽车拆解加工业、废旧轮胎及橡塑再生利用业、废旧机电产品拆解加工业、新能源与环保设备制造业五大主导产业为重点，以科技研发、基础设施和生活服务等为支撑，构建了再生资源产业系统基本体系，如图 3-11 所示。其中，五条具有较高水平和较大规模的产业链骨架，如图 3-12～图 3-16 所示。

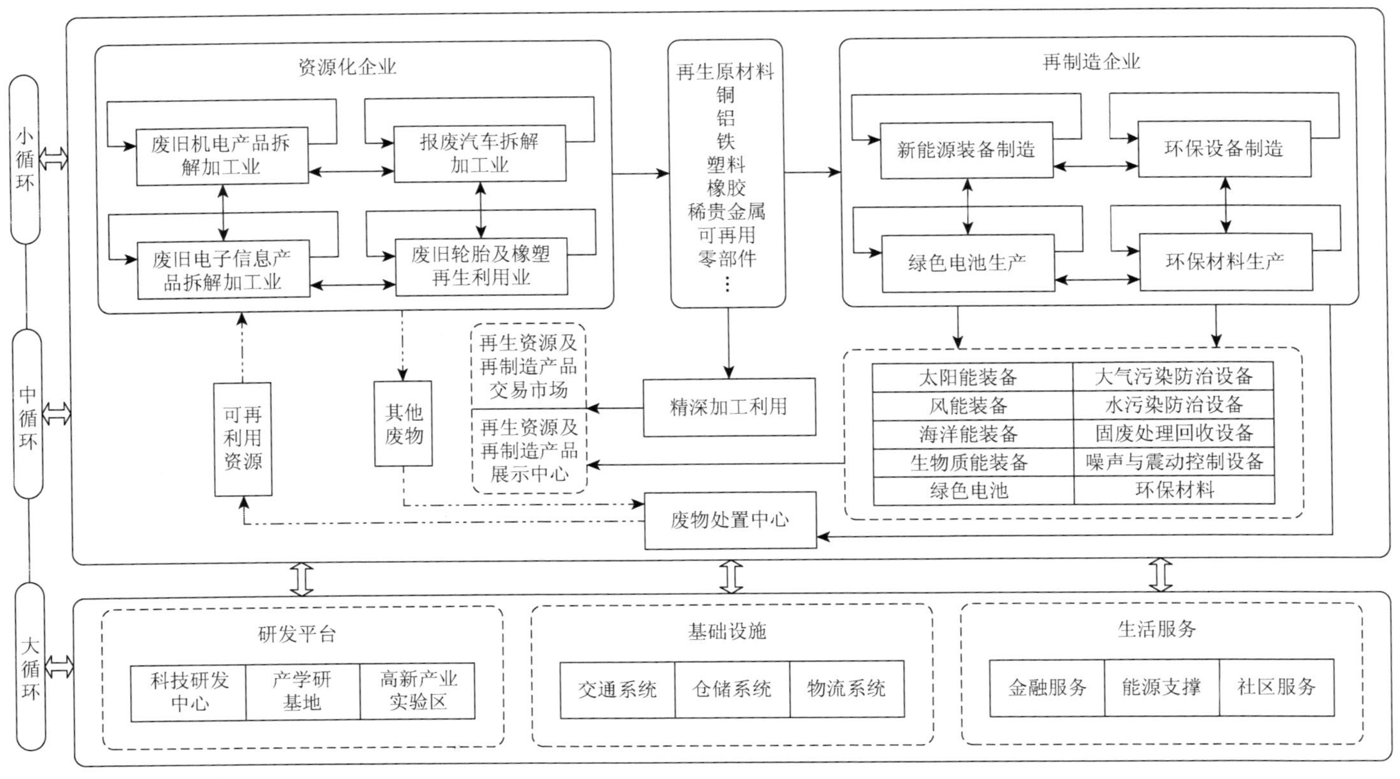

图 3-11　再生资源产业基本架构

（1）废旧机电产品拆解加工产业链。它是指以废旧机电产品为对象，通过先进技术与工艺，最大限度地开发利用其中蕴含的材料、资源及能源，以达到节能、节材、保护环境等目的，从而支持社会的可持续发展。废旧机电产品资源化的基本途径是再利用、再制造和再循环，使再利用、再制造、再循环的部分价值最大化，使报废处理的部分价值最小化，产业链如图 3-12 所示。

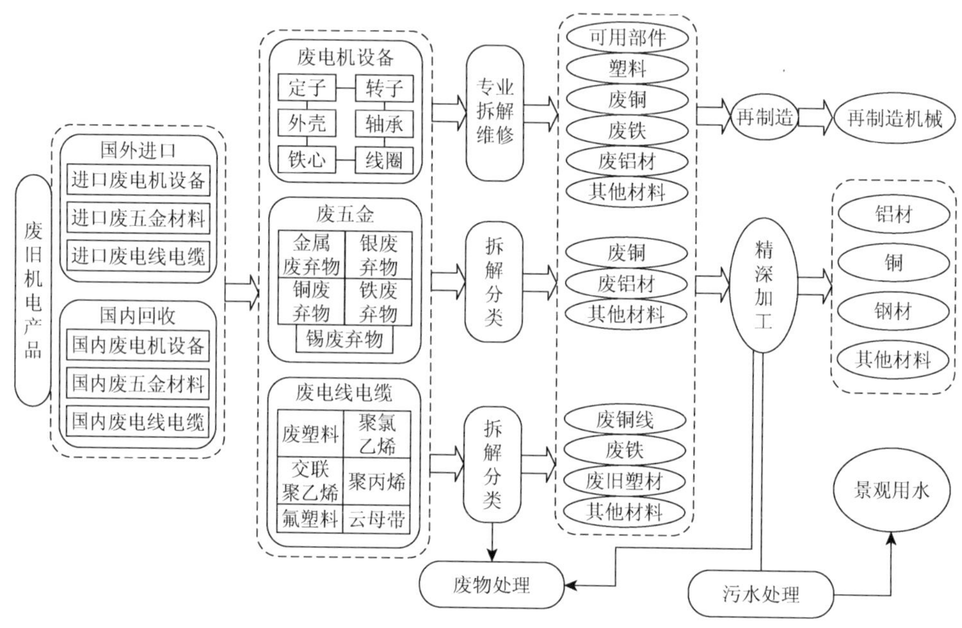

图 3-12　废旧机电产品拆解加工产业链

（2）废旧电子信息产品拆解加工产业链。废旧电子信息产品主要包括“四机一脑”（电视机、空调、冰箱、洗衣机、计算机）及手机、固定电话等通信设备，通过专业拆解或加工企业拆解、切割、分类、破碎、筛选，得到的金属、塑料等经由精深加工企业再次加工和处理，产成品投入再生资源交易市场再被循环利用，如图 3-13 所示。

（3）报废汽车拆解加工产业链。以周边城市群为依托，引进大型进口汽车压块破碎加工技术，建立报废汽车回收体系，并与相关回收部门协作，通过专业拆解、分类、加工，生产出的废玻璃、废轮胎、废铜、废电线、废钢材、废铝、废电池等进入相关的精深加工与再制造企业，如图 3-14 所示。

（4）废旧轮胎及橡塑再生利用产业链。采取新工艺和专业化处理设备，对废旧轮胎及橡塑（包括废旧轮胎、电线电缆、仪表外壳等直接回收物，以及废旧机电拆解加工业、废旧电子信息产品拆解加工业和报废汽车拆解加工业所拆解分选出来的橡塑产品）进行再生利用。生产的涤纶纤维、弹性体、涂料原料、再生胶粉、建材原料等产品，投入再生资源交易市场，成为我国新的经济增长点，如图 3-15 所示。

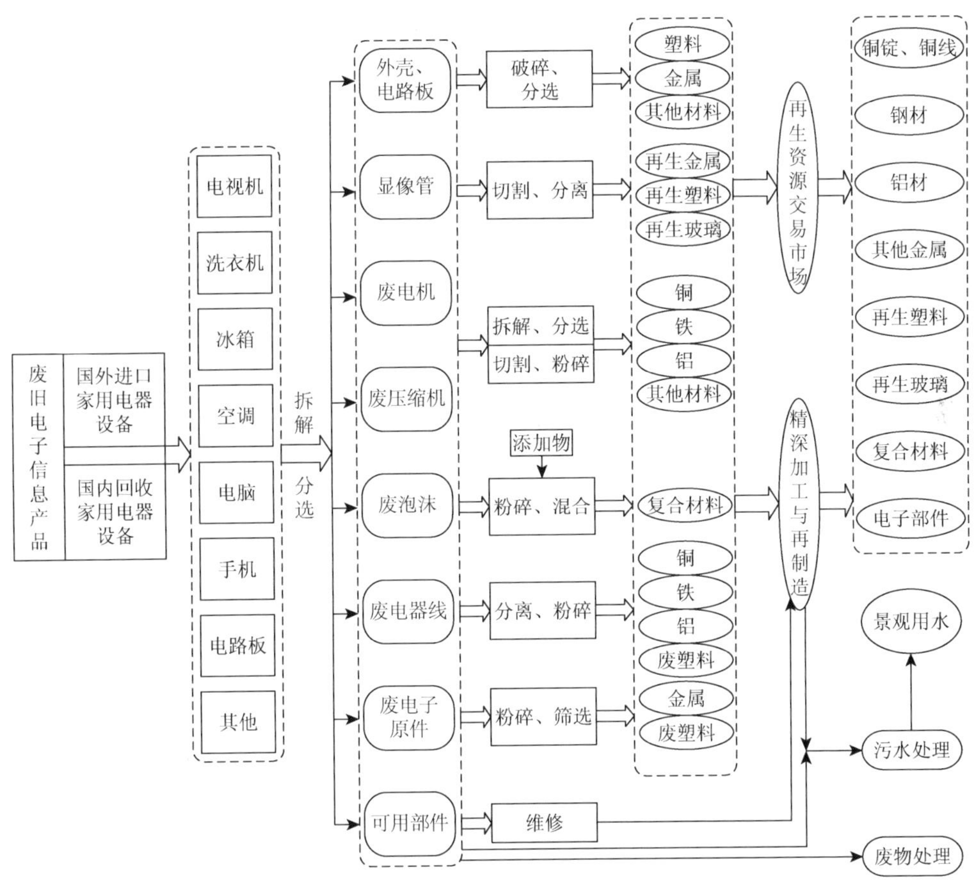

图 3-13　废旧电子信息产品拆解加工产业链

（5）新能源与环保设备制造产业链。以铜、铁、铝、橡塑等资源化企业生产的再生原材料，在先进研发水平基础上利用再制造工艺，制造太阳能装备、风能装备、生物质能装备、海洋能装备、绿色电池等新能源装备，以及大气污染防治设备、水污染防治设备、固废处理回收设备、噪声与震动控制设备、环保材料等环保设备，提高再生原材料的附加值，促进战略性新兴产业发展，实现资源的闭环循环利用，如图 3-16 所示。

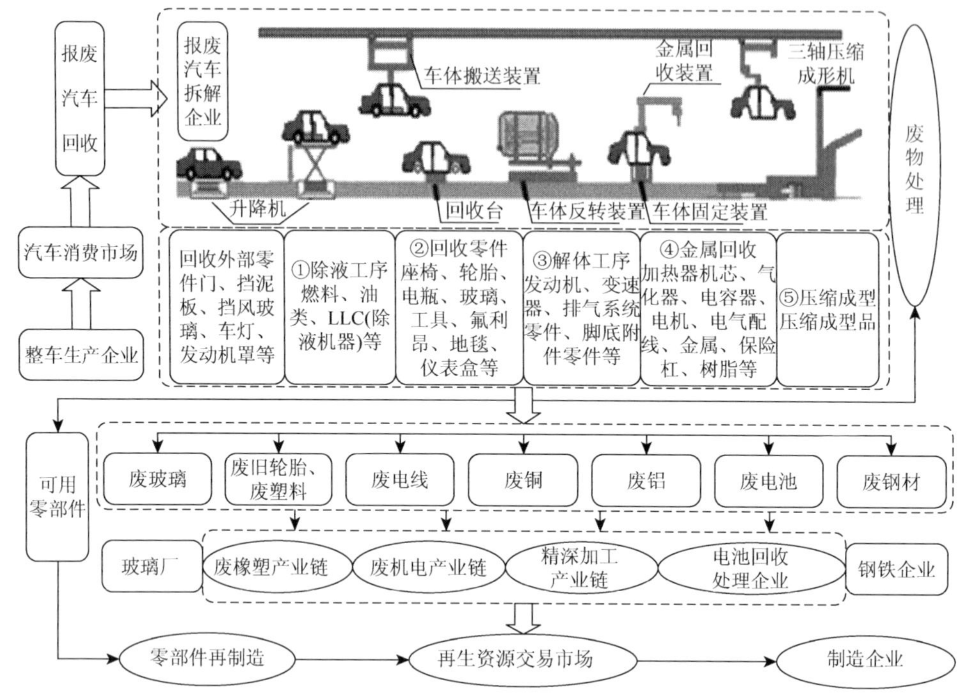

图 3-14　报废汽车拆解加工产业链

LLC 泛指一类除液机器

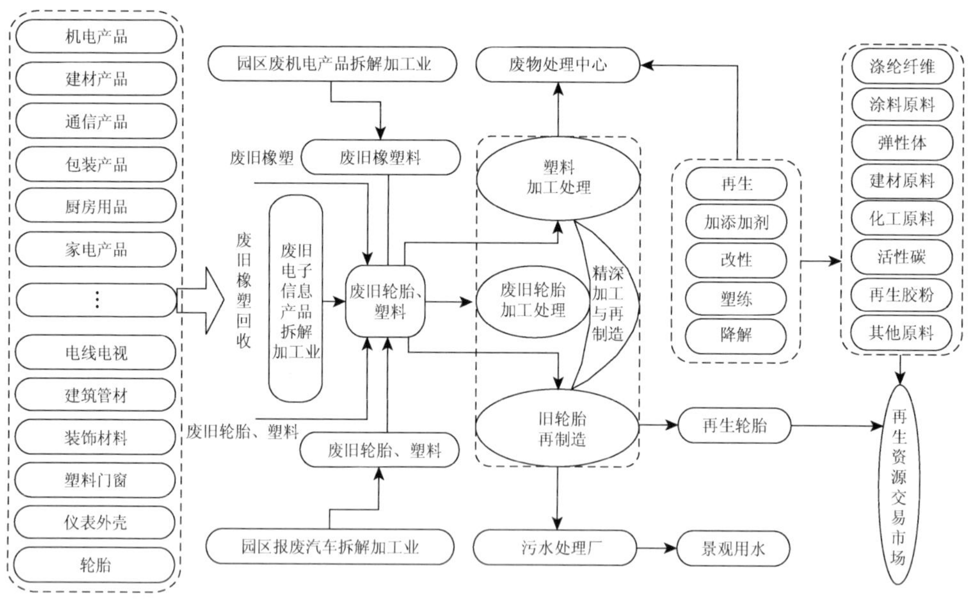

图 3-15　废旧轮胎及橡塑再生利用产业链

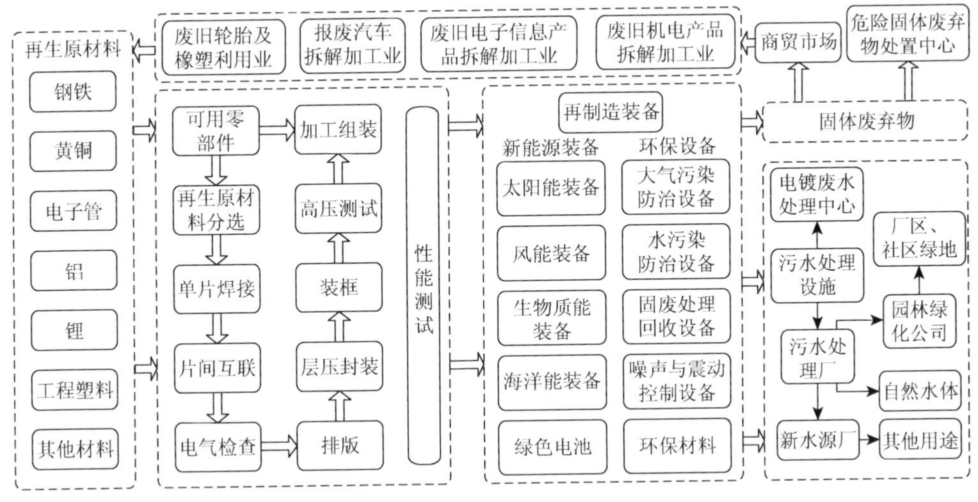

图 3-16　新能源与环保设备制造产业链

3.5　基于产业聚集度的系统发展变动趋势分析

3.5.1　研究方法选择

1）产业集中度

产业集中度，指某一行业内产业规模最大的前几家企业的有关数值（如工业总产值、从业人数等）占整个行业的份额，是衡量产业集聚水平最常用的方法之一。其计算公式为

$$\mathrm{CR}_n = \sum_{j=1}^{n} X_j \Big/ \sum_{j=1}^{N} X_j \tag{3-2}$$

其中，CR_n 为前 n 家最大企业的产业集中度；X_j 为第 j 位企业的工业总产值；N 为全部企业数。CR_n 对前几家市场占有率最大的企业规模变化反应灵敏，能从企业数目和市场分布初步判断产业集聚程度，因此，可首先通过该指标判断再生资源产业的集中分布情况。

2）区位熵

“区位熵”由哈盖特（Haggett）首先提出并运用于区位分析中，反映某一产业部门的专门化程度，以及某一区域在高层次领域的地位和作用。其计算公式为

$$\mathrm{LQ}_{ij} = \frac{q_{ij} / q_j}{q_i / q} \tag{3-3}$$

其中，LQ_{ij} 为 j 地区中 i 产业的区位熵；q_{ij} 为 j 地区中 i 产业的产值；q_j 为 j 地区全部产业的产值；q_i 为 i 产业的全国产值；q 为全国所有产业总产值。当 $LQ_{ij}=1$，表明 j 地区中 i 产业的专业化程度与全国专业化程度持平；$LQ_{ij}<1$，表明 j 地区中 i 产业专业化水平较低；$LQ_{ij}>1$，表明 j 地区中 i 产业具有产业集群效应。

3）空间基尼系数

基于洛伦兹曲线和基尼系数的研究原理，Krugman 创造了空间基尼系数，用来测定区域某类产业的聚集度水平。其计算公式为

$$G=\sum_{j=1}^{r}(x_j-s_{ij})^2 \tag{3-4}$$

其中，G 为空间基尼系数；x_j 为区域 j 所有行业总产值占全国所有行业总产值的比例。G 值越高，产业聚集度越大，在地理上越集中；G 越接近 0 时，表明产业 i 的空间分布越均衡。

4）EG 系数

针对以上传统产业聚集度测量指标没有考虑企业规模分布对产业地理集中影响的不足之处，Ellision 和 Glaeser 提出了新的集聚指标来进行测量。其计算公式为

$$\text{EG}=\frac{G-\left(1-\sum_{j=1}^{r}x_j^2\right)H}{\left(1-\sum_{j=1}^{r}x_j^2\right)(1-H)} \tag{3-5}$$

$\text{EG}<0.02$，表明该产业不存在集聚现象；$0.02<\text{EG}<0.05$，表明该产业在区域分布较均匀；$\text{EG}>0.05$，表明该产业聚集度较高。式（3-5）表明，EG 系数充分考虑企业规模及区域差异问题，弥补了前述公式的缺陷，可跨时间、跨空间、跨产业的比较产业聚集度变动趋势。但是由于统计数据不足，无法完全按照 EG 系数来进行计算，有必要对各个指标进行计算对比，从不同方面衡量产业聚集度。

3.5.2 数据范围界定及样本处理

基础数据来源于 2005～2016 年《中国统计年鉴》、《中国劳动统计年鉴》、各省市统计年鉴，以及 2005 年和 2016 年《中国经济普查年鉴》中的相应统计数据。为保证统计数据的准确性、连续性和一致性，以更好地进行跨时间、跨地区的比较研究，对样本数据做以下处理。

（1）指标选取的一致性。再生资源产业与《国民经济行业分类》（GB/T 4754—2002）中的“废弃资源和废旧材料回收加工业（C43）”相对应。为保证指标选取的一

致性，本书以该产业全部国有及规模以上非国有企业的数据为基准，选择各省市的相关指标，反映该产业的聚集程度。

（2）时间序列的连续性。由于数据限制，本书研究的时间跨度为 2004～2015 年，统计数据存在部分年份中断缺失现象，为保证指标在时间上的连续性，主要采用该产业工业总产值进行计算，根据不同研究角度和产业特征，选择工业增加值、从业人数等指标进行补充，增强数据的连贯性与完备程度，方便进行空间差异比较。

（3）地区选取的一致性。由于再生资源产业相关统计年鉴中各省市的统计口径不一，存在地区之间基础数据指标不一致。为了保证地区比较的前后一致性，作为计算空间产业发展水平的重要基准，年鉴未统计的省市没有纳入研究范围。

3.5.3　系统聚集水平测度集分析

1）产业集中度分析

按照式（3-2），计算出 2004～2015 年我国各地区再生资源产业集中度，计算结果如表 3-5 所示。根据产业集聚理论，将集聚类型划分为四种：CR_4≥70%为极高寡占市场类型；40%≤CR_4＜70%为中度寡占市场类型；20%≤CR_4＜40%为竞争型；CR_4＜20%为分散型。可知，2004 年我国再生资源产业已初步集中，2005～2007 年处于加快发展状态，表现为极高寡占市场类型，具有明显的集聚特征，2008～2010 年该产业发展速度稍稍落后，但仍为中度寡占市场类型，尤其是广东、浙江、江苏三省工业总产值远远高于其他省份，直到 2009 年天津市才接近三省的最低工业总产值。2010～2015 年，产业集中度保持振荡上浮趋势，与 2009 年的集中省份基本一致，总体集聚特征在我国省域层次已较为明显。

表 3-5　2004～2015 年我国各地区再生资源产业集中度

年份	产业集中度/%	集中省份/亿元
2004	57.03	浙江[74.69]、广东[20.37]、江苏[12.45]、云南[8.15]
2005	74.18	浙江[94.89]、广东[71.78]、江苏[34.00]、山东[16.65]
2006	73.53	浙江[140.50]、广东[88.07]、湖南[44.85]、江苏[35.46]
2007	71.16	广东[167.39]、浙江[167.32]、湖南[102.86]、江苏[46.79]
2008	62.21	广东[333.71]、浙江[228.11]、江苏[88.28]、湖南[57.68]
2009	66.14	广东[450.19]、浙江[216.51]、江苏[147.91]、天津[140.42]
2010	60.67	浙江[84.79]、广东[60.27]、江苏[20.15]、天津[15.36]
2011	75.28	广东[285.35]、浙江[118.23]、江苏[90.87]、山东[60.54]
2012	70.98	广东[179.25]、浙江[150.99]、江苏[99.98]、天津[80.16]

续表

年份	产业集中度/%	集中省份/亿元
2013	71.29	广东[98.91]、浙江[70.56]、湖南[50.76]、天津[29.33]
2014	69.76	浙江[155.88]、广东[103.67]、江苏[79.54]、河南[58.32]
2015	73.28	广东[323.77]、浙江[250.26]、湖南[168.39]、天津[80.49]

注：中括号内数值代表工业总产值

2）产业聚集度趋势分析

根据式（3-2）～式（3-5），分别计算出 2004～2015 年我国再生资源产业的产业聚集度，如表 3-6 所示。

表 3-6　2004～2015 年我国再生资源产业的产业聚集度

参数	年份					
	2004	2005	2006	2007	2008	2009
LQ 指数	0.642 689 8	0.726 614 2	0.799 093 7	0.846 483 1	0.644 017 3	0.711 426 7
H 指数	0.000 286 5	0.000 329 1	0.000 332 4	0.000 304 7	0.000 165 9	0.000 174 0
G 系数	0.102 711 4	0.076 291 3	0.088 930 6	0.072 831 1	0.061 836 6	0.064 537 8
EG 系数	0.102 638 9	0.076 289 6	0.086 471 7	0.076 156 7	0.067 373 2	0.065 177 5
LQ 指数	1.770 592 5	2.167 518 2	2.903 379 1	3.604 866 8	3.379 761 5	3.552 713 7
H 指数	0.000 099 0	0.000 093 0	0.000 087 0	0.000 081 0	0.000 076 0	0.000 069 0
G 系数	0.093 214 0	0.086 011 3	0.073 530 6	0.062 520 1	0.070 523 6	0.083 537 6
EG 系数	0.096 572 0	0.086 702 3	0.077 462 0	0.067 184 2	0.060 927 1	0.088 202 7

从各系数的数量级看，*H* 指数的数量级很小，LQ 指数的数量级最大，*G* 系数与 EG 系数相近，但是均远远小于各自集聚程度最大时的标准值，存在一定程度下降趋势，表明再生资源产业从整体上看，内部产业结构不合理，发展并不均衡。

从各系数的均值变化看，LQ 指数说明我国各省市的再生资源产业专业化水平较低；*H* 指数则说明该产业企业数量较少；*G* 系数说明该产业各省市工业总产值较低；EG 系数远大于 0.05 的标准值，表示该产业为高度聚集，但是处于逐年下降态势，企业数量、规模和专业化程度都较小，说明没有成为技术密集型工业。

3）产业聚集程度空间分布

为分析我国再生资源产业聚集程度空间分布情况，用 EG 系数衡量各地区产业聚集程度差异，如表 3-7 所示。2004～2015 年我国再生资源产业聚集度最高的地区为浙江、广东、江苏，湖南、上海、天津、山东则成为该产业聚集的“第一梯队”，而这些地区同样为我国经济快速发展地区，这从一定程度上说明了该产业聚集程度与所处地区全部工业经济的发展有很强的正相关性，尤其是浙江、广东、江苏、天津，拥有很多循环经济试点单位和首批“城市矿产”示范基地，在未来再生资源产业发展中具有很强的竞争优势。此外，2007 年金融危机爆发，导致国内金属价格下跌。因此 2007 年以前，浙江一直是该产业聚集程度最高的地区，广东、江苏也具有较高聚集度，湖南、山东、天津呈波动状态，其他地区大致处于同一发展水平，2007 年之后，广东基本成为产业聚集度最高的地区，2015 年产业比例迅速上升至 49.60%，同时浙江、江苏、天津分别以 26.30%、5.32%、5.50%的比例紧随其后，而其他城市发展水平都较低，尤其是中西部地区，聚集程度极低。

表 3-7　全国各地区再生资源产业聚集程度

地区	年份					
	2004	2005	2006	2007	2008	2009
北京	0.000 897	0.000 403	0.000 357	0.000 371	0.000 278	0.000 267
天津	0.000 051	0.000 023	0.000 710	0.000 060	0.000 405	0.005 351
河北	0.001 477	0.001 131	0.001 167	0.001 062	0.001 824	0.001 178
山西	0.000 285	0.000 312	0.000 343	0.000 366	0.000 387	0.000 283
内蒙古	0.000 097	0.000 124	0.000 152	0.000 177	0.000 172	0.000 261
辽宁	0.001 224	0.000 010	0.000 237	0.000 019	0.000 001	0.000 034
吉林	0.000 206	0.000 220	0.003 950	0.004 146	0.002 378	0.000 154
黑龙江	0.000 133	0.000 181	0.000 177	0.000 150	0.000 162	0.000 150
上海	0.002 710	0.000 249	0.000 106	0.000 037	0.000 285	0.000 687
江苏	0.003 863	0.000 179	0.002 182	0.004 015	0.003 190	0.000 973
浙江	0.076 379	0.054 195	0.059 161	0.024 705	0.014 453	0.005 650
安徽	0.000 137	0.000 130	0.000 061	0.000 005	0.000 028	0.000 064
福建	0.000 774	0.000 803	0.000 789	0.000 821	0.000 677	0.000 562
江西	0.000 064	0.000 050	0.000 038	0.000 097	0.000 103	0.000 097
山东	0.009 693	0.004 207	0.009 574	0.008 459	0.008 188	0.008 900
河南	0.000 538	0.001 497	0.000 496	0.001 037	0.004 270	0.002 279
湖北	0.000 058	0.000 022	0.000 015	0.000 009	0.000 081	0.000 182
湖南	0.000 022	0.001 055	0.001 449	0.016 872	0.000 775	0.000 462
广东	0.002 146	0.010 561	0.004 731	0.012 150	0.027 390	0.035 544
广西	0.000 101	0.000 103	0.000 112	0.000 128	0.000 143	0.000 157
重庆	0.000 022	0.000 030	0.000 001	0.000 004	0.000 006	0.000 001
四川	0.000 519	0.000 406	0.000 388	0.000 519	0.000 437	0.000 436
贵州	0.000 029	0.000 042	0.000 041	0.000 655	0.000 614	0.000 176
云南	0.000 851	0.000 186	0.000 007	0.000 070	0.000 896	0.001 097

续表

地区	年份					
	2004	2005	2006	2007	2008	2009
陕西	0.000 106	0.000 114	0.000 171	0.000 179	0.000 194	0.000 198
甘肃	0.000 061	0.000 056	0.000 055	0.000 044	0.000 037	0.000 037

地区	年份					
	2010	2011	2012	2013	2014	2015
北京	0.000 462	0.000 184	0.000 589	0.000 400	0.000 278	0.000 490
天津	0.000 395	0.019 418	0.024 133	0.015 112	0.010 708	0.011 807
河北	0.000 639	0.000 019	0.001 130	0.000 826	0.001 067	0.000 891
山西	0.000 051	0.000 071	0.000 326	0.000 378	0.000 246	0.000 124
内蒙古	0.000 013	0.000 001	0.000 115	0.000 163	0.000 120	0.000 050
辽宁	0.000 191	0.000 003	0.003 305	0.006 106	0.007 253	0.003 523
吉林	0.001 978	0.002 049	0.000 571	0.000 765	0.000 505	0.000 425
黑龙江	0.000 160	0.000 007	–0.000 004	0.000 061	0.000 045	0.000 020
上海	0.000 240	0.001 507	0.000 976	0.000 456	0.000 359	0.000 543
江苏	0.000 206	0.000 369	0.000 007	0.001 893	0.005 483	0.011 436
浙江	0.015 987	0.051 065	0.062 652	0.056 327	0.055 946	0.056 509
安徽	0.000 124	0.002 445	0.000 018	0.000 001	0.000 046	0.000 053
福建	0.000 043	0.000 029	0.000 136	0.001 632	0.000 078	0.000 078
江西	0.000 867	0.000 705	0.001 427	0.000 190	0.000 510	0.000 800
山东	0.001 957	0.006 265	0.005 310	0.001 753	0.000 923	0.002 198
河南	0.001 299	0.000 880	0.000 763	0.007 794	0.001 548	0.002 337
湖北	0.008 555	0.005 493	0.013 607	0.010 479	0.012 200	0.013 317
湖南	0.000 317	0.012 437	0.004 741	0.003 084	0.002 110	0.001 613
广东	0.000 003	0.001 937	0.017 565	0.074 222	0.089 498	0.106 584
广西	0.001 240	0.000 257	0.000 086	0.001 610	0.000 392	0.000 308
重庆	0.000 253	0.000 014	0.000 105	0.000 551	0.000 891	0.001 016
四川	0.002 717	0.002 448	0.002 035	0.000 021	0.000 334	0.000 233
贵州	0.000 278	0.000 127	0.008 129	0.007 088	0.000 230	0.000 164
云南	0.001 098	0.000 071	0.000 776	0.000 114	0.000 368	0.000 169
陕西	0.000 511	0.000 619	0.000 163	0.000 000	0.000 065	0.000 025
甘肃	0.038 130	0.000 311	0.000 279	0.000 068	0.000 155	0.000 155

注：海南、西藏、宁夏、青海、新疆地区数据不全，未进行测算；也不包括港澳台地区

从空间分布看，东部沿海地区该产业发展水平较高，远远高于中西部地区，在产业结构调整等因素影响下聚集度稍有下降，趋向合理化发展态势，打破了极高寡占局面；中部地区聚集度呈现先快速上升、后缓慢下降的态势，具有均衡稳定的发展空间；而西部地区由于其他经济发展较慢的原因，无法带动该产业的良好发展，需要与其他产业建立产业共生网络，实现整体经济的繁荣。EG 系数代表的东部、中部和西部地区产业聚集度的趋势差异如图 3-17 所示。

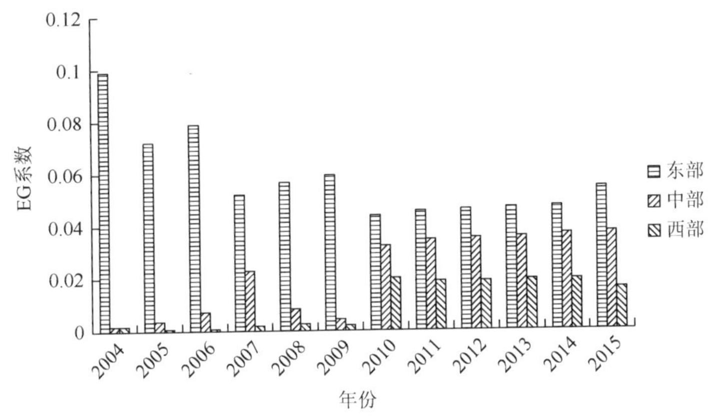

图 3-17　东部、中部、西部地区产业聚集度趋势

在此基础上，针对全国和各地区该产业发展状况，将 26 个地区划分为 4 类：EG≥0.002 时，该地区为强集聚程度；0.0004≤EG＜0.002 时，为一般集聚程度；0.0001≤EG＜0.0004 时，为弱集聚程度；EG＜0.0001 时，未形成集聚现象。根据此标准，以 2004 年和 2015 年为例，对比各地区集聚变化及差异。

从整体格局来看，2004 年，无聚集现象地区为 8 个，有聚集现象地区为 18 个，2015 年两类地区个数分别为 5 个和 21 个，表明各地区再生资源产业聚集程度处于上升趋势；2004 年和 2015 年，强聚集程度地区个数同样为 5 个，但是排位及组成有所变化，天津、河南取代上海、江苏进入我国再生资源产业发展水平最高的地区组团，说明天津、河南在重视经济发展的同时，注重了再生资源的合理利用，其发展模式值得借鉴和推广。

3.6　本 章 小 结

本章在明确界定了再生资源产业系统概念的基础上，分别在空间和时间维度下分析系统的发展模式和发展演变，并进行面向产品生命周期的系统结构分析，在最后又基于产业聚集度对系统发展变动趋势进行分析。

在空间维度下对系统发展模式进行分析时，在借鉴了美国、日本、德国、瑞典、荷兰五个国家的再生资源综合利用经验的基础上，详细地分析了我国的再生资源产业发展现状，并从五个方面分析了国内再生资源回收利用的发展趋势。运用 Hoover 指数方法，在经济效益和产业规模两个方面分析再生资源产业系统，同时分析了系统的规模演变。而且，再生资源产业三个主要环节为生态化回收环节、资源化利用环节、无害化处置环节，并且供应商、制造商、分销商、零售商、消费人员等十个主要市场主体与这三个主要环节密切联系，同时列出了五条具有较高水平和较大规模的产业链骨架。最后，在进行产业聚集度的系统发展变动趋势分析时，运用了产业集中度、区位熵、空间基尼系数和 EG 系数等研究方法，同时界定数据范围后处理样本数据，并进行产业集中度分析、产业聚集度趋势分析和产业聚集程度空间分布的分析，最后在此基础上针对全国和各地区的发展状况进行分析。2004 年和 2015 年，强聚集程度地区个数同样为 5 个，但是排位及组成有所变化，天津、河南取代上海、江苏进入我国再生资源产业发展水平最高的地区组团，说明天津、河南在重视经济发展的同时，注重了再生资源的合理利用，其发展模式值得借鉴和推广。

第 4 章 再生资源产业系统脆性因子辨识

4.1 再生资源产业系统脆性定义

再生资源产业链的运作流程主要指的是其物流过程，由环境和价值取向共同引导其流动的方向和强度，如果拆解企业不利用废弃资源，回收企业就没有动力开展回收环节，如果消费者和制造商拒绝使用再生原材料和再生产品，再生资源就不会进入再制造环节中，每一个环节的失稳现象都会引发物流、价值流、信息流的断裂[235]。

根据复杂系统脆性理论对脆性下的定义，可从不确定性、隐藏性、连锁性、时滞性、突发性等特点界定再生资源产业系统的脆性定义。产业链系统与供应链系统相同，都具有上下游的关系，要保证产业链的稳定运行，需要生态化回收环节、资源化处理环节和无害化处置环节分别处于正常运行状态，并且起到互相牵制、互相促进的作用。任何一个环节出现问题，都有可能引发整个产业链系统的崩溃。然而，产业链上的各个市场主体间存在相对独立性，会首先考虑自身的利益最大化，不考虑其他成员的利益，使得决策机制偏向自身选择，不利于产业链的高效、顺畅运行。同时，在系统内部、外部复杂影响因素作用下，增加了产业链稳定运行的风险和脆性。通常情况下，再生资源产业链崩溃的原因有再生原材料及再生产品失去价格优势、产业市场结构不合理、回收环节成本上升、政策支持无法持续等。由于再生资源产业系统的环节较多，取其中影响程度最大的回收环节、拆解加工环节和再制造环节进行该产业系统脆性性质的理解。

1）回收环节的脆性

回收环节是再生资源产业链的上游环节。从生产性回收来源角度看，物流、价值流过程比较简单，通过公开招标方式或私下非正式渠道（熟人介绍、老客户续约）等途径确定回收企业，如果由相关法律规定制造商的生产者责任，则会加固制造商回收环节的稳定性，减小脆性。另外，生活性回收来源主要包括居民、企事业单位，回收价格与回收范围决定了这一来源回收数量的大小，部分二手市场在此环节中也起到一定的抑制作用，减少了回收数量。此外，不规范的回收行为使得废旧物资流向一些小规模、低水平加工企业，降低了再生资源的产量和价值，不容易达到预期销售情况，反之降低回收积极性，容易造成回收环节的断裂。

2）拆解加工环节的脆性

拆解加工环节是对废旧物资的初步利用环节，是再生资源产业系统中连接上下游企业的桥梁和纽带。财政政策支持、专业化拆解工艺流程、企业内部管理与资产能力、区位交通等因素，均在拆解加工环节中起重要作用。如果分类、拆解、破碎、打包等初加工流程没有规范化和专业化，企业内部管理决策能力和融资能力低下，企业所处经济不发达地区或交通条件较差，会导致回收废弃资源较少、再生原材料数量和价值较低，将无法实现规模经济效益，或者大批购买国外废弃产品，不利于我国废弃资源回收处理系统的协调发展，而且量大面广，容易造成环境的二次污染，引发拆解加工环节的崩溃[236]。

3）再制造环节的脆性

再制造环节是再生资源产业系统中可创造再生产品高附加值的环节，在科技研发中心的技术支撑下，将初步加工出的半成品、再生原材料、零部件等进行再制造，生产出新能源和环保设备，与原生产品在商贸市场中形成竞争。但是在这一环节中，回收、拆解加工环节衔接比较松散，使得正规企业在投入大量科技研发资金后却因货源短缺而设备空置。另外，再制造工作流程包括清洗、检测、再制造尺寸性能恢复、再制造加工、装配、台架检验、喷漆包装等环节，每一个环节对再制造产品的质量都有影响，对加工设备的加工精度也有更高要求，再制造过程的技术难点难以掌控，也不利于再生资源产业链的延伸和耦合，使得正规企业失去再制造积极性，不能维护该环节正常运行的稳定性，导致该环节的崩溃。

因此，将再生资源产业系统脆性（R）定义为在产业链的供应、回收、资源化、处置环节中，因受到产业链内部和外部各种因子(I,O)的共同影响，干扰系统正常功能的充分发挥，导致产业链崩溃，这种性质可被称为再生资源产业系统脆性，它们之间的影响关系可表示为$R=F(I,O)$。

4.2　脆性因子初步分析

再生资源产业系统失稳现象的出现是由内因和外因共同作用的结果，本节结合该系统分析得出的各种特点，广泛借鉴交易成本理论、产业集聚理论、竞争优势理论、规模报酬递增理论、新经济地理理论、外部经济理论、政策制度理论等相关理论的丰富研究成果，进行脆性因子构成的探索性推理，建立了再生资源产业系统的内部脆性影响因子模型和外部脆性影响因子模型，分别对应着再生资源产业系统崩溃原因中的内部原因和外部原因。再生资源产业系统的脆性是由内部和外部原因共同影响决定的，因此仅靠内部脆性影响因子模型或者外部脆性影响因子模型，都无法对该系统进行全面、客观的脆性评价，只有综合考虑内部和外部脆性影响因子及其相互关系，才能很好地表征整个系统的脆性，主要脆性因子构成如表 4-1 所示。

表 4-1　再生资源产业系统主要脆性因子构成

理论基础	分类	因子分类	脆性因子
交易成本理论	内部脆性影响因子	管理水平	就业人数 教育程度 劳动力成本
产业集聚理论		企业规模	工业总产值 工业增加值 企业数量
竞争优势理论		技术水平	技术密集度 专利授权数量 资源信息共享
		资产配置能力	固定资产净值年平均余额 流动资产周转次数 资产负债率
规模报酬递增理论		盈利能力	产品销售收入 利润总额 成本费用利润率
新经济地理理论	外部脆性影响因子	经济地理	区域位置 交通成本
外部经济理论		资源禀赋	自然禀赋 废弃资源禀赋
		关联产业	采矿业 装备制造业
政策制度理论		政策制度	地方保护 政府支持 对外开放

4.2.1　内部脆性影响因子

与系统失稳有联系的内部脆性影响因子主要有管理水平、企业规模、技术水平、资产配置能力和盈利能力五个方面。通过对国内外再生资源产业发展模式的经验借鉴，表明该系统不仅取决于人的不合理行为、企业的不规模状态、资金的不安全状态及技术的相对落后，还取决于制约这些因素的管理原因，它与任何一种原因结合，都会引发系统的脆性。

1. 管理水平

高水平的企业管理，需要提高系统内部全体人员的素质，包括文化知识、技术技能、思维方式和思想观念等，可从就业人数、教育程度和劳动力成本三个方面进行衡量。

（1）就业人数。它包括再生资源企业的在岗职工和其他从业人员两部分。就业人数越多，企业管理的标准和制度越完善，管理水平也可得到提高；企业管理水平越高，从业人员越能享受较好的待遇、获得较高的满意度和拥有较长远的前途，则会增加从业人员数量。对于再生资源产业来说，拆解利用企业需要大量的从业人员，如果就业人数极少，管理水平相应降低，再生资源产业无法保证正常的生产与经营，增加其脆性。

（2）教育程度。再生资源产业的拆解、精深加工及资源化环节，都离不开科学技术的支持，需要从业人员素质的全面提升，主要体现在人力资本和知识、技术的积累方面，这都进一步促进再生资源产业的经济效应。但是我国再生资源企业的科研理论水平和科技创新能力提升速度较慢，从事这类行业的人才较少，难以应对复杂多变的市场环境，在一定程度上制约了我国再生资源产业系统的可持续发展。

（3）劳动力成本。在再生资源产业的回收环节和拆解环节中，大部分工艺流程需要从业人员用手工进行作业，尤其是废七类产品中含有大量有色金属的电缆、电线、电机等，更需要人力的初步拆解和加工，这意味着再生资源企业通常会雇佣大量的社会劳动力。在劳动力大量聚集的地区，再生资源企业的成立会更加具有成本竞争优势，促进更多的企业聚集在此地区，不断扩大自身规模，形成产业聚集区。

2. 企业规模

企业规模的大小，可从工业总产值、工业增加值和企业数量等经济角度进行衡量，反映再生资源产业系统的可持续性。企业规模越大，系统内部的龙头企业带动作用越明显，其他小企业和相关产业发展越快，系统越稳定；反之，会导致系统产业链的断裂。

（1）工业总产值。再生资源产业工业总产值的增速及比例，反映该产业生产总规模和总水平，虽然并不说明经营状况的好坏和经济效益，但是也从一定程度上体现了再生资源产业系统经济方面的发展程度。如果工业总产值一直处于较低水平，会导致企业失去经营信心，引发系统的失稳现象。

（2）工业增加值。工业增加值反映了再生资源产业对国内生产总值（gross domestic product，GDP）的贡献，也是建立资金流量的基础。如果再生资源产业的工业增加值较高，说明该产业的生产经营活动带来的新增价值较多，具有良好的发展潜力；反之，则说明该产业的生产经营活动没有带来太多的新增价值，该产业也没有继续投入、发展、成长的空间，应该停止发展或者调整其产业结构。

（3）企业数量。再生资源产业的企业数量越多，越会增加整个产业的产量、降低产品价格、扩大国际市场，把国内产品出口到国外市场，扩大销售范围，增强系统稳定性。但如果企业数量很少，该产业产量很低，会增加产品成本、提高产品价格、影响产品销量、打破产业链的平衡发展状态，使得再生资源产业不能持续性发展。

3. 技术水平

再生资源产业系统的产业链前端虽然处于劳动密集型产业，但是同样需要较高的技术水平做指引，提高分类、拆解、加工的速度，尤其是在后端的精深加工与再制造部分，更加需要较强的科技创新能力，发展先进的服务型制造模式，可从以下三个因素进行衡量。

（1）技术密集度。技术研发水平的提高，可以促使再生资源产业更多地发展末端再制造环节，同时，企业会倾向于在产业聚集区内建厂或扩大企业规模，以获取该区域内的技术溢出效应[237]。大部分电子产品属于高端技术产品[238]，如果没有较高的技术指导，高科技产品的拆解将浪费很长的工作时间或者阻滞下一生产环节的顺利完成[239]。另外，单个企业研发能力和创新能力的限制，会迫使企业之间互相协作、改进技术等来促进彼此的发展，也吸引着一些新企业和新技术的加入，促使再生资源产业形成良好的循环性发展。但是，如果技术水平一直保持在较低水准，那么再生资源企业的产品不具有任何竞争力，迟早会被市场淘汰，使得该企业所在的产业链条崩溃。

（2）专利授权数量。再生资源产业较高的技术研发水平及人力资本存量[240]，将有助于形成产业内和产业间的技术外溢现象，从而提高该地区再生资源企业的生产效率。如果该企业的专利授权数量较少，甚至是没有，那么该企业产品的生产成本将极大增加，甚至停止生产该产品或者关闭工厂，使得该企业所在的产业链条崩溃。因此，专利授权数量的多少也是衡量再生资源产业脆性风险的一个重要影响因素。

（3）资源信息共享。再生资源企业不是独立存在的，而是在众多与其相关联的企业中共同存在，组成了一个完整的产业链条。一方面，把顾客、零售商、分销商、制造商、回收企业、资源化企业、危险废物处置中心等相互关联的企业紧密联系在一起，完善集成化管理，提高再制造相关企业的自动化和智能化水平。另一方面，共享企业内部、外部环境相关的数据或信息，使分布式网络化企业集群成为现实，达到企业战略目标和用户最终需求的协同发展，增强企业的竞争力。反之，在再生资源产业中，如果资源和信息没有实现有效的共享，那么其中的每个企业都将无形地增加其生产和交易成本，提高其脆性风险的产生概率，导致产业链崩溃。

4. 资产配置能力

资产配置能力对于企业来说，是保证企业资金健康流动的关键因素，可从固定资产净值年平均余额、流动资产周转次数和资产负债率三个因素测量。

（1）固定资产净值年平均余额。它反映再生资源企业的生产能力和规模大小，可以使得企业管理部门确切了解所属单位、部门、地区的资产真实现状，比较不同企业间的资产，从而做出企业的战略决策。如果该指标数值较小，说明企业生产能力和规模很小，技术水平较低，致使企业做出不确定的生产经营决策，不利于企业的后续发展，增加再生资源产业系统崩溃的脆性风险。

（2）流动资产周转次数。如果流动资产较多，那么再生资源产业对其自身资产的利用效率就较高，可进一步提高企业自身资产的质量，这要求企业加强内部管理，充分有效地利用流动资产。如果再生资源企业流动资产周转次数较少，那么会浪费闲置的货币资金，不能在短期内进行投资创造收益，增加资金的补充性投入，减弱了盈利能力，使得再生资源企业的资金链条崩裂，甚至影响整个产业系统的稳定发展。

（3）资产负债率。它是用来评价公司负债水平的综合性指标。从债权人角度看，资产负债率反映债权人发放贷款的安全程度。如果负债金额很大，超出债权人的心理承受程度，再生资源企业就贷不到款。如果企业不举债，或负债比例很小，说明再生资源企业战略制定不够长远，生产、经营、创新的能力很差，这些都容易诱发系统脆性风险的生成。因此，资产负债率应该保持在一定范围之内，使债权人、股东和经营者都获得较大的利益，共同推动再生资源产业的稳定运行。

5. 盈利能力

盈利能力是指企业获取利润的能力，主要用产品销售收入、利润总额、成本费用利润率衡量。

（1）产品销售收入。再生资源产业系统取得收入的途径主要是销售产品，而不是提供劳务服务，因此主营业务收入在该系统中，可认为与产品销售收入有同样的范围。如果主营业务收入相关的经济利益很多，并且都流入再生资源企业，那么将增加企业资产或者减少其负债，可以优化企业资产结构，促使再生资源产业的健康发展。但是如果主营业务收入过少，只够支付企业运营的基本成本，则不能为企业做出贡献，增加再生资源产业运行风险。

（2）利润总额。利润是企业内外有关各方都关心的中心问题，反映再生资源企业经营绩效的核心指标，是可持续发展的基本源泉。如果生产的再生原材料或者产品很多，但销售量很少，不能实现尽产尽销，甚至没有任何销售途径，就很难实现再生资源企业收益的增加，同时也增加了再生资源企业经营的不稳定性；从另一个极端情况考虑，如果实现了尽产尽销，但生产的成本费用过高，利润总额就会很低，不仅不能实现增收，而且会造成亏损。因此，必须通过衡量再生资源产业利润总额的多少，来准确评价其运营风险的大小。

（3）成本费用利润率。它同时反映成本、费用及其与利润之间的关系给再生资源企业带来的影响，可以体现再生资源企业在维持分拣、拆解、加工、利用和再制造过程中所耗费的一切成本和费用，与销售后获得的经营成果之间的关系。该指标数值越高，表示企业的经济绩效越高。如果成本费用利润率过低，则企业的成本效益比例较低，付出的成本收不回相应的利润收入，说明再生资源企业的生产决策出现了失误，会使得企业处于亏损甚至倒闭状态，同时影响上下游企业的正常运营，从而提高再生资源产业子系统甚至是系统本身出现脆性问题的概率。

4.2.2　外部脆性影响因子

1. 经济地理

由传统经济地理理论和新经济地理理论可知，如果区域之间不存在基本差异，则交通成本的变化将影响企业区位的抉择，厂商通过报酬递增转化为市场范围的外部经济，促进再生资源产业的集聚，增加整体竞争优势。经济地理因素可以从区域位置和交通成本两方面进行衡量。

（1）区域位置。传统经济地理理论认为区域位置的差异，会影响经济不同的区域性发展。对再生资源产业来说，一部分原料来源于国外废料的进口，与港口关系紧密，如果处于内陆地区，则会大量减少此类原料的来源数量，增加运输的难度。例如，上海、浙江、广东、天津等地位于我国经济大动脉的长江、珠海、黄河入海口，对内可以联系所处江河流域的广大腹地，对外辐射东南亚地区和世界各地，其地理位置具有很大的优越性。如果企业所处地理位置很差，那么对于再生资源产业系统来说，也是一个很大的不利因素。

（2）交通成本。再生资源产业的原料，往往需要通过较大范围的运输，甚至是跨国的长距离集装箱贸易，才能到达拆解加工企业，海运成本是这类进口废弃资源的主要约束。而对于分散较为广泛的废旧橡塑、废旧电子产品等，需要在多个环节、多个层次的市场主体之间进行多次运输，因此陆地运输成本更加对其有很大的限制。这也从一定程度上解释了处理进口废七类产品的再生资源企业为何绝大部分集中在经济较发达的东南沿海地区的现象。如果企业的厂房选址在偏僻地区，或者没有位于公路、铁路网络的位置，那么会导致交通成本大幅提高，提高再生资源企业的脆性风险，从一定程度上影响整个产业的协同发展。

2. 资源禀赋

资源禀赋不仅包括自然资源禀赋，还包括废弃资源禀赋。前者对于再生资源产业的影响不是很大，仅能作为该产业发展基础的一方面，后者则从源头制约着再生资源产业发展的整个供应链。

（1）自然禀赋。它包括自然条件和自然资源，影响着区域专门从事不同产业生产的格局。对于再生资源产业来说，包括特定气候区（影响着再利用过程的环境保护作用）、矿产分布（影响着制造业的发展及其产生的废弃金属设备的数量）、水力资源（影响着再生产业的运输物流情况和拆解所需的水供应情况）及相应的自然资源。如果自然禀赋较差，则其地区内的再生资源企业就属于先天不足，没有后续发展的可能性。

（2）废弃资源禀赋。它指的是各个地区内产生的或者潜在拥有的废弃资源的数量和质量。再生资源的数量在很大程度上由企业所在地区内消费群体和制造业规模决定。人口密度越大，可能进行电子产品和汽车消费的人口数量越多，产生废弃物资的数量也就越多[241]。此外，地区经济较为发达、人均消费水平较高，废弃资源的质量也较高，废弃资源再生的可能性就较大，再利用后产生的价值也较高[242]。我国的再生资源企业都倾向于向韩国购买废弃资源，原因就是韩国废弃资源的质量很高，5000 元一个集装箱的废弃资源可能创造近 10 万元的财富。如果这一环节出现问题，那么其下游的各个企业都将失去生产原材料，引发产业链的连锁性崩溃。

3. 关联产业

再生资源产业系统包括与再生资源产业相关的所有活动，其上游产业主要为采矿业和装备制造业，提供产业生产经营所必需的废弃原材料，制约着整个产业系统前端环节甚至是后端环节的发展。

（1）采矿业。本书选取与再生资源相关联的采矿业，主要选择金属矿采选业作为采矿业的代理变量。一个地区金属矿采选业与再生资源产业可互相促进，也有可能会互相抑制。虽然原生资源与再生资源之间具有替代性，但是原生资源较多的地区可促进制造业的发展，从而增加消费后产生的废弃资源，对再生资源产业产生积极影响。因此，采矿业与再生资源产业之间的发展应该处于一个适度范围内，使再生资源产业处在不间断的循环利用经营之中。如果采矿业发展过于发达，会影响再生资源产业中端再生原材料的销售，加大脆性风险，并会向其上、下游传递脆性，导致系统的崩溃。

（2）装备制造业。根据与再生资源产业相关联的产业特征，应以装备制造业为主要研究对象。在装备制造业生产过程中产生的金属废料与终端报废产品，也可作为再生资源产业原料来源，反之，再生资源产业可为装备制造业提供所需原材料。装备制造业发展水平的高低，直接影响该地区再生资源产业的发展。如果一个地区内装备制造业发展水平很低，那么将大大减少各种金属、橡塑等制品的生产量，进而影响物资报废的数量，使得再生资源产业的原材料大幅降低，企业大部分设备、人员处于闲置状态，企业及整个系统正常生产的脆性风险增加。

4. 政策制度

再生资源产业在我国作为新兴产业，政策制度因素在其发展过程中的指导作用十分重要，可重点考察以下三个方面对产业集聚的影响：地方保护、政府支持和对外开放。

（1）地方保护。在再生资源产业中，地方政府作为一个重要的利益主体，不仅在法律法规政策上进行规定，而且也进行该产业的政府资金投入。为了在较大范围内带动这种承担很大社会责任和环境责任的产业发展，地方政府要首先在国有企业进行试点，但是随后为了地方政府利益最大化，会继续主要支持国有企业的发展，阻碍和干扰该产业市场经济体制的建立，使得再生资源产业系统内部的竞争在政府干预下向恶性竞争转化，增加其脆性风险的产生，还有可能将这个风险传递到其他子系统中，引发整体性崩溃。

（2）政府支持。再生资源产业系统发展的重要影响因素，也可以通过调整产业结构、规划产业发展、制定产业优惠政策和监管措施及展开相应的基础设施建设投资等，为提高再生资源产业集聚程度提供极大的支持。如果再生资源产业的初期发展没有政府对其制定相应的法律法规政策，没有一系列的税费支持制度、市场准入制度、圈区管理制度体系，那么企业容易在经济效益、社会效益和环境效益之间迷失方向，不能形成规范化、规模化、科学化的发展模式，有可能倒退回传统的小作坊生产模式。因此，政府支持在一定程度上极大地影响了再生资源产业系统的形成、发展与壮大。

（3）对外开放。对于我国各个地区之间，经济开放制度也促进了废弃物原料、再生材料和产品在地区间的贸易交换，强化了各地区专业化过程，推动了产业集聚的形成[243]。例如，天津子牙循环经济产业区、浙江台州湾循环经济产业集聚区、广东贵屿镇国家循环经济产业园等地经济开放政策的实施，使得这些地区产业集聚程度大大高于其他地区。因此，一个地区对外开放强度的大小，也直接影响着该地区再生资源产业系统运行的稳定性与规模的扩大化，是再生资源产业建设的迫切需要，否则将增加系统崩溃的脆性风险。

4.3 脆性因子选择及预处理

4.3.1 数据来源及预处理

再生资源产业近年来才在我国受到重视并推动其发展，因此数据统计开始年份较晚，在数据统计时间上具有局限性和不统一性，本章基础数据以 2004～2015 年为研究期限，以除西藏、香港、澳门、台湾、青海、宁夏、海南之外的中国省区市为样本，构建再生资源产业的面板统计数据。计量分析中采用的所有数据均来源于《中国统计年鉴》（2005～2016）、《中国劳动统计年鉴》（2005～2016）、各省区市统计年鉴（2005～2016），以及《中国经济普查年鉴》（2004 年和 2008 年）中的相应统计数据。为保证统计数据的准确性、连续性和一致性，以更好地进行跨时间、跨地区的比较研究，对样本数据做以下处理。

（1）指标选取的一致性。再生资源产业与《国民经济行业分类》（GB/T 4754—2002）中的“废弃资源和废旧材料回收加工业（C43）”相对应。为保证指标选取的一致性，本章以该产业全部国有及规模以上非国有企业的数据为基准，选择各省区市的相关指标，反映该产业的聚集程度。

（2）时间序列的连续性。由于数据限制，本章研究的时间跨度为 2004～2015 年，统计数据存在部分年份中断缺失现象，主要采用该产业的工业总产值进行计算，根据不同研究角度和产业特征，选择工业增加值、就业人数等指标进行补充，增强数据的连贯性与完备程度，方便进行空间差异比较。

（3）地区选取的一致性。由于再生资源产业相关统计年鉴中各省区市的统计口径不一，存在地区之间基础数据指标不一致。为了保证地区比较前后的一致性，作为计算空间产业发展水平的重要基准，年鉴未统计的省区市没有纳入研究范围。

4.3.2 脆性因子选择

影响再生资源产业系统的脆性因子有很多，但由于统计数据的局限性和废弃资源的再生特定性，不是每个都能确实在数值上反映其影响程度的大小。并且对于这些影响假设，表面上看起来是独立的，但实际上彼此之间仍具有一定的内在关系，为了不给接下来的实例研究带来计量障碍，笔者对各个影响因素模型做了进一步的修正和重构。根据第 3 章的再生资源产业系统现状分析可知，固定资产净值年平均余额、流动资产周转次数、资产负债率、利润总额、产品销售收入和成本费用利润率因素，反映的是再生资源产业内部经济效益方面的一个发展演变状况，彼此互相关联度较大，不能有针对性地体现出该产业与外界影响因子之间的关系，因此选择劳动力成本、教育程度、企业数量、工业总产值和技术密集度作为其内部脆性影响因子的代表性变量。

另外，低廉的交通成本虽然一定程度上促进了再生资源产业的发展，但其原料大多为废弃物资，在路途中会造成部分二次污染，也会给该产业的发展带来抑制作用，因此，不考虑运输方式及运输工具等因素的影响。然而，从产业聚集度强弱的空间分布看，区域位置、自然禀赋、采矿业发展存在比较特殊的情况，如北京、上海、天津、重庆四大直辖市，从自然禀赋上来说可能不如其他地区，但是由于公路密度较大、经济比较发达、废弃产品较多，再生资源产业发展情况同样很好。从技术和政策层面考虑，资源信息共享情况和地方保护情况在统计年鉴中没有体现，专利授权数量在统计年鉴中各地区的废弃资源和废旧材料回收加工业没有体现，因此这几个因素都不做代表性计量。修正后的可计量脆性因子变量如表 4-2 所示。

表 4-2　再生资源产业脆性因子变量说明

<table>
<tr><th>理论基础</th><th>作用范围</th><th>因子分类</th><th>脆性因子</th></tr>
<tr><td rowspan="2">交易成本理论</td><td rowspan="5">系统内部</td><td rowspan="2">管理水平</td><td>劳动力成本</td></tr>
<tr><td>教育程度</td></tr>
<tr><td rowspan="2">产业集聚理论</td><td rowspan="2">企业规模</td><td>企业数量</td></tr>
<tr><td>工业总产值</td></tr>
<tr><td>竞争优势理论</td><td>技术水平</td><td>技术密集度</td></tr>
<tr><td>新经济地理理论</td><td rowspan="6">系统外部</td><td>经济地理</td><td>交通成本</td></tr>
<tr><td rowspan="2">外部经济理论</td><td>资源禀赋</td><td>废弃资源禀赋</td></tr>
<tr><td>关联产业</td><td>装备制造业</td></tr>
<tr><td rowspan="3">政策制度理论</td><td rowspan="3">政策制度</td><td>对外开放</td></tr>
<tr><td>政府支持</td></tr>
<tr><td>地方保护</td></tr>
</table>

4.3.3　变量说明

为了解决脆性因子进行计量模型量化测度的问题，对各个因子影响程度的重要性进行排列，需要对因变量和自变量进行说明，展开实例研究，如表 4-3 所示。

表 4-3　再生资源产业脆性因子度量方式

类别	变量	度量方式
新古典经济	劳动力要素（LC）	各地区就业人员平均工资水平
	人力资本（HE）	各地区高等教育人数/总人数

续表

类别	变量	度量方式
新古典经济	制造业发展水平（MD）	各地区装备制造业工业总产值
	技术密集度（TD）	各地区研发支出
新经济地理	交通成本（TL）	各地区公路长度
	消费购买力（CP）	各地区人均消费水平
	企业规模（ES）	各地区再生资源企业总产出/企业数量
政策制度	对外开放水平（OW）	各地区出口总额/全国出口总额
	地方保护（LP）	各地区国有企业工业总产值/全部工业总产值
	政府支持（GS）	各地区政府非转移支付支出

1）因变量

本书的研究对象是再生资源产业，在我国主要以专门化集聚区形式存在，该产业的发展水平可从其集聚程度进行衡量，比较全面地反映了各个地区再生资源产业集群的集聚度，可以 EG 系数这一指标的数值作为计量模型中自变量，将引用第 3 章 EG 系数的计算结果作为数据来源。在模型计量过程中，用 EG 作为该变量的代表符号。

2）自变量

（1）劳动力要素。劳动力要素度量方式主要为劳动力成本，指的是再生资源产业所有就业人员的平均成本，以《中国劳动统计年鉴》中各地区该产业就业人员平均工资水平代表劳动力成本，记为 LC。

（2）人力资本。它反映企业员工的教育程度。由于统计年鉴中缺乏对各地区各个产业教育程度数据的统计，因此以各地区高等教育（包括大专及以上学历）的人数与该地区总人数的比值代表该地区再生资源产业的教育水平，记为 HE。

（3）制造业发展水平。由于制造业（主要包括金属制品、通用设备、专用设备、交通设备、电气机械、电子通信、仪表仪器制造业）工业增加值的统计数据出现了年份中断，而与国家工业总产值的比值又容易在计量中引发多重共线性问题，因此选择装备制造业工业总产值作为指标代表，记为 MD。

（4）技术密集度。它表示再生资源产业产品的技术含量，但统计年鉴中暂未对各个产业技术方面的相关指标进行统计，因此以各地区研发（R&D）经费内部支出作为代表技术密集度的指标数值，记为 TD。

（5）交通成本。由于北方大部分地区的废弃资源均从天津港同一个港口进口，因此选择陆地的公路长度更能代表该地区的交通成本情况，记为 TL。

（6）消费购买力。它反映各个地区内产生的或者潜在拥有的废弃资源的数量和质量，用以衡量废弃资源禀赋因素。各个地区的消费购买力与人均占有和享受物质生活资料和服务的满足程度有关，以各地区人均消费水平的指标数值做代表，记为 CP。

（7）企业规模。它反映了企业建设、生产、销售规模的大小，单一企业数量或者工业总产值不能全面体现企业规模，可用再生资源企业总产出与企业数量的比值表示，更能反映出不同地区的实际状况，记为ES。

（8）对外开放水平。由于各地区各个产业对外开放水平或者出口总额的数据统计不完全，因此用各地区全部产业的出口总额占全国出口总额的比例进行表示，记为OW。

（9）地方保护。政府对地方财政的保护，大部分体现在对该地区国有企业发展政策的保护上，因此以每个地区国有企业工业总产值占全部工业总产值的比例表示，记为LP。

（10）政府支持。在再生资源产业的初期发展阶段，政府支持主要表现为政策上的支持，可用政府资金的投入支出表示，以政府非转移支付支出（用政府总支出扣除社会保险福利津贴、恤金、养老金、失业补助、救济金、各种补助费、农产品价格补贴）来衡量，记为GS。

4.4　计量模型构建

4.4.1　违背经典假定的计量性质

1. 异方差性

异方差性（heteroscedasticity），是指随机变量服从不同方差的正态分布。经典线性回归模型中有一个重要的假设就是：在总体回归函数中，随机误差项（σ_n）满足同方差性，也就是它们都有相同的方差。不满足这一假设的线性回归模型具有的特性，称为异方差性。在异方差情况下，$\mathrm{Var}[\varepsilon_i]=\sigma_i^2$，即

$$\Omega=\mathrm{Var}[\varepsilon]=E[\varepsilon\varepsilon']=\begin{bmatrix}\sigma_1^2 \\ \sigma_2^2 \\ \vdots \\ \sigma_n^2\end{bmatrix} \tag{4-1}$$

造成异方差性的原因主要有四个：模型中缺少某些解释变量；样本测量存在误差；模型函数形式设置不正确；出现了异常值。主要考虑的是模型中缺少某些解释变量所导致的异方差性，容易出现在截面数据，尤其是对再生资源产业时间期限较短的截面数据来说，涉及了某一确定时点上的总体单位，这些总体单位可能规模或水平不尽相同，最终使得模型对真实总体关系的代表性降低，估计失准。

2. 自相关性

线性回归模型中各个随机误差项之间的协方差不为 0，各期望值之间存在相

关关系，即 $\mathrm{Cov}(u_i,u_j)=E(u_i,u_j)\neq 0(i,j=1,2,\cdots,n,且i\neq j)$，则称为序列相关或者自相关性（autocorrelation）。

自相关性可以有多种形式，其中最常见的类型是随机误差项之间存在一阶自相关性 $u_t=f(u_{t-1})$，即随机误差项只与它的前一期值相关，则称这种关系为一阶自相关，可以表示为 $u_t=\rho u_{t-1}+v_t$，其中 v_t 为满足基本假定的随机项，自相关系数可表示为

$$\rho=\frac{\sum_{t=2}^{n}u_t u_{t-1}}{\sqrt{\sum_{t=2}^{n}u_t^2}\sqrt{\sum_{t=2}^{n}u_{t-1}^2}}\quad(-1\leqslant\rho\leqslant 1)\tag{4-2}$$

如果 $\rho<0$，则存在负相关性；如果 $\rho>0$，则存在正相关性。$|\rho|$ 越接近 1，相关程度越高，多出现在时间序列中。在再生资源产业计量过程中，ρ 值的变化主要会由经济变量惯性作用、经济行为的滞后性、变量选择或者数据处理误差等原因引起。线性相关模型中出现自相关性，虽然不影响普通最小二乘法（ordinary least square method，OLS）估计量的线性和无偏性，但系数估计量也可能有相当大的方差，使其对回归系数的经典假设检验方式失去有效性。

3. 多重共线性

多重共线性（multicollinearity），是指线性回归模型中的若干或者全部解释变量的样本观测值之间，存在某种精确相关或近似相关关系，经济变量相关的共同趋势、滞后变量的引入或者样本资料的限制等原因，使得模型估计失真或难以估计准确。完全共线性的情况并不多见，一般出现的是在一定程度上的共线性，即近似共线性。

对于再生资源产业来说，其样本数据的限制很容易使得模型设计不当，从而导致设计矩阵中解释变量间存在普遍的相关关系。多重共线性可能使参数估计值（β_j）的方差增大，即 $\mathrm{Var}(\hat{\beta}_j)=\frac{\sigma^2}{\sum x_j^2}\frac{1}{1-R_j^2}=\frac{\sigma^2}{\sum x_j^2}\mathrm{VIF}_j$ 越大，解释变量之间的多重共线性越严重，使得参数估计量的经济含义不合理、变量的显著性检验失去意义，从而在模型中排除了某些重要的解释变量，无法给出真正有用的信息。

为了解决多重共线性带来的问题，可以找出引起多重共线性的解释变量，将它剔除或者增大样本容量，采用逐步回归法进行模型构建。在实际计量过程中应用最广泛的经验方法为变换变量，通过将原变量进行差分变换、计算相对指标、取对数进行变换、将名义数据转换为实际数据、将小类指标合并成大类指标等方法，修正多重共线性模型。

4.4.2　面板数据模型

1. 面板数据模型概述

再生资源产业系统脆性因子的基础数据，是时间序列与行政地区横截面两者相结合的，将这种具有三维信息（时间、变量、截面）的数据结构称为面板数据（panel data），有时也称为平行数据，将利用面板数据的计量模型称为面板数据模型或者直接称为 panel data 模型。

设有因变量向量 y_{it} 与 $k\times 1$ 维自变量向量 $x_{it}=(x_{1,it},x_{2,it},\cdots,x_{k,it})^{\mathrm{T}}$，满足线性关系

$$y_{it}=\alpha_{it}+x_{it}^{\mathrm{T}}\beta_{it}+u_{it}\quad (i=1,2,\cdots,N;\quad t=1,2,\cdots,T) \tag{4-3}$$

其中，N 为截面成员个体数量；T 为已知的观测时点；α_{it} 为模型常数项；β_{it} 为待估计的参数，对应自变量向量 x_{it} 的 $k\times 1$ 维系数向量，k 为自变量的数量；u_{it} 为随机误差项，相互独立。

截面成员方程待估计参数的数量为 $[NT(k+1)+N]$，而时点截面方程待估计参数的数量为 $[NT(k+1)+T]$，使得自由度 (NT) 远远小于参数数量，从而无法估计模型，需要分别从截面成员和时点截面两个角度建立以下两类模型。

（1）含有 N 个截面成员方程的面板数据模型可简化为

$$y_i=\alpha_i+x_i\beta_i+u_i\quad (i=1,2,\cdots,N) \tag{4-4}$$

其中，y_i 为 $T\times 1$ 维因变量向量，x_i 为 $T\times k$ 维自变量矩阵，y_i 和 x_i 的各分量是截面成员的各指标时间序列，在脆性因子计量模型中，y_i 和 x_i 代表 i 地区的劳动力成本、教育程度、企业数量、技术密集度等指标的时间序列；截距项 α_i 和 $k\times 1$ 维系数向量 β_i，其取值受不同地区的影响；u_i 为 $T\times 1$ 维扰动项向量，满足均值为零和方差为 σ_u^2 的假设。写成矩阵的回归形式为

$$\begin{pmatrix} y_1\\ y_2\\ \vdots\\ y_N \end{pmatrix}=\begin{pmatrix} \alpha_1\\ \alpha_2\\ \vdots\\ \alpha_N \end{pmatrix}+\begin{bmatrix} x_1 & 0 & \cdots & 0\\ 0 & x_2 & \cdots & 0\\ \vdots & \vdots & & \vdots\\ 0 & 0 & \cdots & x_N \end{bmatrix}\begin{pmatrix} \beta_1\\ \beta_2\\ \vdots\\ \beta_N \end{pmatrix}+\begin{pmatrix} u_1\\ u_2\\ \vdots\\ u_N \end{pmatrix} \tag{4-5}$$

（2）含有 T 个时间截距方程的面板数据模型可简化为

$$y_t=\mu_t+x_t\gamma_t+\nu_t\quad (i=1,2,\cdots,T) \tag{4-6}$$

其中，y_t 为 $N\times 1$ 维因变量向量，x_t 为 $N\times k$ 维自变量矩阵，y_t 和 x_t 的各分量是对应于某个时点 t 的各截面成员的各指标时间序列，在脆性因子计量模型中，如 2009 年不同地区的劳动力成本、教育程度、企业数量、技术密集度等指标的时间序列；截距项 μ_t 和 $k\times 1$ 维系数向量 γ_t，其取值受不同地区的影响；ν_t 为 $N\times 1$ 维扰动项向量，满足均值为零和方差为 σ_ν^2 的假设。写成矩阵的回归形式为

$$\begin{pmatrix} y_1 \\ y_2 \\ \vdots \\ y_T \end{pmatrix} = \begin{pmatrix} \mu_1 \\ \mu_2 \\ \vdots \\ \mu_T \end{pmatrix} + \begin{pmatrix} x_1 & 0 & \cdots & 0 \\ 0 & x_2 & \cdots & 0 \\ \vdots & \vdots & & \vdots \\ 0 & 0 & \cdots & x_T \end{pmatrix} \begin{pmatrix} \gamma_1 \\ \gamma_2 \\ \vdots \\ \gamma_T \end{pmatrix} + \begin{pmatrix} \nu_1 \\ \nu_2 \\ \vdots \\ \nu_T \end{pmatrix} \tag{4-7}$$

2. 单位根检验

面板数据的单位根检验与普通时间序列的单位根检验的方法并不完全相同，对面板数据考虑下面的自回归模型 AR(1) 过程：$y_{it} = \rho_i y_{it-1} + x_{it}^{\mathrm{T}}\delta_i + u_{it} (i = 1,2,\cdots,N; t = 1,2,\cdots,T_i)$。其中，参数 ρ_i 为自回归的系数；x_{it} 为外生变量向量，包括各截面的固定影响和时间趋势；N 为截面成员的个数；T_i 为第 i 个截面成员的观测时点；δ_i 为 y_{it} 对外生变量 x_{it} 回归得到的相应参数的估计值；u_{it} 为随机误差项，满足独立同分布假设。如果 $|\rho_i| < 1$，则对应的指标序列 y_i 为平稳序列；$|\rho_i| = 1$，则对应的指标序列 y_i 是不平稳的。

根据对 ρ_i 的不同限制，可以将面板数据的单位根检验方法划分为两大类：相同根情形下的单位根检验（假设各截面序列具有相同的单位根过程，即 $\rho_i = \rho$）和不同根情形下的单位根检验（允许各截面序列具有不同的单位根过程，即允许 ρ_i 跨截面变化）。

1）相同根情形下的单位根检验

第一，LLC（Levin-Lin-Chu）检验[244]，仍旧采用 ADF 检验式形式，以及检验时考虑模型：$\Delta y_{it} = \eta y_{it-1} + \sum_{j=1}^{p_i} \beta_{it} \Delta y_{it-1} + x_{it}^{\mathrm{T}}\delta + u_{it} (i = 1,2,\cdots,N;\quad t = 1,2,\cdots,T)$。其中，$\eta = \rho - 1$；$p_i$ 为第 i 个截面成员的滞后阶数。LLC 检验假设各截面序列均具有一个相同单位根。具体步骤为：给定各截面成员的滞后阶数 p_i 后，从 Δy_{it} 和 y_{it-1} 中剔除 Δy_{it-1} 和外生变量的影响，并进行标准化求出代理变量，然后将代理变量做回归得到相应参数的估计值，进而根据构造统计量的临界值，与 t 统计量相对应做出判断。

第二，Breitung 检验[245]，原假设是各截面序列具有一个单位根，只是代理变量的形式与 LLC 检验不同，是先从 Δy_{it} 和 y_{it-1} 中剔除动态项 Δy_{it-1} 的影响，然后在标准化后用代理变量做回归 $\Delta y_{it}^* = \eta y_{it-1}^* + \varepsilon_{it}$，估计其中的参数 η，进而根据构造统计量的临界值做出判断。

第三，Hadri 检验[246]。原假设是各截面序列都不含有单位根，首先建立如下回归：$y_{it} = \delta_i + \alpha_i t + u_{it}$，然后利用各截面回归的残差项建立拉格朗日乘数检验（Lagrange multiplier，LM）统计量，最后根据得到的统计量计算 Z 统计量：$Z = \dfrac{\sqrt{N}(\mathrm{LM} - \lambda)}{\varpi}$，$Z$ 统计量渐近服从标准正态分布，参数 λ 和 ϖ 为常数项，取值与选择的回归形式有关。

2）不同根情形下的单位根检验

Im-Peasran-Skin 检验、Fisher-ADF 检验和 Fisher-PP 检验的最终检验过程，都是在综合了各个截面检验结果的基础上，构造出统计量，对整个面板数据是否含有单位根做出判断。

其中，Im-Peasran-Skin 检验[247]首先需要对每个截面成员进行单位根检验，检验的原假设为 $H_0:\eta_i=0$，备择假设为 $H_1:\begin{cases}\eta_i=0 & (i=1,2,\cdots,N_1)\\ \eta_i<0 & (i=N_1+1,N_1+2,\cdots,N)\end{cases}$；检验之后得到每个截面成员的 t 统计量，通过模拟给出构造的反映面板数据是否存在单位根的 t 统计量 $\overline{t}_{NT}=\left[\sum_{i=1}^{N}t_{iT_i}(p_i)\right]\Big/N$，其中 $t_{iT_i}(p_i)$ 为在对每个截面成员进行单位根检验后，得到每个截面成员 y_t 的 t 统计量。最后给出不同显著性水平下的临界值。

另外两种 Fisher-ADF 检验和 Fisher-PP 检验[248]，同样应用了 Fisher 的结果[249]，通过结合不同截面成员单位根检验的 p 值（理论 t 值超越样本 t 值的概率），构造出了两个统计量，渐近服从于卡方分布和正态分布，用来检验面板数据是否存在单位根，他们的原假设和备择假设与 Im-Peasran-Skin 检验相同。卡方统计量定义为 $-2\sum_{i=1}^{N}\log(\pi_i)\to\chi^2(2N)$（$\pi_i$ 为第 i 组截面成员单位根检验的 p 值，自由度为 $2N$）；正态分布的定义为 $Z=\frac{1}{\sqrt{N}}\sum_{i=1}^{N}\Phi^{-1}(\pi_i)\to N(0,1)$。在进行 Fisher-ADF 检验时，还需要指出面板数据中的每组截面数据是否包含常数项或时间趋势项；在进行 Fisher-PP 检验时，还需要制定具体的核函数 f_0（即频率为零时的残差谱密度估计值）。

4.4.3 固定效应模型

考虑斜率不变和斜率变化下的变截距模型，可分为固定效应模型和随机效应模型。如果研究不以推断总体作为目的，而以推断样本空间的经济关系为计量目标，则模型设定为固定效应更为合理。鉴于再生资源产业系统的特性，选择固定效应模型进行分类说明。根据截距变化的原因，可进一步分为以下三种模型：个体固定效应模型、时点固定效应模型、时点个体固定效应模型。

1）个体固定效应模型

个体固定效应模型是对于不同的纵剖面时间序列只有截距项不同的模型。即

$$y_{it}=\lambda_i+\sum_{k=2}^{k}\beta_k x_{kit}+u_{it} \tag{4-8}$$

该模型的设定检验：通过利用无约束模型和有约束模型的回归残差平方和之比构造 F 统计量，以检验设定个体固定效应模型的合理性。F 检验的零假设为 $H_0^2:\lambda_1=\lambda_2=\lambda_3=\cdots=\lambda_{N-1}=0$。

设 RRSS 是有约束模型（混合数据模型）的残差平方和，URSS 是无约束模型（个体固定效应模型）协方差分析估计的残差平方和，在零假设下 F 统计量为 $F_2=\dfrac{(\text{RRSS}-\text{URSS})/(N-1)}{\text{URSS}/(NT-N-K+1)}\sim F[N-1,N(T-1)-K+1]$。在给定显著性水平下，若拒绝零假设 H_0^2，则将模型设定为个体固定效应模型是合理的。

2）时点固定效应模型

时点固定效应模型是对于不同的截面（时点）有不同截距的模型。如果确定对于不同的截面，模型的截距显著不同，但是对于不同的时间序列截距是相同的，则应该建立时点固定效应模型。即

$$y_{it}=\gamma_t+\sum_{k=2}^{k}\beta_k x_{kit}+u_{it} \tag{4-9}$$

时点固定效应模型的设定检验与个体固定效应模型检验类同，其 F 检验的零假设为 $H_0:\gamma_1=\gamma_2=\gamma_3=\cdots=\gamma_{N-1}=0$。

在零假设下 F 统计量为 $F_2=\dfrac{(\text{RRSS}-\text{URSS})/(T-1)}{\text{URSS}/(NT-N-K+1)}\sim F[N-1,T(N-1)-K+1]$。在给定显著性水平下，若拒绝零假设 H_0，则将模型设定为时点固定效应模型是合理的。

3）时点个体固定效应模型

时点个体固定效应模型是对于不同的截面（时点）、不同的时间序列都有不同截距的模型。即

$$y_{it}=\lambda_i+\gamma_t+\sum_{k=2}^{k}\beta_k x_{kit}+u_{it} \tag{4-10}$$

时点个体固定效应模型的设定检验与个体固定效应模型检验类同，其 F 检验的零假设为 $H_0^2:\lambda_1=\lambda_2=\lambda_3=\cdots=\lambda_{N-1}=0$（当 $\lambda_i\neq 0,i=1,2,\cdots,T-1$ 时）和 $H_0:\gamma_1=\gamma_2=\gamma_3=\cdots=\gamma_{N-1}=0$，（当 $\gamma_t\neq 0,t=1,2,\cdots,T-1$ 时）。

相应的 F 统计量为 $F_2=\dfrac{(\text{RRSS}-\text{URSS})/(N-1)}{\text{URSS}/(NT-N-K+1)}\sim F[N-1,N(T-1)-K+1]$ 与 $F_2=\dfrac{(\text{RRSS}-\text{URSS})/(T-1)}{\text{URSS}/(NT-N-K+1)}\sim F[N-1,T(N-1)-K+1]$。

检验 H_0^2 的目的是推断存在时点效应的情况下，判断模型是否包含个体效应，若在给定的显著性水平下，拒绝零假设 H_0^2，则将模型设定为时点个体固定效应模型是可行的。

检验 H_0 的目的是推断存在个体效应的情况下，判断模型是否包含时点效应，若在给定的显著性水平下，拒绝零假设 H_0，则将模型设定为时点个体固定效应模型是可行的。

放宽不变系数条件，即 $\beta_k \neq C$（不变系数），可得变系数下的固定效应模型分类。

4.4.4　计量模型构建

基于上述违背经典假定的计量经济学模型和面板数据模型的介绍，拟构建再生资源产业面板数据计量经济模型进行实例研究，验证各因素对该产业发展水平影响程度的大小，并分别检验各个因素对该产业脆性的独立影响程度及所有因素的综合影响程度。将不同行政区域作为不同截面个体成员，将选择的脆性因子作为指标类别，2004～2015 年作为时点组合。则本书构建的计量模型一般形式如下：

$$\mathrm{EQ}_{jt} = a_j + \sum_{i=1}^{m}\sum_{j=1}^{n}\lambda_i X_{jt} + \varepsilon_{jt} \tag{4-11}$$

其中，EQ_{jt} 为再生资源产业聚集度；X_{jt} 为各脆性影响因子向量，代表 3 类因素 10 个变量；i 为变量数量；t 为样本时间，代表 2004～2015 年的某一年；j 为各行政地区（共 26 个）。将各自变量的符号代入一般形式模型中，可得具体模型为

$$\begin{aligned}\mathrm{EQ}_{jt} &= a_j + \lambda_1\mathrm{LC}_{jt} + \lambda_2\mathrm{TL}_{jt} + \lambda_3\mathrm{MD}_{jt} + \lambda_4\mathrm{TD}_{jt} + \lambda_5\mathrm{HE}_{jt} \\ &\quad + \lambda_6\mathrm{CP}_{jt} + \lambda_7\mathrm{ES}_{jt} + \lambda_8\mathrm{LP}_{ji} + \lambda_9\mathrm{OW}_{jt} + \lambda_{10}\mathrm{GS}_{jt} + \varepsilon_{jt}\end{aligned} \tag{4-12}$$

其中，ε_{jt} 为相互独立随机误差项，满足零均值、等方差为 σ_{jt}^2 的假设，各自变量的度量方式详见表 4-3。

4.5　影响效果分析

4.5.1　平稳性检验

为更好地进行固定效应分析，防止虚假回归或伪回归，通过单位根检验来保证变量的平稳性。单位根检验的方法分为相同根下的检验（LLC 检验、Breitung 检验、Hadri 检验）和不同根下的检验（Im-Peasran-Skin 检验、Fisher-ADF 检验、Fisher-PP 检验）。我们认为通过大多数单位根的检验即满足平稳性，以 LLC 检验、Fisher-ADF 检验和 Fisher-PP 检验为代表进行分析（表 4-4），所有 p 值小于 0.05，认为此变量为平稳的。

表 4-4　面板数据平稳性检验结果

变量	（C，T，K）	LLC 检验（p 值）	ADF 检验（p 值）	PP 检验（p 值）	平稳性
D（EQ）	（C，0，0）	–21.5011（0.0000）	103.519（0.0000）	127.019（0.0000）	一阶单整
D（TL）	（C，0，0）	–38.5899（0.0000）	152.046（0.0000）	157.432（0.0000）	二阶单整

续表

变量	(C, T, K)	LLC 检验（p 值）	ADF 检验（p 值）	PP 检验（p 值）	平稳性
D（LC）	（C，0，0）	−17.2128（0.0000）	79.7668（0.0079）	81.2700（0.0058）	一阶单整
D（MD）	（C，0，0）	19.1485（1.0000）	16.0930（1.0000）	30.1620（0.9934）	不平稳
D（TD）	（C，0，0）	−32.3804（0.0000）	122.797（0.0000）	129.242（0.0000）	二阶单整
D（HE）	（C，0，0）	−41.1499（0.0000）	225.147（0.0000）	225.1476（0.0000）	一阶单整
D（CP）	（C，0，0）	−12.1832（0.0000）	97.0350（0.0002）	123.9500（0.0000）	零阶单整
D（ES）	（C，0，0）	−62.2008（0.0000）	88.5986（0.0012）	92.8423（0.0004）	一阶单整
D（LP）	（C，0，0）	−11.1251（0.0000）	80.8578（0.0063）	87.7919（0.0014）	一阶单整
D（OW）	（C，0，0）	19.0372（0.0000）	211.0210（0.0000）	107.0040（0.0000）	一阶单整
D（GS）	（C，0，0）	−15.0490（0.0000）	129.7320（0.0000）	128.8370（0.0000）	二阶单整

由原面板数据的平稳性检验结果可知，每个变量通过单位根检验的阶数均不同，不能证明考察变量间的长期均衡关系，无法做下一步的固定效应分析。因此，必须在不改变原有变量间联系的基础上，对原数据进行数学变换。由于数据的自然对数变换不改变原来的协整关系，并能使其趋势线性化，消除时间序列中存在的异方差现象，所以对除企业规模（ES）以外的所有变量进行自然对数变换，分别在变量符号前加 ln 记为新变量符号，仍旧采用 LLC、Fisher-ADF 和 Fisher-PP 三种面板数据单位根检验方法对所有变量进行平稳性检验，结果如表 4-5 所示。

表 4-5　变换后面板数据平稳性检验结果

变量	(C, T, K)	LLC 检验（p 值）	ADF 检验（p 值）	PP 检验（p 值）	平稳性
D（lnEQ）	（C，0，0）	−13.2479（0.0000）	82.7861（0.0042）	102.6860（0.0000）	一阶单整
D（lnLC）	（C，0，0）	−22.1186（0.0000）	104.4830（0.0000）	110.9430（0.0000）	一阶单整
D（lnTL）	（C，0，0）	−8.98078（0.0000）	47.2433（0.6611）	51.9361（0.4764）	不平稳
D（lnMD）	（C，0，0）	−13.8880（0.0000）	73.5410（0.0262）	86.0421（0.0021）	一阶单整
D（lnTD）	（C，0，0）	−16.8793（0.0000）	95.8183（0.0002）	109.5180（0.0000）	一阶单整
D（lnHE）	（C，0，0）	−40.7837（0.0000）	221.5850（0.0000）	221.5850（0.0000）	一阶单整
D（lnCP）	（C，0，0）	−15.5635（0.0000）	104.0290（0.0000）	131.3950（0.0000）	一阶单整
D（ES）	（C，0，0）	−62.2008（0.0000）	88.5986（0.0012）	92.8423（0.0004）	一阶单整
D（lnLP）	（C，0，0）	−7.9627（0.0000）	60.1893（0.2036）	75.3055（0.0190）	不平稳
D（lnOW）	（C，0，0）	−23.4509（0.0000）	99.2932（0.0001）	122.3720（0.0000）	一阶单整
D（lnGS）	（C，0，0）	−25.7945（0.0000）	94.0494（0.0003）	100.4290（0.0001）	一阶单整

由表 4-5 可知，面板数据在经过取对数的转换以后，TL 和 LP 变量还是不能

满足同阶单整的要求，因此在以下的固定效应分析中，不对这两个变量进行模型分析。

4.5.2 固定效应分析

1. 独立影响分析

鉴于面板数据样本来自 26 个省区市，由于行政分区固定和样本数据较小，现增个体固定效应模型（cross-section fixed），又由于时序个数 12 年小于截面个数 26，因此在固定效应模型中选择截面加权（cross-section weight）的方式进行分析，分别计算各因素对再生资源产业脆性的独立影响分析，结果如表 4-6 所示。

表 4-6 独立影响检验结果

类别	变量	系数	t 值	p 值
新古典经济	劳动力要素（LC）	−0.0033	−0.1796	0.8578
	制造业发展水平（MD）	0.2167	4.5014	0.0000
	技术密集度（TD）	0.2548	6.0317	0.0000
新经济地理	人力资本（HE）	−0.0636	−2.5539	0.0118
	消费购买力（CP）	−5.8083	−0.6166	0.5386
	企业规模（ES）	4.4914	4.5554	0.0000
政策制度	对外开放水平（OW）	0.2725	3.1808	0.0018
	政府支持（GS）	0.3087	6.6255	0.0000

由表 4-6 可知，再生资源产业大多由本地原有传统产业发展而来，在很多地区仍处于初级发展阶段，因此在劳动力要素、人力资本和消费购买力方面并未形成显著特征。而制造业发展水平、技术密集度、企业规模、对外开放水平和政府支持五个因素对产业脆性的影响分别得到了验证。制造业发展水平越高、技术密集度越强、企业规模越大、对外开放水平越好、政府支持越完善的地区，产业脆性风险越小。

各变量相应的表达式与具体分析分别为

$$\ln \mathrm{EQ} = -8.0245 - 0.0033 \ln \mathrm{LC} + \varepsilon_{\ln \mathrm{LC}} (t = -0.1796, R^2 = 0.9981, \mathrm{SSE_r} = 174.9453)^{①} \tag{4-13}$$

变量 LC 的 p 值为 0.8578，没有通过 1%显著性检验，其回归方程不能表示劳动力要素对再生资源产业发展水平的影响程度，数据显示这两者之间没有必然的联系。

① R^2：可决系数，代表解释变量对被解释变量的解释贡献率，$\mathrm{SSE_r}$：约束模型的残差平方和。

$$\ln \mathrm{EQ} = -9.7032 + 0.2167 \ln \mathrm{MD} + \varepsilon_{\ln \mathrm{MD}} (t = 4.5014, R^2 = 0.9987, \mathrm{SSE}_r = 176.3680) \tag{4-14}$$

变量 MD 通过了 1%显著性检验，表明 26 个省区市的制造业发展水平变动 1 个单位，再生资源产业发展水平就会变动 0.2167 个单位，对该产业有正向促进作用，但制造业在该产业的初期发展阶段，两产业之间没有建立起长期合作机制，互相影响的程度较低，即再生资源产业受制造业发展水平变动的影响不大，具有很大的独立发展性。

$$\ln \mathrm{EQ} = -11.5237 + 0.2548 \ln \mathrm{TD} + \varepsilon_{\ln \mathrm{TD}} (t = 6.0317, R^2 = 0.9990, \mathrm{SSE}_r = 176.2840) \tag{4-15}$$

变量 TD 通过了 1%显著性检验，表明 26 个省区市的技术密集度水平变动 1 个单位，再生资源产业发展水平就会变动 0.2548 个单位，对该产业有正向促进作用，但再生资源产业仍处于初期以手工拆解为主的发展阶段，短期内显示不出技术水平对该产业的巨大影响程度，反而表现出较低影响程度，即再生资源产业受技术密集度水平变动的影响不大。

$$\ln \mathrm{EQ} = -7.5313 - 0.0636 \ln \mathrm{HE} + \varepsilon_{\ln \mathrm{HE}} (t = -2.5539, R^2 = 0.9975, \mathrm{SSE}_r = 169.5901) \tag{4-16}$$

变量 HE 的 p 值为 0.0118，虽然接近 1%显著性检验的标准，但是从严格定义看仍旧没有通过检验，其回归方程不能表示再生资源产业内就业人员的教育程度对该产业发展水平的影响程度，数据显示这两者之间没有必然的联系。

$$\ln \mathrm{EQ} = -7.4111 - 5.8083 \ln \mathrm{CP} + \varepsilon_{\ln \mathrm{CP}} (t = -0.6166, R^2 = 0.9972, \mathrm{SSE}_r = 157.6310) \tag{4-17}$$

变量 CP 的 p 值为 0.5386，没有通过 1%显著性检验，回归方程的表达式不能显示出消费购买力对再生资源产业发展水平的影响程度，数据显示这两者之间没有必然的联系。这其中的原因有可能是消费购买力反映的是当年的消费能力，消费产品从购买到报废需经过一定的年限，因此不能准确反映对再生资源产业的影响力。

$$\ln \mathrm{EQ} = -8.3603 + 4.4914 \ln \mathrm{ES} + \varepsilon_{\ln \mathrm{ES}} (t = 4.5554, R^2 = 0.9967, \mathrm{SSE}_r = 159.2461) \tag{4-18}$$

变量 ES 通过了 1%显著性检验，表明 26 个省区市的再生资源产业企业规模变动 1 个单位，再生资源产业发展水平就会变动 4.4914 个单位，对该产业有正向促进作用，而且影响程度很高，说明该产业的发展初期阶段，即龙头企业的带动作用对再生资源产业内的上下游企业影响很大，反映出产业链整体协调能力的重要性。

$$\ln \mathrm{EQ} = -6.8392 + 0.2725 \ln \mathrm{OW} + \varepsilon_{\ln \mathrm{OW}} (t = 3.1808, R^2 = 0.9986, \mathrm{SSE}_r = 176.9899) \tag{4-19}$$

变量 OW 也通过了 1%显著性检验，表明 26 个省区市的对外开放水平变动 1 个单位，再生资源产业发展水平就会变动 0.2725 个单位，对该产业有正向促进作用。这主要是由于进口废七类产品是再生资源产业的一部分原料来源，在进行拆解加工后，有一部分再生原材料销售到国内其他地区或者国外，但这部分再生原材料数量较少，影响程度较低，即再生资源产业受对外开放水平变动的影响不大，具有很大的内部发展性。

$$\ln \mathrm{EQ} = -10.1898 + 0.3087 \ln \mathrm{GS} + \varepsilon_{\ln \mathrm{GS}} (t = 6.6255, R^2 = 0.9990, \mathrm{SSE_r} = 175.9585) \tag{4-20}$$

最后，变量 GS 同样通过了 1%显著性检验，表明 26 个省区市政府的政府支持力度变动 1 个单位，再生资源产业发展水平就会变动 0.3087 个单位，对该产业具有一定正向促进作用。虽然再生资源产业的企业在成立初期，受政府支持力度的影响很大，但是经过几年的发展，已形成了相对独立发展的模式，拥有固定的上下游的一系列相关企业，因此再生资源产业虽然仍受政府支持力度变动的影响，但是其影响程度较低。

但是，独立影响因素检验结果并不能完全确定这五个因素的重要程度是否存在差别。具体原因，本书认为大部分地区回收制造业中金属半成品未形成规模、回收网络建设并不完备和各个地区公路建设差距并不大，导致各个地区的这三个影响因素的差距不大，减弱了对产业聚集的影响力度，与独立影响因素检验结果相悖。因此，需要在独立影响分析的基础上，进一步做综合影响分析。

2. 综合影响分析

由独立影响分析可知，劳动力要素、人力资本、消费购买力三个变量均未通过 1%显著性检验，从计量角度看与再生资源产业没有必然联系，因此在综合影响分析中，不再对这三个变量进行检验，只对剩余五个变量进行综合影响分析，结果如表 4-7 所示。

表 4-7　综合影响检验结果

类别	变量	系数	t 值	p 值
新古典经济	制造业发展水平（lnMD）	0.3725	1.1906	0.2361
	技术密集度（lnTD）	–0.1295	–0.4594	0.6467
新经济地理	企业规模（lnES）	4.3102	3.9496	0.0001
政策制度	对外开放水平（lnOW）	0.3607	2.5181	0.0131
	政府支持（lnGS）	–0.1974	–0.5074	0.6128

得出的回归方程为

$$\begin{aligned}\mathrm{EQ} = -6.4467 + 4.3102\ln \mathrm{ES} + 0.3607\ln \mathrm{OW} - 0.1295\ln \mathrm{TD} \\ + 0.3725\ln \mathrm{MD} - 0.1974\ln \mathrm{GS} + \varepsilon\end{aligned} \tag{4-21}$$

虽然 R^2 为 0.9967，回归方程对这几个变量间互相影响程度的拟合度很高，但是，根据表 4-7 的检验结果，lnMD、lnTD、lnOW 和 lnGS 的 t 检验都不过关，没有通过 1%的显著性检验，说明这几个变量之间存在多重线性问题，即违背了计量分析的经典假定。为此，逐步剔除 p 值最大的变量因素后，再进行回归估计，检验结果如表 4-8 所示。

表 4-8　逐步回归的综合影响检验结果

因素类别	变量	系数	t 值	p 值
新经济地理	企业规模（lnES）	4.6587	4.7537	0.0000
政策制度	对外开放水平（lnOW）	0.4671	4.2569	0.0000

按照 p 值的大小，先后剔除了技术密集度、政府支持、制造业发展水平三个变量，计算出逐步回归的综合影响检验结果，如表 4-8 所示，此时剩余的企业规模和对外开放水平变量之间不存在多重线性问题，最后得回归方程如下：

$$\mathrm{EQ} = -6.4467 + 4.6587\ln \mathrm{ES} + 0.4671\ln \mathrm{OW} + \varepsilon \tag{4-22}$$

其中，R^2 为 0.9989，说明方程拟合度很高。

表 4-8 的计算结果显示，只有回归方程中的企业规模和对外开放水平因素对再生资源产业发展水平影响依然很显著，对产业发展潜力的增加均具有正效应，才表明这两个因素在当前是影响再生资源产业脆性水平的关键因素。平均企业规模的扩大和对外开放水平的增加，是各个地区在开展集群式发展战略时首先应当考虑的因素。

也就是说，如果这两个因素出现大的负向变动，再生资源产业系统也会受到较大冲击。其中，企业规模对该产业的发展水平有着最为显著的影响，系数为 4.6587，表明再生资源产业中大型企业所占比例的增加将使得该产业稳定发展的能力和潜力显著提升。企业规模越大，越能够为大规模的产业发展提供资金支持，使得该产业越具有规模经济，从而使得研发投资规模、风险及融资约束问题出现的概率降低。相对大企业而言，固定和沉没成本的存在会增加中小企业回收、生产、研发、再制造、融资等多方面的风险，使得系统处于劣势发展地位，增加系统的脆性程度。此外，在再生资源产业发展还不成熟的现阶段，规模较大的企业在很大程度上能够带动产业链上下游或者周边地区相关企业的发展，如回收企业、进口废料中介公司、人才市场、中小再生资源再利用企业、制造企业等的发展，如果龙头企业的发展水平出现变动，将影响产业链上的众多企业，出现脆性风险的产业链传递现象，有很大的可能性会导致整个系统的崩溃。

从对外开放水平角度看，各地区的对外开放程度与再生资源产业之间存在显著的正相关关系，说明对外开放水平所占比例每增加 1%，可使再生资源产业发展水平上升 0.4671 个单位。该产业的发展初期一直以具有高回收价值的废七类产品为主，这大部分来源于美国、日本、韩国、德国等国家的废旧电缆、电线、电机等物资的进口，仅需要简单的手工拆解或者机械压块就能获得铜、铝、铁、镁等高回收价值的金属材料，并且能源消耗小，几乎没有水资源、煤炭资源的消耗，不用涉及环保方面的责任，能极大地创造出企业的经济效益。因此，有很多企业选择以此作为主营业务。这类业务的大规模开展虽然短期内能对再生资源产业有一定的促进作用，但是从长远看，长期拆解国外电子垃圾，技术含量低，再生产品的附加值很低，不利于该产业的可持续发展。尤其是集装箱式的购买方式，存在一定的赌博风险，增大了毫无用处资源的购买风险，最终会传播到整个产业系统内，使得系统濒临崩溃。

因此，根据固定效应分析的独立影响和综合影响结果，可将各个变量按照对再生资源产业影响程度的大小排序为：企业规模＞对外开放水平＞政府支持＞技术密集度＞制造业发展水平＞劳动力要素＞人力资本＞消费购买力＞交通成本＞地方保护。这可作为脆性分析中脆性因子权重设定的参照，为以后章节提供计量经济的实例支持。

4.6　本 章 小 结

本章着重介绍了如何辨识再生资源产业系统的脆性因子，在基于再生资源产业系统脆性定义的基础上，对再生资源产业系统的脆性因子进行了初步分析，以及如何选择脆性因子并对它们进行预处理，构建出相应的计量模型并对影响效果进行分析。

在对脆性因子进行初步分析时，对内部脆性影响因子和外部脆性影响因子进行了分析，内部脆性影响因子主要有管理水平、企业规模、技术水平、资产配置能力和盈利能力；外部脆性影响因子主要有经济地理、资源禀赋、关联产业和政策制度。计量模型构建主要有异方差性、自相关性、多重共线性等违背经典假定的计量性质，同时还介绍了面板数据模型和固定效应模型。在分析影响效果前，要进行平稳性检验，然后进行固定效应分析，而固定效应分析主要分为独立影响分析和综合影响分析两个方面。根据固定效应分析的独立影响和综合影响结果，可将各个变量按照对再生资源产业影响程度的大小排序为：企业规模＞对外开放水平＞政府支持＞技术密集度＞制造业发展水平＞劳动力要素＞人力资本＞消费购买力＞交通成本＞地方保护。这可作为脆性分析中脆性因子权重设定的参照，为以后章节提供计量经济的实例支持。

第 5 章　基于突变级数法的再生资源产业系统脆性评价

5.1　系统脆性关联结构分析

根据复杂系统的定义及其脆性的特性，在脆性源受到某种因素刺激时，一个很小的单元脆性会被激发，按照脆性源传播脆性的路径，形成脆性源到脆性接收者的脆性过程，最终引起整个系统脆性的后果。因此，进行系统脆性关联结构的分析与研究，可以区别和控制复杂系统内存在的多个脆性源，使得整个系统的脆性结构保持稳定，增强其关联性和可靠性，从而有效地控制脆性系统的激发。

5.1.1　脆性激发路径

1. 脆性树

复杂系统内、外界的脆性源情况的变化，如第 4 章讨论的系统脆性因子受到脆性刺激，会干扰到其子系统及整个复杂系统，甚至激发崩溃现象。但是这个传播过程不是即时发生的，存在一定的延时性。复杂系统包含的子系统较多，它们之间有着不同的联系形式，使得脆性传播途径增多，脆性延时也不相同。其中最短的脆性延时为关键崩溃时间，因为若最短脆性延时发生，系统已经崩溃，其他延时的发生情况就没有研究意义。如果在一个系统中包含 S_1 和 S_2 两个子系统，它们之间存在的主要脆性联系如图 5-1 所示。

由图 5-1（a）可知，子系统 S_1 的脆性激发会传播给到子系统 S_2，带来 S_2 的崩溃；反之，子系统 S_2 对 S_1 不起影响作用，这种脆性联系称为单向脆性联系。图 5-1（b）和（c），表现了子系统与整个系统之间的脆性联系，称为一个脆性基元。其中，图 5-1（b）表示了子系统 S_1 和 S_2 对上层子系统 S 的影响，但是两个子系统之间并无任何联系；而图 5-1（c）表现的是最不可靠的一种脆性联系，具有最大的风险，任意一个子系统的脆性被激发，其他系统都会引发崩溃。从层次角度看，图 5-1（d）描述的是一种层次脆性联系，上层子系统 S 的崩溃不会影响下层的两个子系统，而下层子系统的脆性会传递给上层子系统，这种结构在复杂系统中可以使得系统脆性发生的概率相对降低，较为稳定。因此，在进行系统分析时，多采用层次结构表示子系统间的脆性关联。

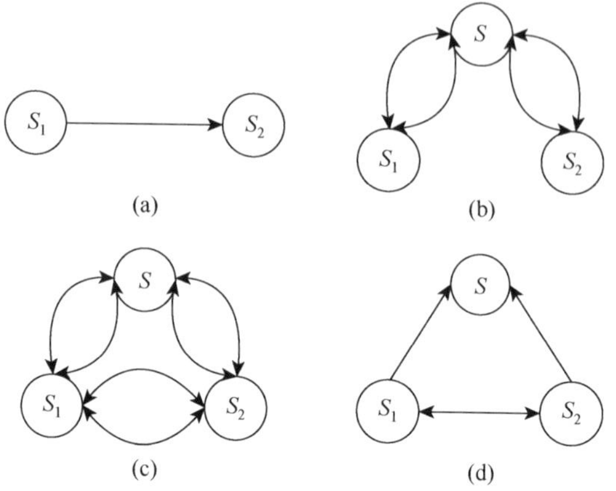

图 5-1　复杂系统脆性联系

借鉴上述复杂系统中各个子系统之间的脆性联系，需要构造并简化脆性树，得到整个系统崩溃引起的崩溃路径，更好地分析系统的崩溃过程。设复杂系统 S 中含有 n 个子系统，如果用图来表示子系统之间物质、信息与能量的交换，可记为图 $G(V,E)$ 。其中，V 为 n 个子系统 $(S_1,S_2,\cdots,S_n)$ ，E 为子系统之间物质、信息与能量的交换。考虑 E 流动的有向性，图 $G(V,E)$ 显示为有向图形式。根据图 5-2 的脆性层次结构所示，可分别定义父元素（v_j）、子元素（v_i），即处于元素 v_i 顶层的元素称为父元素，反过来称 v_i 为 v_j 的子元素，也可以将 v_i 的父元素及父元素的父元素统称为上层元素，v_j 的子元素及子元素的子元素统称为下层元素。这样由众多父元素及子元素共同组合成的不同耦合关系，按照崩溃的方向共同构成了以 v_i 为顶点的脆性树，记为 T_{h_t} 。

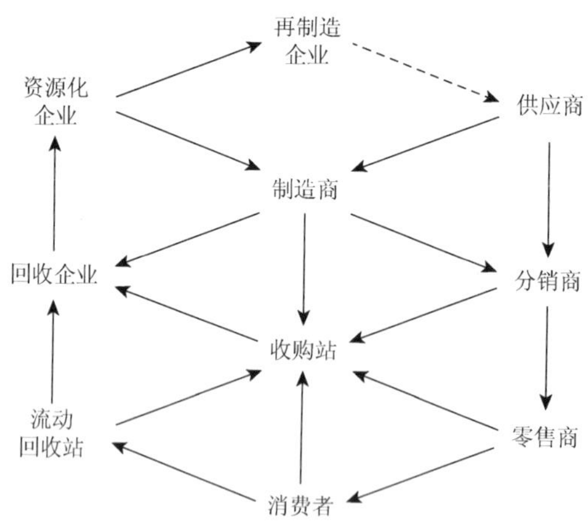

图 5-2　再生资源产业系统节点崩溃的钻石模型

为了有效地研究脆性激发路径，利用脆性树父子元素间引发崩溃的概率对脆性树中的各边赋予权值，并对脆性树所有崩溃路径进行一定程度的简化，遍历脆性树中的所有顶点，只保留关键子系统中的所有元素，即脆性树上的每条路径中都不含有相同的元素。用脆性顶点集合表示简化过程，可分为以下两个步骤。

（1）假设上层元素和底层元素之间存在一条通过所有顶点的路径，则有其顶点集合为V，根元素为v_i，寻找V-$\{v_j\}$中与v_i相同的元素，并将其以后的路径删除；反之，则保留元素和路径。按照这一方法，在根元素下的各层元素中，逐层进行路径删除工作，遍历脆性树中的所有顶点，得到含有不同元素的路径所组成的脆性树。

（2）从第一步骤得到的脆性树中除了根元素v_i以外的其他顶点出发，将除关键子系统集合元素以后的各个元素删除，并且删除不含任何关键子系统集合中元素的路径，最后得到简化后的脆性树$T_{h_j}(j=1,2,\cdots,i)$。

假设上述两个步骤为算法f，可将这个过程简写为$f:T_{h_1,h_2,\cdots,h_i}\to T_{h_1},T_{h_2},\cdots,T_{h_i}$，其中，$T_{h_1},T_{h_2},\cdots,T_{h_i}$分别为不同关键子系统简化后的脆性树。以再生资源产业系统 为例，系统中的各个节点之间都存在资源、能源、信息流动的关系，假设在初始时，各节点之间处于共生稳定状态，考虑其中某一节点由于外界环境或者内部管理的干扰而倒闭（崩溃），以及对其他节点的影响，并通过影响结果分析各个节点在作为脆性源时的级别，可构建其节点崩溃的钻石模型，如图 5-2 所示。

图5-2中，虚线表示再生产品进入商贸市场的二次销售过程，与其他实箭线所表示的产品全生命周期关系不同。再生资源产业系统中节点与节点之间存在多重共性关系，受多个不同层次元素节点的影响，脆性关系十分复杂，不能简单判定其脆性激发的过程。因此，需要对复杂系统的脆距和脆性时间进行定义和分析，进一步研究复杂系统的脆性激发路径。

2. 脆距与脆性时间

复杂系统的脆性过程就是由脆性树的各个顶点间的连锁激发反应，经过一定的时间、一定的距离，从子系统的各正常状态达到崩溃状态。其中，“一定的时间”可称为脆性时间，“一定的距离”可称为脆距。

每个关键子系统集合中的子系统都存在一个脆距，与整个复杂系统的脆距有很大联系。因此，可对复杂系统的脆距进行如下定义：设复杂系统有l个关键子系统集合，且第m个关键子系统集合含有l_m个子系统（$m=1,2,\cdots,l$），存在l个脆距向量$A_1,A_2,\cdots,A_m,\cdots,A_l$。其中，$A_m=[A_{m1},A_{m2},\cdots,A_{mt},\cdots,A_{ml_m}]$，即第$m$个关键子系统集合中各个子系统的脆距。

为了标准化研究崩溃距离，对脆距向量中的元素进行归一化处理，设各子系统最大脆距为 A_{mt}^*，则其他各元素可表示为 $A_{mt}^l = A_{mt} / A_{mt}^*$。也就是说，归一化处理的具体情形可分为以下三种。

（1）当子系统崩溃时：$A_{mt} = 0, A_{mt}^l = 0$。

（2）当子系统处于稳定状态时：$A_{mt} = A_{mt}^*, A_{mt}^l = 1$。

（3）当子系统处于（1）和（2）两种状态之间时：$0 < A_{mt} < A_{mt}^*, 0 < A_{mt}^l < 1$。

根据复杂系统的脆距向量表示，可对脆性激发状态进行以下定义。

（1）若存在脆距向量 $A_m = [A_{m1}, A_{m2}, \cdots, A_{mt}, \cdots, A_{ml_m}]$，且模长 $|A_m| = \sqrt{A_{m1}^2 + A_{m2}^2 + \cdots + A_{mt}^2 + \cdots + A_{ml_m}^2} = 0$，则认为复杂系统的脆性已被激发。

（2）若对于所有的 $A_m = [A_{m1}, A_{m2}, \cdots, A_{mt}, \cdots, A_{ml_m}] (m = 1, 2, \cdots, l)$，且其模长不为零，即任何的脆距 $|A_m| = \sqrt{A_{m1}^2 + A_{m2}^2 + \cdots + A_{mt}^2 + \cdots + A_{ml_m}^2} \neq 0$，则表示复杂系统的脆性未被激发。

也就是说，$|A_m|$ 值越大，复杂系统越稳定；反之，$|A_m|$ 值越小，复杂系统越濒临崩溃。只要根据 $|A_m|$ 的大小，在一定程度上对复杂系统进行相应的调整，就可以降低系统的脆性风险程度。

另外，复杂系统中的每个脆性时间对应着脆性树中的各条崩溃路径，找出各路径中距离崩溃的最短时间，可有效对其脆性风险进行预警。因此，对脆性时间定义如下：设在受到系统内部和外部脆性因子影响时，从子系统崩溃到引发整个系统崩溃的最短时间，称为复杂系统的脆性时间。

结合脆性树的相关内容，以一般的系统为例，说明脆性联系中脆性时间的重要作用。设存在一个系统 S，包含 $a(a \geqslant 9)$ 个子系统，子系统之间存在着脆性联系，根元素为 v_0，其脆性树 T_0 如图 5-3（a）所示。

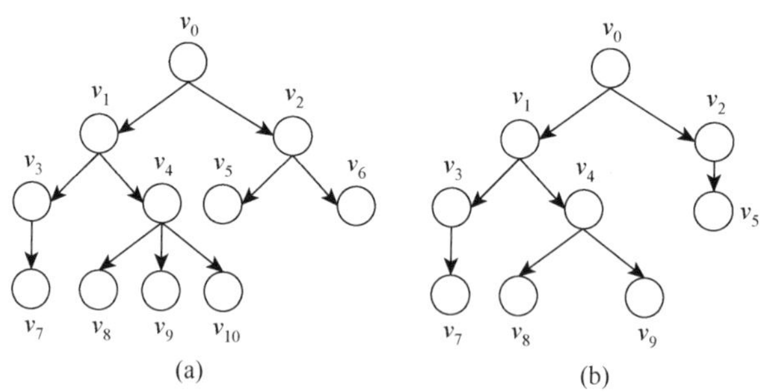

图 5-3　一般系统脆性树

假设这个复杂系统崩溃的关键子系统集合中的元素为 $\{v_2, v_4, v_7, v_8, v_9\}$，按照脆性树的简化步骤进行简化，如图 5-3（b）所示。设复杂系统由子系统 v_i 和子系

统 v_j 组成，它们之间传播崩溃的时间为 p_{ij}，以简化后系统脆性崩溃的时间长短为次序，说明复杂系统脆性树的崩溃路径，如图 5-4 所示。

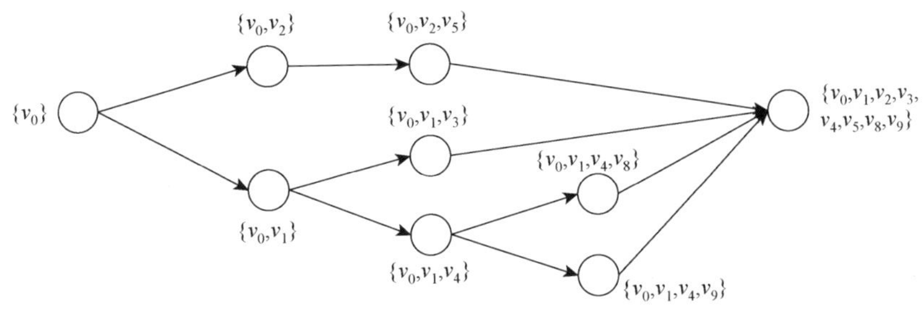

图 5-4　脆性树崩溃路径

假设 v_0 引起 v_2 崩溃需要 6 个单位时间，记为 $p_{02}=2$；同理，记 $p_{01}=2$，$p_{02}=3$，$p_{25}=2$，$p_{13}=4$，$p_{14}=1$，$p_{48}=1$，$p_{49}=3$，则 $p_{08}=p_{01}+p_{14}+p_{48}=2+1+1=4$，$p_{09}=p_{01}+p_{14}+p_{49}=2+1+3=6$，$p_{05}=p_{02}+p_{25}=3+2=5$，$p_{03}=p_{01}+p_{13}=2+4=6$。则表示各个关键子系统崩溃的次序及系统崩溃过程的时间图，如图 5-5 所示。

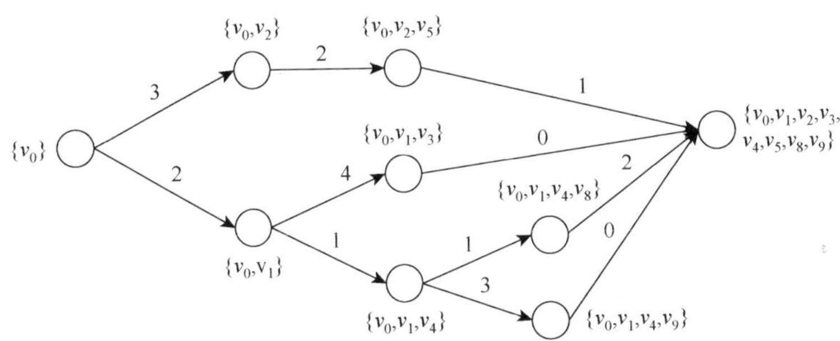

图 5-5　复杂系统崩溃过程时间图

为了对图 5-5 中系统各个崩溃路径上的脆距权值进行修正，设 λ_{ij} 表示子系统 v_i 引发子系统 v_j 崩溃的概率（$0\leqslant\lambda_{ij}\leqslant1$），则权值修正为 $q_{ij}=p_{ij}(1-\lambda_{ij})$。若脆性树中包括 l 个关键子系统集合，这 l 个脆性树崩溃的最短时间为 $q_0=\min\limits_j q_j$。

根据上述分析，可以利用脆距和脆性时间来决定对复杂系统实施控制的策略，从而防止子系统甚至是整个系统的崩溃。

3. 脆性等级判别

在复杂系统受到内、外界干扰时，首先使得其内部某个子系统面临崩溃，而脆性树中各个脆性源及各个子系统之间复杂的耦合关联关系，会在一定程度上影响其他子系统的正常运行，最终很有可能导致整个复杂系统的崩溃。设复杂系统中某子系统崩溃，则其他子系统与其存在着脆性同一、脆性波动、脆性对立三种关系。设 C 表示子系统 S_2 的崩溃点，t 表示时间，则由以下数学公式表示。

（1）脆性同一：当子系统 S_1 崩溃，即脆距 $A_1=0$，若子系统 S_2 与子系统 S_1 联系比较紧密，子系统 S_2 也趋于崩溃，A_2 趋于 0，$\frac{\mathrm{d}[\mathrm{d}(S_2,C)]}{\mathrm{d}t}>0$，则称子系统 S_2 与子系统 S_1 是脆性同一的。

（2）脆性波动：当子系统 S_1 崩溃，即脆距 $A_1=0$，若子系统 S_2 的崩溃特性并未产生变化，即 $0<A_2<1$，$\frac{\mathrm{d}[\mathrm{d}(S_2,C)]}{\mathrm{d}t}=0$，则称子系统 S_2 与子系统 S_1 是脆性波动的。

（3）脆性对立：与（1）所述情形相对，脆距 $A_1=0$ 时，A_2 趋于 1，$\frac{\mathrm{d}[\mathrm{d}(S_2,C)]}{\mathrm{d}t}<0$，则称子系统 S_2 与子系统 S_1 是脆性对立的。

设第 m 个关键子系统集合中存在 O_m 个子系统趋于崩溃，P_m 个子系统脆性特性并未发生变化，Q_m 个子系统保持稳定，则存在联系度函数 $\mu_m(m=1,2,\cdots,l)$，且 $\mu_m=\frac{O_m}{l_m}+\frac{P_m}{l_m}i+\frac{Q_m}{l_m}j$。其中，$O_m+P_m+Q_m=l_m$，$\frac{O_m}{l_m}+\frac{P_m}{l_m}+\frac{Q_m}{l_m}=1$。

令 $x_m=\frac{O_m}{l_m}$，表示第 m 个关键子系统与崩溃子系统关于崩溃程度的同一度；$y_m=\frac{P_m}{l_m}$，代表其波动度；$z_m=\frac{Q_m}{l_m}$，代表其对立度；$M_m=\frac{x_m}{z_m}$，表示第 m 个关键子系统表征复杂系统趋向于崩溃的势，共存在 l 个势。取最大的势代表整个复杂系统趋向于崩溃的势，即 $M=\max(M_1,M_2,\cdots,M_m,\cdots,M_l)$。若不考虑 y_m 的变化，M 趋于∞，表示整个复杂系统趋向于崩溃的可能性较大；反之，即 M 趋于 0，则整个复杂系统趋于崩溃的可能性较小。因此，M 也可以代表子系统 S_1 对整个复杂系统的影响程度，并且得出 x_m、y_m、z_m、M 的大小与脆性源等级的关系如表 5-1 所示。

表 5-1 脆性源等级判别表

M_m	x_m、y_m、z_m 间关系	级别	意义
$M_m>1$（$x_m>z_m$）	$x_m>z_m$，$y_m=0$	1	系统已趋向崩溃
	$x_m>z_m>y_m$	2	系统趋向崩溃程度较强
	$x_m>y_m\geqslant z_m$	3	系统趋向崩溃程度较弱
	$y_m\geqslant x_m>z_m$	4	系统基本不趋向崩溃

续表

M_m	x_m、y_m、z_m 间关系	级别	意义
$M_m=1$（$x_m=z_m$）	$x_m=z_m$，$y_m=0$	5	系统趋向崩溃与保持稳定概率相等的可能性较大
	$x_m=z_m>y_m$	6	系统趋向崩溃与保持稳定概率相等的可能性非常大
	$x_m=y_m=z_m$	7	系统趋向崩溃与保持稳定概率相等的可能性较小
	$y_m>x_m=z_m$	8	系统趋向崩溃与保持稳定概率相等的可能性非常小
$M_m<1$（$x_m<z_m$）	$y_m>z_m>x_m$	9	系统远离崩溃的趋势非常微弱
	$z_m>y_m>x_m$	10	系统远离崩溃的趋势比较微弱
	$z_m>x_m>y_m$	11	系统远离崩溃的趋势比较弱
	$x_m<z_m$，$y_m=0$	12	系统远离崩溃的趋势是确定的

5.1.2　系统脆性结构

复杂系统的脆性过程由脆性因素、脆性事件、脆性结构三要素组成。脆性结构以脆性因素为基础条件，由脆性事件决定其构成形式，具有可变性和不确定性，一般包含两方面的内容：各个子系统的脆性状态，假设系统 S 包含了 m 个子系统，即 $S=\{S_1,S_2,\cdots,S_m\}$，令 $S_s'(i=1,2,\cdots,m)$ 表示其脆性状态，$\{a_1^i,a_2^i,\cdots,a_r^i\}$ $(i=1,2,\cdots,m)$ 描述 S_i 脆性的状态变量，则可把 $S_i'=\{a_1^i,a_2^i,\cdots,a_r^i\}(i=1,2,\cdots,m)$ 定义为系统脆性结构的硬部。另外，把各个子系统之间的脆性联系和脆性扩散方式称为脆性结构的软部。按照脆性联系的层次结构法，对系统脆性结构进行分层分析研究，可分为上层脆性结构和下层脆性结构两部分。

1. 上层脆性结构

上层脆性结构由脆性风险和系统结构组成，外在表现为系统被激发后自身的突然崩溃，其基本组成形式如图 5-6（a）所示，也可以说上层脆性结构包含脆性输入、系统结构和脆性风险三个基本要素。根据系统输入/输出和传递函数的关系形式，可将图 5-6（a）的结构进一步转换为图 5-6（b）的形式。

在输入层面，$R(I)$ 表示脆性事件 $I(t)$ 作用于各个子系统 S 的形式；在输出层面，$V_s(t)$ 指导致系统崩溃的脆性风险函数。在脆性结构中，$Z_s(t)$ 表示系统 S 脆性特征的状态变量，从整体描述系统的脆性状态；$R_s(t)$ 表示系统内部各个子系统之间的脆性联系方式，$R_s(t)=\{R_{ij}(t),\quad i,j=1,2,\cdots,m\}$；$S_s'(t)$ 表示各子系统脆性特征的状态变量，$S_s'(t)=\{S_1'(t),S_2'(t),\cdots,S_m'(t)\}$，但是不能简单代表

$Z_s(t)$ 的状态，其中，$S_i'(t)=\{a_1^i,a_2^i,\cdots,a_r^i\}(i=1,2,\cdots,m)$，$\{a_1^i,a_2^i,\cdots,a_r^i\}$ 为子系统脆性的状态变量。

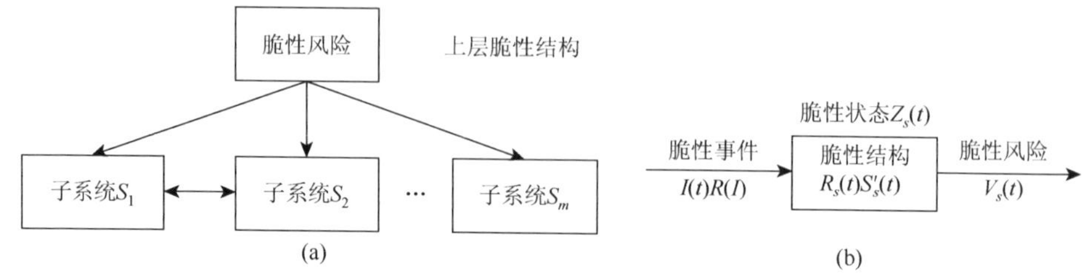

图 5-6　系统上层脆性结构

系统内部脆性结构多种多样，其基本连接单位为单边脆性结构和双边脆性结构。在各个子系统中，多个单边和双边脆性结构组合起来，形成了系统内部的单边脆性关系链和双边脆性关系链。其中，单边脆性关系链只由单边脆性关联结构在子系统间联系，脆性作用方向一致，如图 5-7（a）所示；而双边脆性关系链至少包含一个双边脆性关联结构的脆性链，如图 5-7（b）所示；在特殊情况下，双边联系形式出现在所有脆性关联结构中，称为完全双边脆性关系链，如图 5-7（c）所示。若形成相应的脆性环，以双边关联结构为例，则称为完全双边脆性关系环，如图 5-7（d）所示，也可以将其分解为两个反向的单边脆性关系环的组合。

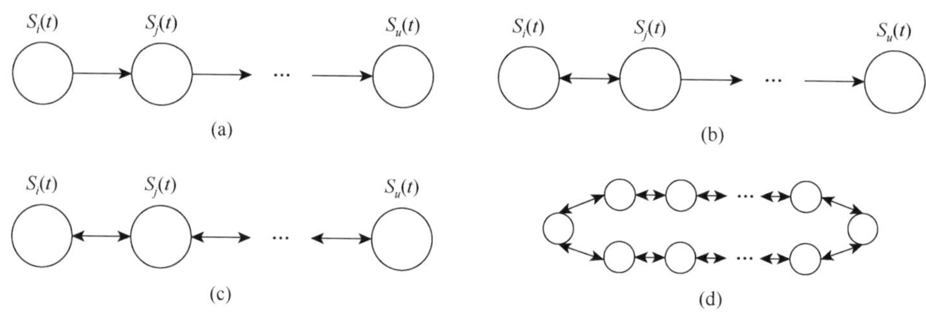

图 5-7　系统上层脆性关系链

2. 下层脆性结构

上层脆性结构不能孤立存在于系统中，需要与下层脆性结构相互联系、相互作用，需要对系统脆性结构的下层结构进行分析，即对组成下层结构的脆性事件集和脆性因子集进行分析，如图 5-8 所示。所有直接作用于系统上的可引发其崩溃的脆性事件，构成了系统的脆性环境，与包含在脆性事件中的脆性因子共同组成了系统崩溃的深层次原因。因此，下层结构分析可以理解为脆性环境的分析。

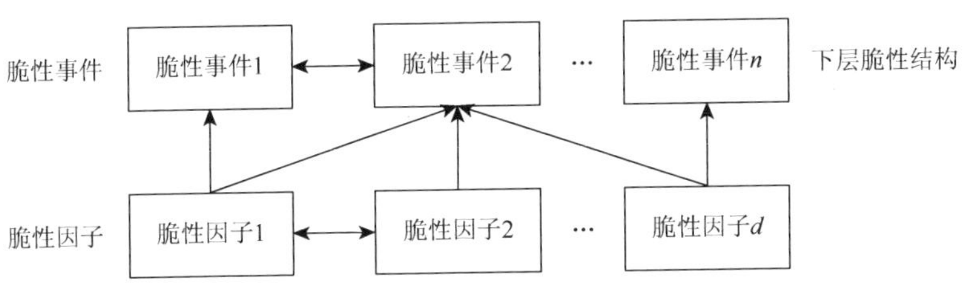

图 5-8　系统下层脆性结构

由图 5-8 可知，一个具体的脆性事件中可以包含多个脆性因子，经由各子系统脆性因子的关联变化，放大或缩小整体系统的脆性风险。根据发生脆性变化的脆性源之间影响程度重要性的大小，可分为以下两种类型的脆性因子。主脆性因子指出现概率较大、对其他因子影响较大或者受其他因子激发可能性较高、危害程度较高、对脆性风险施加主要作用的因子；次脆性因子指出现概率较小、对其他因子影响较小或者受其他因子激发可能性较低、危害程度较低、对脆性风险施加次要作用的因子。脆性事件通过各种复杂的耦合关系，以某种概率作用在子系统上，最后系统以一定的概率发生崩溃。

假如在样本空间中的系统 G 有 n 个脆性事件 $I=\{I_1,I_2,\cdots,I_n\}$，脆性事件 I_i 发生的概率 P_i（$P_i\geqslant 0$），在脆性事件 I_i 的作用下系统崩溃的概率为 p_i（$0\leqslant p_i\leqslant 1$），系统崩溃的期望为 $E[RI_i]=P_i p_i(i=1,2,\cdots,n)$，则系统的脆性风险为 $E[\sum RI_i]=E[RI_1]+\cdots+E[RI_n]$。

但是，在现实社会系统中，脆性事件之间存在各种各样的联系，受到多种因素的影响，一般首先进行脆性因子辨识，结合不同脆性因子激发崩溃的程度，得出整个系统脆性风险评价模型，从而有效降低系统的脆性风险[250]。

5.1.3　再生资源产业系统脆性结构

再生资源产业系统的脆性来源于逆向产业链中各个子系统的脆性与不稳定性，内容涉及系统内部和外部各类因素。外部风险具有偶然性、可控性差等特征，不同区域的产业系统抵抗外来风险的能力和恢复能力也不相同；内部风险由系统内部各个参与要素、行为主体在相互作用下所形成，系统内部不同主体控制内部风险的能力也不同。综合考虑系统外部风险和内部风险，根据脆性因子辨识分析的结论，可将再生资源产业系统分解为供应子系统、回收子系统、资源化子系统和市场化子系统，如图 5-9 所示。

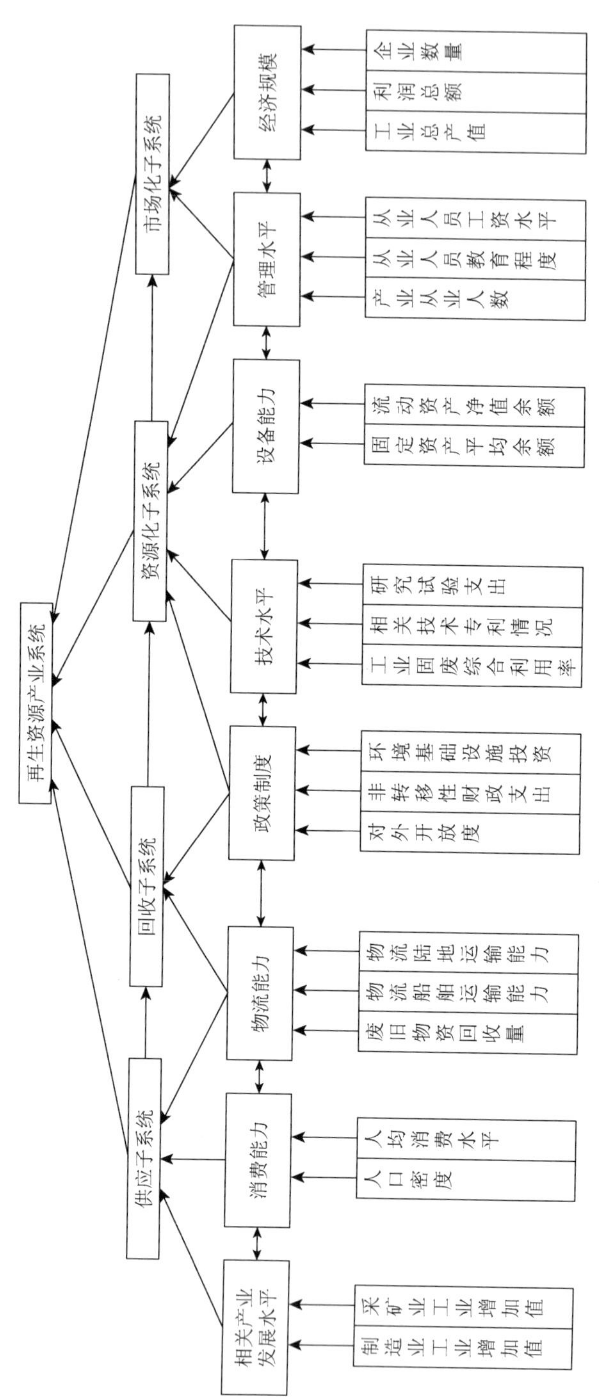

图 5-9　再生资源产业系统脆性结构

由图 5-9 可知，受不同环境因素的影响，各个子系统存在一定的脆性。在整个产业系统运行时，供应子系统、回收子系统、资源化子系统和市场化子系统由于相互作用也会形成子系统间的脆性，从而共同形成产业系统的脆性。供应子系统的脆性主要受相关产业发展水平、消费能力和物流能力所影响，一旦发生脆性事件，将直接冲击供应子系统的正常运行。例如，制造业发展水平或人均消费水平下降，会导致供应子系统的原料来源及数量缩减，从而缩减系统内产业链的产品流向，使得剩余三个子系统发生连锁反应，形成产业系统的脆性风险，严重时会出现无原料可收、无产品可产、无商品可售的情况，导致整个再生资源产业系统的崩溃，甚至使得这一新生可持续发展性产业覆灭。相对应地，回收子系统受物流能力、政策制度两方面脆性因素影响，若物流能力不足，会使得废弃资源不能及时运送到回收子系统中，严重时会造成资源化子系统车间内停产，也会占用供应子系统内的大量资源，反向影响供应子系统的正常运行。而资源化子系统的脆性影响因子较多，政策制度、技术水平、设备能力和管理水平同时对该子系统产生作用，如果政策支持力度较小、废弃资源利用率较低、设备能力较差或者从业人品素质较低，都会使得资源化子系统出现失稳现象，使其减小原料需求或者降低销量，激发回收和市场化子系统的脆性风险。市场化子系统的脆性因子较少，由管理水平和经济规模决定。目前，在系统实际运行中，再生资源产业的再生产品处于供不应求状态，市场化子系统属于脆性风险最小的一个子系统，而供应子系统存在的问题最多，在产能加速扩大的情况下，废弃资源的供应环节并未得到规范性的组织，没有统一、标准的途径接收供应子系统产生的废弃资源，从资源输入方面制约着再生资源产业的发展，在四个子系统中产生的脆性风险最大，应该进行深入的研究。

随着再生资源产业系统复杂性与不确定性不断增强，各子系统中的各因素及子系统之间的作用关系日益复杂，如果系统结构丧失或部分丧失其基本功能，失去子系统间的协调、激励和支持功能，最终可能造成整个系统的崩溃瓦解与功能失效，其后果主要有以下三种情形：第一，脆性风险极大，系统受损严重，关键子系统功能失效，系统恢复能力微小；第二，脆性风险较大，危机形势较为严峻，系统发生一定程度的崩溃，少数子系统功能失效，系统经过一段时间能进行自我修复；第三，脆性风险较小，子系统功能正常，危机应对策略及时、正确、有效，短时间内实现系统恢复重建。因此，建立具有适度复杂性的再生资源产业系统，优化、整合系统结构，是保持系统稳定性、避免脆性危机事件发生、提高系统运行效率的必要途径。

5.2　评价方法对比和选择

为了建立再生资源产业系统脆性风险评价模型，需要在对常用综合评价方法进行概述的基础上，分析和比较各种方法的优缺点，以说明采用突变级数法的合理性和可行性。

5.2.1　常用综合评价方法

常用的综合评价方法有很多，粗略地进行分类，可分为定性综合评价方法和定量综合评价方法。定性综合评价方法以经济理论基础和主观意识为主；而定量综合评价方法是以概率论为基础，利用计量方法分析数据的客观方法，具体综合评价方法体系如图 5-10 所示。

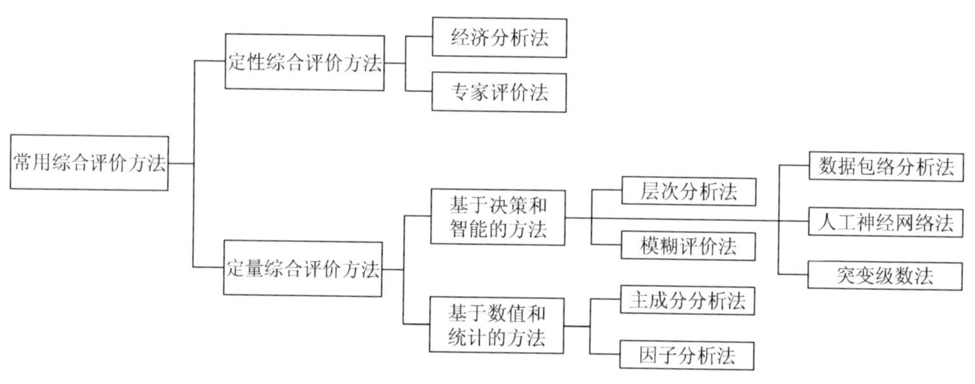

图 5-10　常用综合评价方法体系

（1）经济分析法。它是建立在马克思主义政治学基本观点上，利用现代经济学中的消费行为理论、市场均衡理论和外部经济理论，以一种事先确定的综合指标来分析与评价系统现象的方法。它能从微观方面反映一定经济关系的要求，不能从宏观上把握系统现象及社会环境间的相关性。

（2）专家评价法。它是以专家的专业知识、主观意识和实践经验的深度和广度为主要依据，根据评价对象的具体情况选定评价指标，利用评分法、分等法、加权评分法及排序法等方式作出等级判定的方法。它的结果具有数理统计特性，但容易受到各种主观因素（如情感、态度等）的影响，实际应用意义不大。

（3）层次分析法（analytic hierarchy process，AHP）。它是由美国运筹学家萨迪创立的一种实用的多规则多目标决策方法。首先建立从客观事实提炼出的具有多级指标的分析模型，利用各因素指标相对最后决策的重要性构建判断矩阵，通过指标赋权过程得到全部指标的权数，评价各个指标与各个层次的重要性，具有一定的可靠性，应用较为普遍。但仍然不能完全摆脱评价专家主观上的不确定性，造成方案中各层赋权不明显，给决策带来影响。

（4）模糊评价法（fuzzy evaluation method，FCE）。它是由美国控制论专家查德于 1965 年提出的，运用模糊数学理论中包含的模糊变换基本原理和最大隶属度原则，将评价因素集中的元素映射为与评价结果相应的元素，建立模糊关系矩阵，得到综合评价结果。该方法能够对多级多因素指标的复杂系统问题进行较为全面合理的评价，但同样受专家主观影响较大。

（5）主成分分析法。它属于多元分析法中的一个分支，首先建立包含所有涉及因素的指标体系，通过对原始变量相关矩阵的内部结构关系的分析，量化和探讨关键因素的影响程度，抓住复杂问题的主要矛盾。但是，该方法会受到指标信息重叠的干扰，使得综合评价结果不准确。

（6）因子分析法。它与主成分分析类似，都是用少数的几个变量来综合反映原始变量的主要信息。因子分析更为侧重研究将众多原始变量浓缩成少数几个因子变量，对每个原始变量进行内部剖析，通过可用各指标的测定来间接确定各因子的状态，但因子分析只能解释部分变异，具有一定的局限性。

（7）数据包络分析法（data envelopment analysis，DEA）。它是通过建立规划模型，根据评价对象指标的投入和多指标产出数据，综合评判具有复杂系统结构的相对有效性或效益，尤其侧重相对效率的评价，能尽量避免分析者主观意志的影响，但指标选取的科学性导致该方法的实际操作难度很大。

（8）人工神经网络法（artificial neural networks，ANN）。它是一种在人类对大脑神经突触连接结构理解的基础上，人工构建应用类似的、由大量节点相互连接的、能够实现某种功能的神经网络模型，也简称为神经网络或类神经网络。此方法处理信息能力强，但是需要用户提供充分完全的样本，客观要求较高，给数据收集、处理带来了一定的难度。

（9）突变级数法。它是基于突变理论的一种综合评价方法，以拓扑学理论、结构稳定性理论为工具，考虑各指标之间相对重要性，对评价目标进行多层次结构分解，利用归一公式构造突变模糊隶属函数，利用最后评价结果进行状态变量排序分析[251]。该方法提高了评价分析结果的客观性、科学性和合理性，计算更为简便精确。

5.2.2　对比分析结果

对于再生资源产业系统脆性的评价方法，需要结合最适合所研究对象、最能反映系统实际应用情况的评价方法，实现脆性评价的目的。上述各种常用综合评价方法的评价效果存在一定差异，有其独自的特点，如表 5-2 所示。

表 5-2　常用评价方法比较

评价方法	需要数据	主观性	可信性	模型建立	误差情况	操作难易	综合情况	特点
经济分析法	较少	较强	较弱	较难	较大	较难	一般	成本效益分析
专家评价法	较少	较强	较弱	较易	较大	较难	一般	经验和专业判断
层次分析法	适中	一般	较强	较易	较小	一般	较好	系统性多目标分析
模糊评价法	较多	较强	较强	较难	较小	一般	一般	非确定性问题分析
主成分分析法	适中	较弱	较强	较易	较小	一般	一般	坐标变换，指标降维
因子分析法	适中	较弱	较强	较易	较小	一般	一般	变量分组相关性分析
数据包络分析法	较多	较弱	较强	较难	较小	较难	一般	投入产出效率
人工神经网络法	较多	较弱	很强	较难	较小	较难	很好	并行处理，较强容错性
突变级数法	适中	较弱	较强	较难	较小	一般	很好	排序分析

由表 5-2 可知，经济分析法和专家评价法的使用简单方便，但受人为主观因素影响较大，有时无法确保评价结果的客观准确程度，综合评价结果的准确性一般；层次分析法是一种分层次的评价方法，可以系统性的多目标、多准则分析和评价系统脆性，虽然在指标权重的确定上依然存在困难，但综合评价效果较好；模糊评价法针对事物本身复杂特点，可进行系统模糊性评价，但这种方法没有递阶式评价特点，综合评价结果一般；主成分分析法和因子分析法，是从数理统计分析的角度进行系统评价，需要数据的规模适中，可使用计量软件进行计算，操作过程较为一般，评价效果也较好，但同样缺少系统性的分层次评价结果，效果一般；数据包络分析法并不能对决策单元进行全排序，需要数据较多且操作较难，对评价后的结果只能分出相对有效和相对无效单元，评价效果一般；人工神经网络法虽然综合评价效果很好，但其计算模型构建较难，需要大量的样本数据，而且要求评价人员有很好的数学理论基础，可操作性低；突变级数法是基于系统中存在细微变化，对评价目标进行分层次分解，结合模糊数学构造评价模型，用归一公式进行综合量化运算为一个参数，能很好地克服设定权重带来的评价值线性变化的弱点，避免求指标权重所带来的主观性。

再生资源产业系统的脆性评价，是一个典型的多目标、多层次的综合模糊评价过程，在选择综合评价方法时，需要从不同角度对其进行评价，主要考虑以下因素：①被评对象的类型，即被评对象是确定性的，还是模糊性的；②被评事物内部结构关系和与其他事物之间的外部结构关系；③评价指标体系的构建，包括无量纲化处理、权重系数的选定及多个同级评价指标归一化。因此，为了保证系统脆性评价结果的准确性、有效性、科学性和客观性，应选择突变级数法对再生资源产业系统进行脆性评价。

5.3　基于双枝模糊集的突变级数法

再生资源产业系统的各项脆性因子指标，对该系统的稳定状态具有模糊性和双向性，并且在触发各项脆性因子的脆弱风险过程中具有突变性。因此，应在结合突变级数法与双枝模糊数学的基础上，建立脆性评价模型，得出合理的评价值。

5.3.1　突变级数法基本原理

突变级数法的理论基础是由法国数学家雷内·托姆（Rene Thom）创立的突变理论（catastrophe theory），研究系统从稳定状态进入不稳定状态的飞跃性和不连续性突变现象，构造自然现象与社会活动中不连续变化现象的数学模型，以形象而精确的计算模型描述和预测有势系统。它结合拓扑力学、奇点理论、结构稳定学和模糊数学等数学理论，对评价目标进行多层次、多目标的风险分解，通过构造和求解突变模糊隶属函数，对评价目标进行排序分析。势系统由状态变量指标与控制变量指标组成，对突变级数法的参数用变量形式进行表示：将那些可能出现突变的参数称为状态变量Y，系统在任何时刻的状态都可由$Y(y_1, y_2, \cdots, y_m)$来确定；而影响复杂系统质变连续变化的脆性因子称为控制变量X，系统同样会受到各独立变量$X(x_1, x_2, \cdots, x_n)$的控制，这些变量也同时控制着状态变量Y。把状态曲面的奇点集映射到控制空间，得到状态变量在控制空间的轨迹——分叉集，处于分叉集中的控制变量取值变化，会导致势系统出现不稳定甚至是崩溃的状态。突变级数法的基本原理为：通过调整落在分叉集中的控制变量的取值变化，状态变量发生相应变化，从而构建脆性评价模型。研究控制变量的阈值问题，是控制系统行为的重要途径。初等突变的标准形式共有七个，较为常见的是折叠突变、尖点突变、燕尾突变和蝴蝶突变[252]，它们的势函数如表 5-3 所示。

表 5-3　常见初等突变形式及模型

突变形式	控制变量维数	状态变量维数	突变模型	归一公式
折叠突变	1	1	$Y(x)=\frac{1}{3}x^3+ax$	$x=a^{\frac{1}{2}}$
尖点突变	2	1	$Y(x)=\frac{1}{4}x^4+\frac{1}{2}ax^2+bx$	$x_a=a^{\frac{1}{2}}, x_b=b^{\frac{1}{3}}$
燕尾突变	3	1	$Y(x)=\frac{1}{5}x^5+\frac{1}{3}ax^3+\frac{1}{2}bx^2+cx$	$x_a=a^{\frac{1}{2}}, x_b=b^{\frac{1}{3}}, x_c=c^{\frac{1}{4}}$
蝴蝶突变	4	1	$Y(x)=\frac{1}{6}x^6+\frac{1}{4}ax^4+\frac{1}{3}bx^3+\frac{1}{2}cx^2+dx$	$x_a=a^{\frac{1}{2}}, x_b=b^{\frac{1}{3}}, x_c=c^{\frac{1}{4}}, x_d=d^{\frac{1}{5}}$

由表 5-3 可知，突变级数法通过归一公式，将控制变量和状态变量的取值范围限制在(0,1)之间，作为多目标评价的决策参考，详细的评价步骤如图 5-11 所示，其重点评价步骤详细介绍如下。

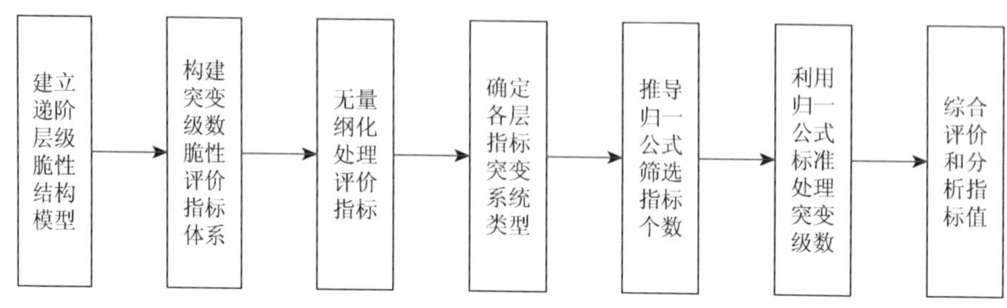

图 5-11　突变级数法评价步骤

（1）构建突变级数脆性评价指标体系。结合前面所论述的复杂系统脆性层级结构，按突变级数法对评价总指标进行多层次、多准则、分主次的状态分解或分组，逐渐分解到最下层指标。根据具体系统实际情况，分解指标时无须过分细分指标，只要分解到可以使用原始数据直接计量时，即可终止。由表 5-3 可知，常见突变评价模型的控制变量不超过四个，因此各层子系统的具体评价指标也同样应不超过四个。

（2）确定各层指标突变系统类型。由表 5-3 总结的突变形式，确认复杂系统的突变类型。尖点突变系统内的子指标仅分为两个；燕尾突变系统内的状态变量指标，可对应作为控制变量的三个子系统指标；同理，如果一个状态变量指标有四个下级指标，则称该突变系统为蝴蝶突变系统。三种模型中控制变量的重要程度排序为 $a>b$；$a>b>c$；$a>b>c>d$，由模型自身的内在逻辑决定。在控制变量对应的指标个数超过四个时，可用计量经济学的方法筛选、合并各个指标，使得最终的控制变量个数不超过四个。

（3）利用归一公式标准处理突变级数。由于原始数据的量纲不同，难以比较指标间的重要程度，需要对各个指标的原始数据进行标准化处理，消除量纲。根据突变理论，势函数的所有临界点集合成平衡曲面 $f(x)$，通过对其进行一阶和二阶求导后，由 $f'(x)=0$ 和 $f''(x)=0$，消去 x，得到突变系统的分歧点集方程，再对该方程加以推导引申，得出归一公式，如表 5-3 所示，使处理后的数据取值区间限制在 $(0,1)$。

（4）综合评价和分析指标值。由步骤（3）所推导的归一公式，按照“大中取小”或“互补”原则，对状态变量下各个控制变量计算对应的指标值，并同理计算出各层状态变量值。对某一系统状态的各控制变量，如果它们之间不存在可替代的关系，应按“大中取小”的原则取值；如果它们之间相关性很高，应该按照平均值法取值。最后，求得最终评价指标值，并根据结果对复杂系统的脆性状态进行分析，找出影响程度较高的脆性因子，为避免系统失稳、提出保持系统稳定的决策提供参考方案。

5.3.2　双枝模糊隶属函数

基于 Zadeh 开创的模糊集理论研究，我国学者史开泉于 1998 年进一步扩展了研究范围，提出双枝模糊集理论[253-255]。不仅考虑系统模糊决策与模糊控制中存在的部分抑制性因素，还考虑了其他积极性因素，即将隶属函数由 $\mu_A(x)\in[0,1]$ 扩展为模糊接吻函数 $S(x)\in[-1,1]$，并成功将其应用到模糊识别与模糊决策的过程中，从而证明了双枝模糊集理论的理论价值与实践价值。近年来，许多学者相继进行了模型方面的完善研究，张英春等[256]建立了双枝模糊层次决策模型；刘保相等[257]给出了用集对分析（set pair analysis，SPA）进行双枝模糊决策的应用工具；黄光球等[258]分别结合了 Petri 网知识、突变理论与双枝模糊集理论，建立了全新的网络攻击模型和脆性评价模型，为再生资源产业系统这一研究领域的脆性突变评价提供了方便的应用工具与理论支持。

为了明确双枝模糊集的基本概念和表示方法，以区别单枝模糊集，进行如下定义。

定义 5-1：设 X 是论域，S 为定义在 X 上的双枝模糊集，X 上的元素与 S 之间的关系满足 $S(x_i)\in[-1,1]$，这是映射：$S:X\to[-1,1]$，$x\to S(x)$。其中，$S(x)$ 为元素 x 关于双枝模糊集 S 的模糊接吻函数，对于确定的 $x_0\in X$，$S(x_0)$ 为双枝模糊集 S 的模糊接吻度。

定义 5-2：在论域 X 中，X^+、X^-、X^* 分别称为上域、下域、界域，若

（1）对 $\forall X_i\in X^+$，X_i 和 S 满足 $0<S(X_i)\leqslant 1$，则称 $S(X_i)$ 为上枝模糊集；

（2）对 $\forall X_i\in X^-$，X_j 和 S 满足 $-1\leqslant S(X_j)<0$，则称 $S(X_j)$ 为下枝模糊集；

（3）对 $\forall X_i\in X^*=X^+\cap X^-$，$X_k$ 和 S 满足 $0<S(X_k)\leqslant 1$，则称 $S(X_k)=0$ 属于不确定集。

根据双枝模糊集的相关概念与定义，可将双枝模糊接吻函数的图像进行如下表示。在对复杂系统进行突变评价时，可以根据实际应用的具体情况选择线性对称双枝模糊接吻函数或线性非对称双枝模糊接吻函数。对于线性对称双枝模糊接吻函数 $S(x)$，其图像如图 5-12 所示，表现形式为

$$S(x)=\begin{cases}(x-a)/(b-a)\text{或}-(x-b)/(c-d), & x\in X^+\\ 0, & x\in X^*\\ x/a-1\text{或}-(x-c)/(d-c), & x\in X^-\end{cases}\tag{5-1}$$

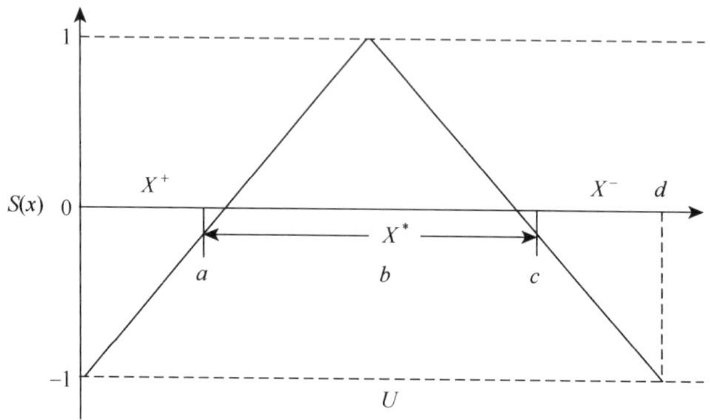

图 5-12　线性对称双枝模糊接吻函数

线性非对称双枝模糊接吻函数 $S(x)$ 的图像，如图 5-13 所示，表现形式为

$$S(x)=\begin{cases} x/a, & x\in[0,a) \\ -(x-a)/(b-a)+1, & x\in(a,b] \\ -(x-b)/(c-b), & x\in(b,c] \\ (x-c)/(d-c)-1, & x\in(c,d] \end{cases} \tag{5-2}$$

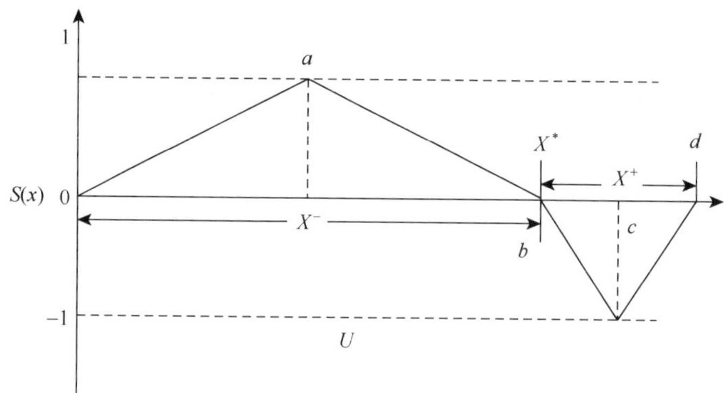

图 5-13　线性非对称双枝模糊接吻函数

通过以上对双枝模糊性的概念性研究，可以更加全面、客观地考虑评价指标的度量值，扩大了数值选取的空间，为进行基于双枝模糊集的突变级数法模型构建提供了基础。

5.3.3　双枝模糊突变评价法

复杂系统在运行过程中，会受到来自系统外部和内部的管理、技术、政策等多方面因素的影响，根据第 4 章脆性因子的分析结果可知，有的因素对脆性演化起到促进作用，有的反而产生抑制作用。复杂系统脆性由自身突发性、延迟性、连锁性、隐藏性等特点所决定，其激发过程与系统进行的危害活动和恢复活动都存在一定关系。因此，双枝模糊突变评价时需要考虑这一特征。

在对复杂系统脆性风险进行突变评价过程中，设i为X^+中的元素，$|X^+|=i$；j为X^-中的元素，$|X^-|=j$；k为X^*中的元素，$|X^*|=k$；系统状态V中有α个评价因素，且$i+j+k=\alpha$。在结合双枝模糊集与突变级数法构建模型时，需要对其所用到的变量和影响因素分别给予定义以便进行双向评价研究。

定义 5-3：促进因素是指再生资源产业系统中某个子系统（供应子系统、回收子系统、资源化子系统或市场化子系统）X中对该子系统的预期评价目标状态起到“正向”或“积极”作用的因素集。但是，在引发该系统或其他三个子系统脆性风险起着“抑制”作用的脆性因子，记为$X^+=\{x_1,x_2,\cdots,x_i\}$。

定义 5-4：抑制因素是指再生资源产业系统中某个子系统（供应子系统、回收子系统、资源化子系统或市场化子系统）X中对该子系统的预期评价目标状态起到“反向”或“消极”作用的因素集。但是，在引发该系统或其他三个子系统脆性风险起着“促进”作用的脆性因子，记为$X^-=\{x_{i+1},x_{i+2},\cdots,x_j\}$。

定义 5-5：在再生资源产业系统的脆性因子变量中，还有一些激发系统失稳的不确定性因素，称为系统中间状态指标，对该系统的评价目标状态有可能起到“正向”作用，也有可能起到“反向”作用。这些不确定性因子组成的因素集X^*，记为$X^*=\{x_{j+1},x_{j+2},\cdots,x_k\}$。

这三种因素之间的关系如图 5-14 所示。

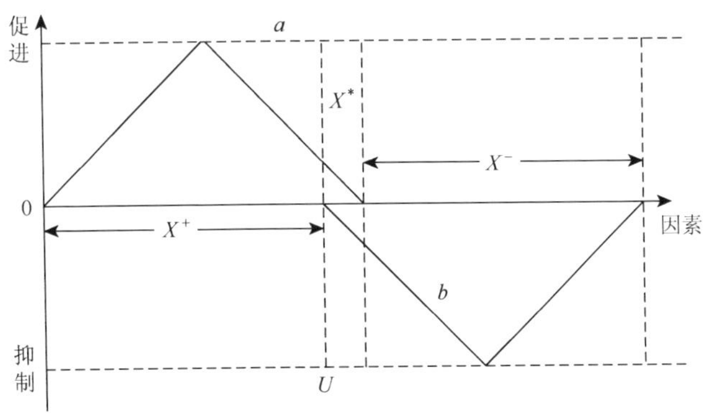

图 5-14　双枝模糊突变评价中各项因素关系图

在评价模型中，用模糊接吻函数的模糊接吻度$Q(x_i)\in(0,1]$来定义“正向”或

“积极”作用因素对再生资源产业系统脆性状态作用的程度；相对地，用模糊接吻函数的模糊接吻度 $Q(x_j)\in[-1,0)$ 来表示“反向”或“消极”作用因素对再生资源产业系统脆性状态作用的程度；而用模糊接吻函数的模糊接吻度 $Q(x_k)=0$ 来表示中间作用状态因素对该产业系统脆性作用的程度。

当 $Q(x_i)\in(0,1]$ 时，因子指标数值越大、越接近于 1，说明该因素对评价系统的目标状态的“正向”作用就越大；反之，数值越小、越接近于 0，则该因素的“正向”作用效果越不明显。当 $Q(x_j)\in[-1,0)$ 时，因子指标数值越小、越接近于−1，说明该因素对评价系统的目标状态的“反向”作用就越大；相对地，数值越大、越接近于 0，则该因素的“反向”作用效果越不明显。当 $Q(x_k)=0$ 时，表示此时该因素的作用方向并未明确，不影响复杂系统的稳定状态，也不诱发系统的脆性风险。其中，设定 n 个状态因素关于 m 个因子指标的相对隶属度矩阵为 $R=\{r_{ij}\}_{m\times n}$。

在双枝模糊突变评价模型建立时，首先要对各个脆性评价指标的原始数值进行转化，再参照再生资源产业系统崩溃的现实激发效果，建立模糊接吻函数。

定义 5-6：若因素集中存在总共 n 个指标，因素集中指标原始数值用 A_i 表示，最小指标值用 α_i 表示，最大指标值用 β_i 表示，而 $\overline{A_i}$ 代表所有指标的平均值。则模糊接吻函数可定义为

$$\mu_i(c)=\begin{cases}\dfrac{A_i-\overline{A_i}}{\overline{A_i}-\alpha_i}, & A_i<\overline{A_i}\\[2ex] \dfrac{A_i-\overline{A_i}}{\beta_i-\overline{A_i}}, & A_i>\overline{A_i}\end{cases}\qquad i=1,2,\cdots n \tag{5-3}$$

由式（5-3）可计算出各个脆性因子的模糊接吻隶属度，建立论域 X，$X=X^{+}\cup X^{-}\cup X^{*}$，然后结合突变级数法的评价步骤进行计算分析。

5.4 再生资源产业系统脆性评价模型

5.4.1 上–双枝模糊促进模型

在计算出系统各个指标的模糊接吻函数之后，将因素集分解为“正向”作用因素集 X^{+} 和“反向”作用因素集 X^{-}，然后得到 X^{+} 中各个因素对于评价状态的正向优属度向量：$R^{+}=(r_1,r_2,\cdots,r_\alpha)^{r}$。

以再生资源产业系统作为评价研究对象，在其脆性被激发、扩散的过程中，具有明显的非线性特征，因此需要建立非线性突变评价模型，以欧氏距离 I^{+}_{good} 表示正

向优属度向量 R^+ 与正向优等状态（所有脆性因子都对系统脆性状态起到“正向”作用）的差异，记为 $l_{\text{good}}^+=\sqrt{\sum_{i=1}^{\alpha}[\omega_i(g_i^+-r_i)]^2}$ 。

以欧氏距离 l_{bad}^+ 表示正向优属度向量 R^+ 与正向劣等状态（所有脆性因子都对系统脆性状态起到“反向”作用）的差异，记为 $l_{\text{bad}}^+=\sqrt{\sum_{i=1}^{\alpha}[\omega_i(r_i-b_i^+)]^2}$ 。

系统脆性评价指标对应正向优等状态的相对优属度向量为 $g^+=(g_1^+, g_2^+,\cdots,g_\alpha^+)^{\text{T}}=(1,1,\cdots,1)^{\text{T}}$ ；而对应正向劣等状态的相对优属度向量为 $b^+=(b_1^+,b_2^+,\cdots, b_\alpha^+)^{\text{T}}=(0,0,\cdots,0)^{\text{T}}$ ；权重向量为 $W=(\omega_1,\omega_2,\cdots,\omega_\alpha)^{\text{T}}$ 。

为了更好地对指标及其优等状态的距离进行表达，需要引入相对隶属度 μ^+ [259]。以 μ_{bad}^+ 表示劣等状态隶属度，又根据模糊集理论的余集定义，有 $\mu_{\text{bad}}^+=1-\mu^+$ 。

同时，由于主观权重的设定具有一定的局限性，还需要在定义相对隶属度权重的过程中，定义加权距优距离，表达式为 $L_{\text{good}}^+=\mu^+l_{\text{good}}^+$ ，加权距劣距离的表达式为 $L_{\text{bad}}^+=(1-\mu^+)l_{\text{bad}}^+$ 。在此基础上，假设加权距优距离与加权距劣距离的平方和为最小，则有关相对隶属度 μ^+ 的最优值求解的目标函数为

$$\min[F(\mu^+)]={L_{\text{good}}^+}^2+{L_{\text{bad}}^+}^2={\mu^+}^2\sum_{i=1}^{\alpha}\omega_i(g_i^+-r_i)^2+(1-\mu^+)^2\sum_{i=1}^{\alpha}\omega_i(r_i-b_i^+)^2 \tag{5-4}$$

对其进行求一阶导数，得 $\dfrac{\mathrm{d}F(\mu^+)}{\mathrm{d}\mu^+}=2\mu^+{l_{\text{good}}^+}^2-2(1-\mu^+){l_{\text{bad}}^+}^2$ ，继续求解一阶导数，可得到 X^+ 促进因素集中相对隶属度 μ^+ ：

$$\mu^+=\left\{1+\frac{\sum_{i=1}^{\alpha}[\omega_i(1-r_i)]^2}{\sum_{i=1}^{\alpha}(\omega_i r_i)^2}\right\}^{-1} \tag{5-5}$$

5.4.2　下–双枝模糊抑制模型

与上–双枝模糊促进模型相对应，X^- 中的各个“反向”作用因素相对评价状态的抑制优属度向量为 $R^-=(r_1,r_2,\cdots,r_\beta)^r$ 。

如果在评价过程中存在不止一个评价目标，则向量 R^- 将由优属度向量演变为优属度矩阵。它与反向优等状态（所有脆性因子都对系统脆性评价状态起到“反向”作用）的差异，可以用欧氏距离 l_{good}^- 表示，记为 $l_{\text{good}}^-=\sqrt{\sum_{j=1}^{\beta}[\omega_j(g_j^--r_j)]^2}$ 。

以欧氏距离 l_{bad}^{-} 表示正向优属度向量 R^{-} 与反向劣等状态（所有脆性因子都对系统脆性评价状态完全不起作用）的差异，记为 $l_{\text{bad}}^{-}=\sqrt{\sum_{j=1}^{\beta}[\omega_j(r_j-b_j^{-})]^2}$ 。

由 l_{good}^{-} 和 l_{bad}^{-} 表达式可知，系统脆性评价指标对应反向优等状态的相对优属度向量为 $g^{-}=(g_1^{-},g_2^{-},\cdots,g_{\beta}^{-})^{\text{T}}=(-1,-1,\cdots,-1)^{\text{T}}$ ；而对应正向劣等状态的相对优属度向量为 $b^{-}=(b_1^{-},b_2^{-},\cdots,b_{\beta}^{-})^{\text{T}}=(0,0,\cdots,0)^{\text{T}}$ ；权重向量为 $W=(\omega_1,\omega_2,\cdots,\omega_{\beta})^{\text{T}}$ 。

与上-双枝模糊集中引入相对隶属度的方法相同，为了有效地表达与反向优等状态的距离，在下-双枝模糊集中，同样需要引入相对隶属度 μ^{-} 。以 μ_{bad}^{-} 表示劣等相对隶属度，又根据模糊集理论的余集定义，有 $\mu_{\text{bad}}^{-}=1-\mu^{-}$ 。

同理，定义加权距优距离，可表示为 $L_{\text{good}}^{-}=\mu^{-}l_{\text{good}}^{-}$ ，而相应的加权距劣距离的表达式为 $L_{\text{bad}}^{-}=(1-\mu^{-})l_{\text{bad}}^{-}$。在此基础上，为了方便、准确地求解相对隶属度 μ^{+} 的最优值，目标函数为

$$\min[F(\mu^{-})]=L_{\text{good}}^{-\ 2}+L_{\text{bad}}^{-\ 2}=\mu^{-2}\sum_{j=1}^{\beta}\omega_j(g_j^{-}-r_j)^2+(1-\mu^{-})^2\sum_{j=1}^{\beta}\omega_j(r_j-b_j^{-})^2 \tag{5-6}$$

对其进行求一阶导数，得 $\dfrac{\mathrm{d}F(\mu^{-})}{\mathrm{d}\mu^{-}}=2\mu^{-}l_{\text{good}}^{-\ 2}-2(1-\mu^{-})l_{\text{bad}}^{-\ 2}$。令一阶导数为零，继续求解一阶导数，可得到相对隶属度 μ^{-} ：

$$\mu^{-}=\left\{1+\frac{\sum_{j=1}^{\beta}[\omega_j(1-r_j)]^2}{\sum_{j=1}^{\beta}[\omega_j r_j]^2}\right\}^{-1} \tag{5-7}$$

通过对上-双枝模糊集和下-双枝模糊集模型的相对隶属度进行计算，求得各因素的促进相对隶属度 μ^{+} 和抑制相对隶属度 μ^{-} ；叠加 μ^{+} 和 μ^{-} 构造出 μ 的极性识别与输出向量，并以根据实践应用而定的 λ_1 与 λ_2 为权重参量，可记为 $(\mu^{+},\mu^{-},\lambda_1\mu^{+}+\lambda_2\mu^{-})$ ；最后，由此向量可得到各因素对评价状态的隶属度 μ 。

5.4.3　评价模型构建

根据上述构建的上-双枝模糊促进模型和下-双枝模糊抑制模型，可准确得到再生资源产业系统各脆性因子的促进相对隶属度 μ^{+} 和抑制相对隶属度 μ^{-} 。结合 5.3 节中阐述的突变级数法基本原理，解决最底层原始数据权重 W 的局限性，具体评价步骤如下。

（1）构建脆性评价指标体系。根据前述再生资源产业系统脆性层级结构，多层次、分主次地逐级细分各层指标，建立各层指标结构。

（2）由再生资源产业系统的体系结构，建立影响系统状态的因素集U及评价集V。

（3）建立模糊接吻函数，用$Q(x_i)\in(0,1]$表示影响再生资源产业系统稳定的正向度指标；用$Q(x_j)\in[-1,0)$代表负向度指标；而用$Q(x_k)=0$表示中间作用状态因素对再生资源产业系统稳定作用的程度，即对系统不起任何作用的指标。

（4）按照步骤（3）中不同影响作用的指标分类，进一步将指标集极性分解为X^+（促进因素集）、X^-（抑制因素集）与X^*（不确定性因素集），即建立多向因素集，并分别组成目标矩阵$R^+=(r_i)$和$R^-=(r_j)$。

（5）分别计算出促进因素集的加权距优距离l^+_{good}与加权距劣距离l^+_{bad}，以及抑制因素集的加权距优距离l^-_{good}与加权距劣距离l^-_{bad}。

（6）分别求得各因素的促进相对隶属度μ^+和抑制相对隶属度μ^-。其中，μ^+是X^+集中各脆性源的上-双枝模糊相对隶属度，$\mu^+\in[0,1]$；μ^-为X^-集中各脆性源的下-双枝模糊相对隶属度，$\mu^-\in[-1,0]$。

（7）由步骤（6）求出的μ^+和μ^-，得到各因素对评价状态的隶属度μ。

（8）结合突变级数法中不同突变模型的归一公式，对各因素逐级量化递归计算，得到系统总的突变隶属度函数值。

（9）计算不同层次的各个指标在不同评价准则下的突变隶属函数值。

（10）对上层不同指标的模糊突变隶属函数值进行数值排序，并与顶层指标的总突变值或标准值进行对比分析，得到系统最终脆性评价结果[260]。

5.5　本 章 小 结

本章介绍了基于突变级数法的再生资源产业系统脆性评价方法，首先进行系统脆性关联结构的分析与研究：脆性激发路径，包含脆性树、脆性树脆距与脆性时间、脆性等级判别等内容；系统脆性结构分为上层脆性结构和下层脆性结构两种结构；然后对评价方法进行对比和选择，常用综合评价方法有很多种，对比各种方法的分析结果，为了保证系统脆性评价结果的准确性、有效性、科学性和客观性，应选择突变级数法对再生资源产业系统进行脆性评价。介绍了基于双枝模糊集的突变级数法的基本步骤为：构建脆性评价指标体系，确定各层指标的突变模型类型，利用归一公式标准化处理突变指标，综合评价和分析指标值。继而介绍了双枝模糊隶属函数及双枝模糊突变评价法。再生资源产业系统脆性评价模型分为上-双枝模糊促进模型与下-双枝模糊抑制模型，最后描述了具体的评价步骤。

第6章　再生资源产业系统脆性多维临界调控

6.1　多维调控目标

再生资源产业系统是一个复杂的、开放的系统，直接或间接影响着经济社会中的诸多其他产业系统。尽管该系统自身具有一定的自调节、自组织能力，但是随着生态环境的逐步恶化、废弃资源量的日益增加，对系统进行有效的调控十分必要。为了使系统具有自适应能动特征，需要制定和遵循预定的目标，对其进行一定程度的调整与控制。这一目标是由产业系统及其脆性源元素的内部调节、不断变化的外部环境与系统状况所确定，对系统的输入输出不断进行调控行为，确保系统保持稳定的运行轨迹，避免脆性因子干扰系统所引发的各种警情。

再生资源产业系统多维度调控目标具有多维、多元、多层次的特征，根据警情不同而有所区别。目标之间存在着相互联系又具有一定层次的关系，可组成一个目标集。在系统进行脆性调控时，可首先将目标集逐层分解，使底层的子系统调控目标服从上层的整体系统调控目标。

（1）第一层目标为战略性总目标。它是脆性风险总目标在再生资源产业系统中的体现，以废弃资源利用为纽带耦合而成的复合系统。再生资源产业系统调控的最高目标，就是最优化满足供应子系统、回收子系统、资源化子系统和市场化子系统的需求，实现四个子系统间的协同和系统良性、稳定、有序的发展。

（2）第二层目标为各子系统的整体性目标，主要由以下四个子目标组成：第一，在供应子系统中，需要调控系统原材料的来源，即废弃资源产生的生产性和生活性来源，使得系统能随时获得充足的废弃资源，满足该子系统的正常运转，减少社会废弃资源的浪费；第二，在回收子系统中，废弃资源回收效率的高低，直接影响着该子系统的健康程度，只有建立完善的社会生活和生产回收体系，提高各种废弃资源的回收效率，才能使回收子系统得到良好的发展；第三，在资源化子系统中，拆解加工企业与再制造企业为系统主体，调控资源化技术水平与生产管理水平，打造静脉产业补链，能提高废弃资源的资源化效率，使得该子系统持续安全的运转；第四，在市场化子系统中，建立具有一定规模的商贸交易市场、物流服务体系和信息化服务平台，调控销售过程和管理过程，可使企业的经济发展水平获得提升，最终实现该子系统的可持续发展。

（3）第三层目标为脆性风险预警调控的具体化目标。它包括各个具体预警指标的目标，如制造业发展水平、人均消费水平、废旧物资回收量、工业固废利用率、固定资源平均余额、工业总产值、企业数量、从业人数、技术密集度、人力资本、企业规模、对外开放水平、政府支持力度等，对系统外部和内部环境各具体脆性影响因子进行调控。

上述各个层次目标的集成化组合，构成了再生资源产业系统脆性多维临界调控的目标系统。其中，第一层次的战略性目标，对第二层次的整体性目标具有指导和约束作用；第二层次的脆性调控目标是战略性目标的具体体现，从供应、回收、资源化和市场化子系统的四个角度约束第三层次的具体性目标；第三层次的具体性目标是第二层次整体性目标的细化，如图 6-1 所示。

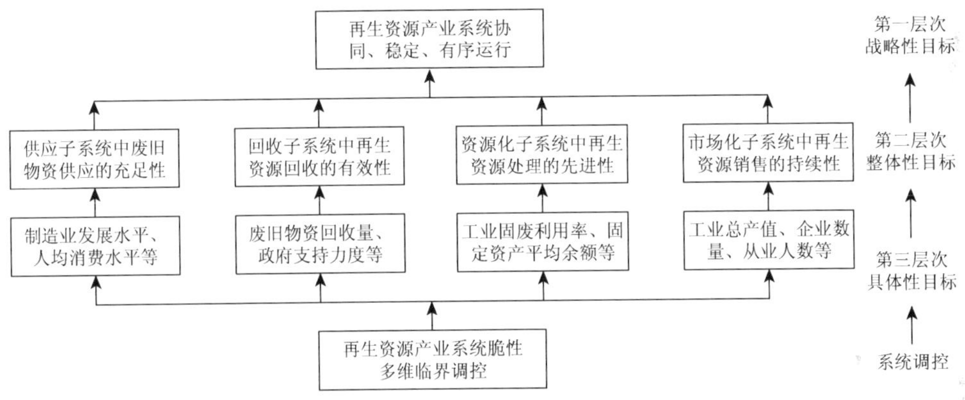

图 6-1　再生资源产业系统脆性多维临界调控目标

由图 6-1 可知，再生资源产业系统脆性多维临界调控目标的具体操作，需要制定再生资源回收再利用相关指标的阈值，建立与其相适应的脆性风险预警程序，保证该系统的稳定运行，通过信息反馈系统和相应的预警调控手段避免再生资源产业系统脆性风险的出现或加大，最终实现预期的调控目标。

6.2　系统脆性风险预警设计

6.2.1　脆性风险预警触发器

再生资源产业系统的稳定运行，是保证可再生资源能源数量、实现生态环境可持续发展的必要条件[261]。该系统预警模型的设计是一个极其复杂的过程，它是综合多个子系统预警指标的战略性分析工作，需要制定脆性风险预警触发器，作为系统风险大小的等级分界线，即稳定状态和崩溃状态之间的临界值，其结果将直接影响系统脆性风险预警的结论。建立预警触发器，也是一种建立衡量再生资源产业系统脆性崩溃程度的参照标准体系，便于决策者通过比较来确定调控系统脆性的手段和目标。

1. 触发器阈值确定的原则

在触发器阈值确定时，可用以下六项原则为择优挑选标准。

（1）尽量优先采用国际、国家、行业和地方规定标准中的指标，尤其是与再生资源产业系统密切相关的静脉产业园标准，按照生态环境建设目标标准确定阈值。

（2）对于无相关标准、跨越时间长、数据丰富的指标，分两种情况进行警限确定，系统化分析再生资源产业历史数据，或者通过该产业预警指标的背景值和区域值作为调控标准。

（3）对于跨越时间较短的无相关标准指标，通过其他相关产业系统相似指标进行横向对比，根据系统现状特征确定警限。

（4）对于跨越时间短的资料数据，其变化符合一定规律，可通过一定数学方法加以确定警限。对于具有符合正态分布的指标数据变化趋势，使用控制图方法；对于其他变动规律较为明确的指标，利用突变级数模型来确定警限。

（5）对于跨越时间又短、数据结构又不完整的指标，可以根据专家实践经验和集体智慧，对这些预警指标的阈值进行判断、反馈和确定。

（6）随着社会经济和自然环境的变化，预警指标的阈值具有一定的阶段性，必须不断发展和丰富，按实际要求调整阈值。

2. 预警触发器原理

再生资源产业系统预警触发器的设定，可参照建筑设计热敏器的设计，对预警触发器原理的研究提供以下启示。

（1）预警指标的阈值直接反映系统对脆性风险的承载能力，必须研究适合的临界点。

（2）触发器代表系统对脆性突变的综合反应。

（3）触动触发器后系统出现的活动代表其自我修复能力。

（4）发出警报是为调控和决策提供依据。

综上所述，再生资源产业系统预警触发器如图 6-2 所示。

由图 6-2 可知，这个预警触发器包括输入端、反应过程和修复端三部分，输入端为脆性要素，输出端为系统自我修复，其他均为反应过程。在输入端，主要包括初始变量数据，来自脆性评价的结果；在反应过程中，主要包括阈值的确定和触发器的反应速度，即参照标准的确定和再生资源产业系统对脆性不断增大的反应能力、速度和风险防范度；在修复端中，主要是报警后产业系统能对各脆性因子进行反应和修复，主要以调整策略的制定作为控制方法。

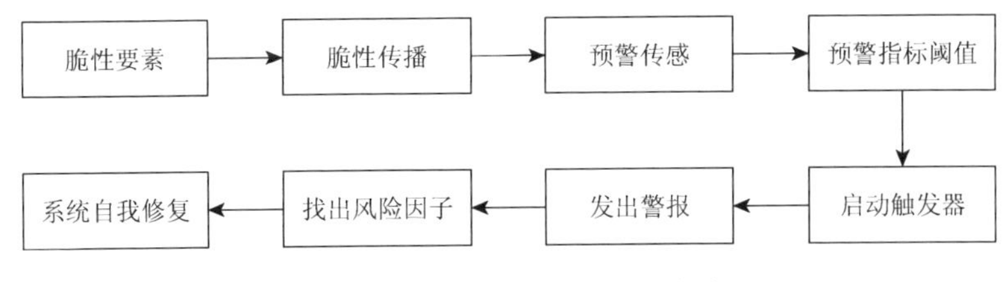

图 6-2　再生资源产业系统预警触发器

3. 确定警限方法

对于再生资源产业系统脆性的警限，在明确其设定原则和设计原理之后，还需要采用相适用的方法加以确定。目前，主要有相对和绝对两大确定方法。

相对确定法是根据区域性、时间性、指标数据本身的分布情况，利用数理统计方法确定阈值，包括系统化方法、控制图方法和突变理论方法等。第一，系统化方法需要对相当长一段时间内的预警对象发展的总体情况进行定性分析与总结，要求警情指标至少有一半以上年份处于同一警限范围内，在系统预警与调控实践中的可行性仍需进一步探讨。第二，控制图方法以异常点报警判断启动系统反馈反应机制，通常取决于小概率事件的发生，在保证系统具有稳定状态能力的基础上，又要考虑系统受到脆性激发时预警触发器的检出能力，这种方法要求预警指标必须服从正态分布 $N(\mu,\sigma^2)$，当某一影响因子落在 $[\mu-3\sigma,\mu+3\sigma]$ 之外，即马上报警提示系统管理人员加以修复。第三，突变理论方法是在分析风险预警指标变化规律和趋势的基础上，构建相应的突变函数模型来确定非连续突变的临界点，虽然这一方法对数学模型的操作能力要求较高，但仍旧是预警指标确定阈值的理想方法。

绝对确定法是指可直接参照的有国际、国家、行业或地方政府规定的现有标准，确定相关指标的阈值，不需要使用数理统计方法进行计算。国际标准为国际组织与部门发布的一些有关标准，如《联合国气候变化框架公约》、《京都议定书》、《巴黎协定》等确立的各国气候变化国际合作的目标。国家、行业或企业已发布的再生资源产业相关标准，如《清洁生产标准 制订技术导则》（HJ/T 425—2008）、《国家生态工业示范园区标准》（HJ 274—2015）等行业标准，《报废汽车回收拆解企业技术规范》（GB 22128—2008）、《车用压燃式、气体燃料点燃式发动机与汽车车载诊断（OBD）系统技术要求》（HJ 437—2008）、《机动车强制报废标准规定》（商务部〔2012〕12 号）等国家标准，示范性再生资源产业园区标准、总体与具体发展目标、工业固废资源化效率、绿化率要求、节能减排标准等地方标准。

此外，再生资源产业系统脆性预警涉及的指标类型较为复杂，要对某一时点每个指标使用绝对确定法较为困难。更有一些指标虽然对整个再生资源产业系统脆性预警具有实质性的重要意义，但目前并不存在绝对临界阈值的参考值，则需要结合专家经验知识和系统边界内的实际状况来确定阈值绝对标准，并对征集的各个领域专家意见加以综合、整理、归纳、结果反馈，得到参考价值较高的临界值。

6.2.2　脆性风险调控程序

根据系统原理，结合再生资源产业系统的实际运行特点，对该系统脆性风险控制的结构和协调控制的类型进行分析，以确定脆性风险调控的程序。

1. 脆性风险控制的结构

再生资源产业系统与一般复杂工业系统主要环节组成类似，按照该产业系统调控策略的不同，其协调控制结构可划分为：集中控制、分散控制和递阶控制。具体调控策略包括控制手段、监测过程、管理信息流动、资源化过程、脆性风险等，根据调控策略的集中与否，辨别集中控制与分散控制结构方案，处于两者之间的递阶控制结构方案是指在再生资源产业系统调控中，进行分级递阶式控制、监测、管理、信息传递、风险传导等，它弥补了前两者控制方案的缺点，是一种宝塔式的树型控制结构，故障风险分散，控制的有效性较高。因此，递阶控制结构方案在系统控制实践中得到了广泛的应用，是再生资源产业系统较为适用的控制结构。

但是，再生资源产业系统的结构是复杂的、多样化的，可能是这三种基本结构其中之一，或者它们的变形和组合，同样形成三种控制结构方案：多级控制、多层控制与多段控制。根据再生资源产业系统脆性状况，可在以上三种控制结构方案的基础上进一步组合，构成不同的再生资源产业系统脆性的控制结构方案。

2. 脆性系统的协调控制

通过脆性风险预警触发器的设立，调整再生资源产业系统供应、回收、资源化和市场化四个子系统，以及四个子系统所包含的各要素之间相互作用的方式与整个产业系统功能，有助于获得符合该产业系统预期目标的协调控制效果。

再生资源产业系统在外界环境与系统状况发生变化时，可以利用相关控制理论与方法，如经济投入产出控制、多变量协调控制理论、系统动力学等概念和方法，根据系统自身设定的系统结构与调控目标，对系统的输入端进行协调控制，做合理、适当的输入端要素调整，研究再生资源产业系统的协调控制问题。

在递阶式协调控制方案中，再生资源产业系统协调控制的任务是实现系统自身的“协调化”，即通过系统动力学、投入产出分析等方法的分析与调控，供应、回收、资源化和市场化四个子系统相互制约和相互促进，在实现供应、回收、资源化和市场化子系统的子目标和子任务基础上，最终实现再生资源产业系统的总目标和总任务。

在分散式协调控制方案中，由于再生资源产业系统结构中各个子系统没有上级协调，只能依靠供应、回收、资源化和市场化同级子系统之间的相互通信联络，实现整个系统的协调控制。一般可分为如下四种方法。第一种是导引协调方法，即在再生资源产业整体系统中选取主导子系统和从属子系统，主导子系统负责对各从属子系统的工作状态发出不同的协调控制信号，避免系统脆性风险出现的导引协调控制过程，共同实现再生资源产业系统的总目标、总任务。第二种方式为循环协调，平等对待再生资源产业系统中的四个子系统，按照某种顺序（如顺时针或逆时针）进行循环。例如，再生资源产业链的产品流动方向，以串行方式，依次进行顺时针循环式协调，相邻的子系统既是协调者，又是被协调者。第三种方法是分组协调，根据供应、回收、资源化和市场化子系统之间耦合的强弱以及对调控目标的差异等具体情况，将各个子系统划分为若干组，并采用不同的协调方案。第四种是全息协调方法，即对任何两个子系统之间都具有双向的协调信息通道，供应、回收、资源化和市场化子系统两两之间进行双向协调，以便更好地实现再生资源产业系统的总目标、总任务。总之，在再生资源产业系统中，这四种协调方案可以相互结合，灵活应用。根据现实经济社会状况对再生资源产业系统提出约束条件，灵活应用如上三种协调方案，从而规避系统脆性风险带来的危害。

3. 脆性风险的调控过程

根据再生资源产业系统脆性程度评价和预警触发器制定，脆性风险调控的过程是按照闭环控制系统原理进行，即对供应、回收、资源化和市场化四个子系统的调控目标进行确定与集成，得到系统脆性综合调控的目标，进行系统脆性度评价。如果脆性评价的结果触动了预警触发器，则需要通过系统动力学仿真来制定合适的调控策略，最后根据实际运行效果与仿真预测数值间的偏差及时反馈信息回调控主体，从而调控受控系统状态。这是一个动态循环的过程，通过预警触发器和系统动力学调控进行周而复始的运行，最终实现再生资源产业系统的稳定运行。整个脆性风险调控过程分为以下几个阶段，其风险调控程序如图 6-3 所示。

第一阶段，了解受控脆性源。脆性风险调控程序的实施过程，实质是调控主体在受控脆性对象的多种可能状态中进行选择的过程。必须通过对调控对象进行调查研究，分析其目前的状态及预测未来可能的运动状态，才能有效地达到规避或者降低再生资源产业系统脆性风险的目标。

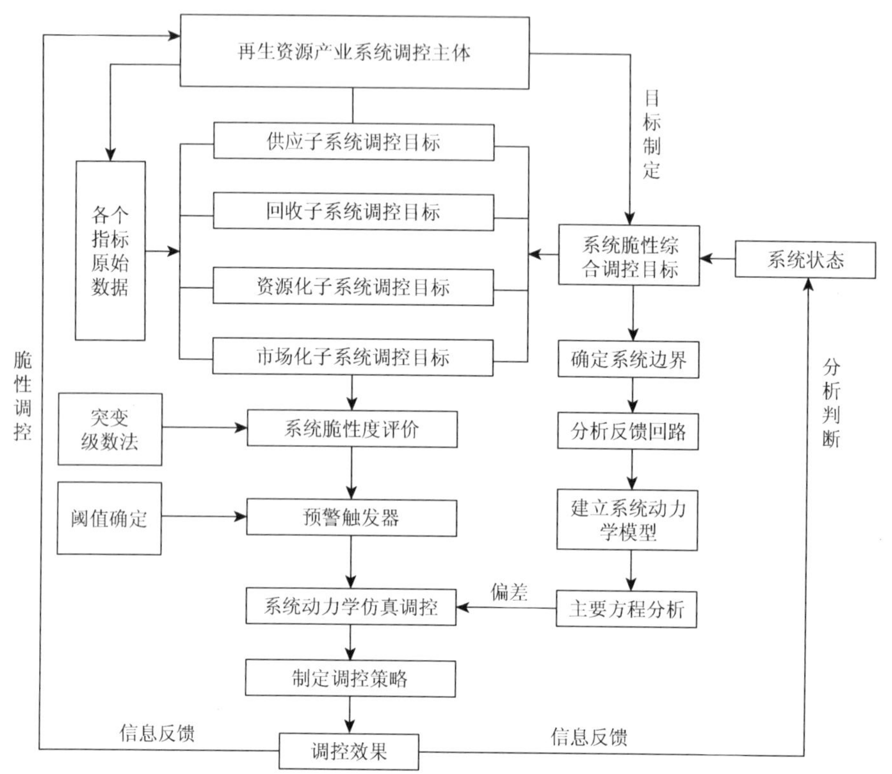

图 6-3　再生资源产业系统脆性风险调控过程

第二阶段，确定系统脆性综合调控目标。实质上是确定再生资源产业系统调控主体多种可能的运动状态所引发的最优系统配置的过程，即由调控主体想要再生资源产业系统达到的稳定、可持续发展状态来确定。再生资源产业系统脆性调控目标是多元的，也是多层次的，要根据实际情况及调控主体的约束条件，在制定供应、回收、资源化及市场化四个子系统脆性调控目标的基础上，制定整个产业系统的脆性调控目标。

第三阶段，反馈调控信息，即一种动态的、循环的信息传递方式。再生资源产业系统在成长和发展过程中，将会经历多种不同的运行状态。参考子系统与整个系统脆性调控目标中描述的受控对象对再生资源产业系统的期望状态，再生资源产业系统的实际运行状态与期望运行状态之间总是会存在一定偏差，必须将这些偏差的方向和幅度控制在合理范围内，并将这些偏差的动态反馈信息加以收集和处理，再指导调控主体做出适当的变化，从而选择并实施合理的调控策略。

第四阶段，系统动力学仿真。通过比较系统脆性度评价的结果与预期制定的警限阈值，确定再生资源产业系统的脆性程度是否通过脆性风险预警触发器。如果启动了预警触发器，则必须通过系统动力学仿真进行系统状态情景分析。从不同子系统的关键脆性影响因子出发，考虑各个关键脆性影响因子变动为整个系统带来的状态变化，通过系统动力学仿真为各种变化预测调控所带来的效果，选择符合系统脆性调控目标的调控方案。

第五阶段，制订调控方案。这是再生资源产业系统脆性风险调控程序的关键步骤，调控策略制定的好坏，直接影响系统将要采用什么手段实现脆性调控目标，能否最终顺利实现调控目标。如果通过脆性风险预警触发器，再生资源产业系统就维持目前状态；反之，就要更改现有或提出新型策略实施脆性风险规避式调控。按照系统在产业链运行和决策管理的不同环节，可以分为管理、组织、法律、科研、政策、信息、物流等方面。考虑来自系统内部和外部多方面的因素，由再生资源管理部门、经营部门、监督部门会同其他相关部门和社会组织，对脆性调控策略进行详细的科学分析，避免系统脆性风险。

第六阶段，实施调控方案。再生资源管理部门、经营部门、监督部门应积极会同其他相关部门参与、协作，综合各个部门的调控手段贯彻执行调控方案。但是，不同脆性调控手段之间很容易出现冲突或不协调现象，应通过系统动力学仿真过程进行情景预测与分析，实现脆性调控手段之间的协调性与一致性，避免各个策略之间产生相互抵消的副作用，从而保证再生资源产业系统的稳定运行。

第七阶段，调控脆性状态。通过再生资源产业系统调控策略的选择与实施来调整其运行状态，通过调控实施、调控方案和调控目标来修正调整偏差，逐步使再生资源产业系统状态向脆性风险调控目标靠近，即使出现脆性风险的可能性降到最低，使再生资源产业系统保持可持续发展趋势。

6.3　动态反馈视角下的多维临界调控

6.3.1　系统边界确定

在确定系统边界的过程中，应力图反映其内部动态结构及反馈机制，将与建模目的密切相关的变量都划入界限，同时保证系统边界一定是封闭的。对于难以定量核算的变量，采取能简则简的原则，剔除不必需的变量，下面就哪些因素是影响系统行为的变量进行分析。

再生资源产业系统是一个复杂的动态系统，作为一个新兴战略型产业，受到来自系统内部和外部众多脆性因子的影响。按照确定系统边界的原则，考虑每一个子系统及其相关的主要影响因素和反馈回路，尽量完整地建立能充分反映出再生资源产业系统脆性风险问题的模型。

基于上面的认识，本书的研究将选取供应子系统、回收子系统、资源化子系统和市场化子系统，选内部环境中的工业 GDP 和管理因素、外部环境中的技术因素和基础投资额作模型的检验试验。在具体分析时，本书将给出供应子系统、回收子系统、资源化子系统和市场化子系统的因果关系图和流图，以观察综合作用下的再生资源产业系统脆性风险管理。

6.3.2 因果关系图分析

因果关系图（casual loop diagram，CLD），是表示系统反馈结构的重要工具，可利用反馈环表达系统内部各要素间的因果关系，探究系统动态形成的原因，并引出再生资源产业系统的系统动力学模型。

再生资源产业整个系统的因果链过于复杂，交叉影响很多，不利于找出系统动态反馈的效果变化，可先从供应子系统、回收子系统、资源化子系统及市场化子系统的因果关系分别进行分析。

1. 供应子系统

再生资源产业系统中的供应子系统，主要指产品报废量的保证过程，受相关产业发展水平、人均消费能力等因素的影响。这些因素的变化，会直接影响产品报废数量的多少，从而随系统内产业链的产品流向，使得剩余三个子系统发生连锁反应。供应子系统的因果关系，如图 6-4 所示。

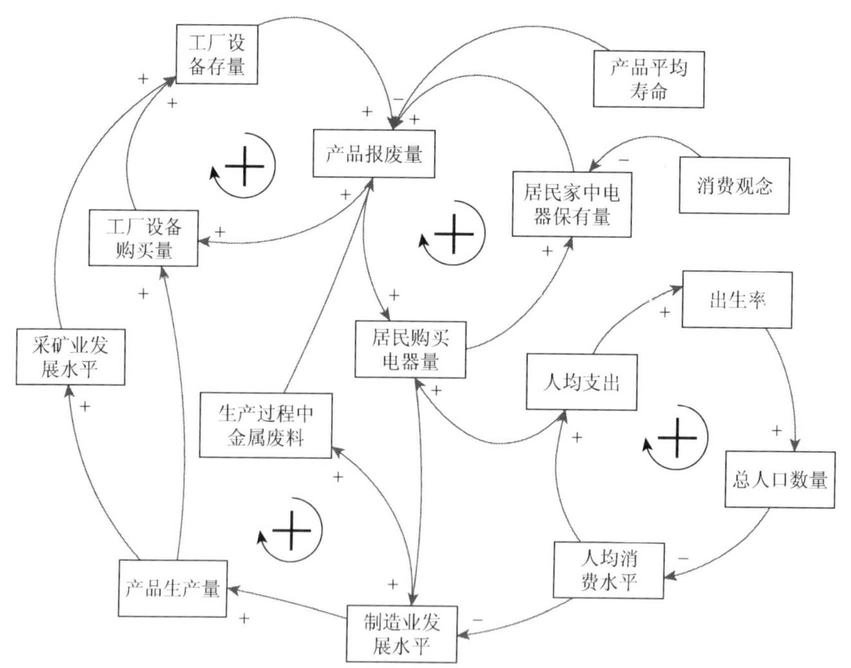

图 6-4　供应子系统因果关系图

由图 6-4 可知，供应子系统中促进产品报废量增加的几个主要反馈回路有以下五条。

（1）“出生率”→+“总人口数量”→–“人均消费水平”→+“人均支出”→+“出生率”。

（2）“工厂设备购买量”→+“工厂设备存量”→+“产品报废量”→+“工厂设备购买量”。

（3）“产品报废量”→+“居民购买电器量”→+“居民家中电器保有量”→+“产品报废量”。

（4）“制造业发展水平”→+“产品生产量”→+“采矿业发展水平”→+“工厂设备存量”→+“产品报废量”→+“居民购买电器量”→+“制造业发展水平”。

（5）“产品报废量”→+“居民购买电器量”→+“制造业发展水平”→+“生产过程中金属废料”→+“产品报废量”。

2. 回收子系统

再生资源产业系统中的回收子系统，主要受物流能力、政策制度脆性因素影响。若物流能力不足，会使得报废的产品不能及时运送到回收子系统，严重时造成资源化子系统车间内停产，也会占用供应子系统内的大量资源，影响供应子系统的正常运行。回收子系统的因果关系，如图 6-5 所示。

由图 6-5 可知，促进再生资源回收量增加的几个主要反馈回路有以下六条。

（1）“再生资源回收量”→+“回收企业数量”→+“从业人数”→+“回收中心处理能力”→+“回收率”→+“再生资源回收量”。

（2）“再生资源产业工业总产值”→+“政策激励”→+“环保宣传意识”→+“再生资源回收量”→+“再生资源产业工业总产值”。

（3）“再生资源产业工业总产值”→+“基础设施投资”→+“物流运输”→+“陆运能力”→+“再生资源回收量”→+“再生资源产业工业总产值”。

（4）“物流运输”→+“船运能力”→+“进口废七类产品”→+“再生资源回收量”→+“物流运输”。

（5）“再生资源产业工业总产值”→+“政策激励”→+“政府补贴”→+“回收中心处理能力”→+“回收率”→+“再生资源库存”→+“再生资源回收量”→+“再生资源产业工业总产值”。

（6）“再生资源回收量”→+“再生资源产业工业总产值”→+“政策激励”→+“对外开放度”→+“进口废七类产品”→+“再生资源回收量”。

3. 资源化子系统

资源化子系统的构成较其他子系统更为复杂，包含的脆性影响因子较多，政

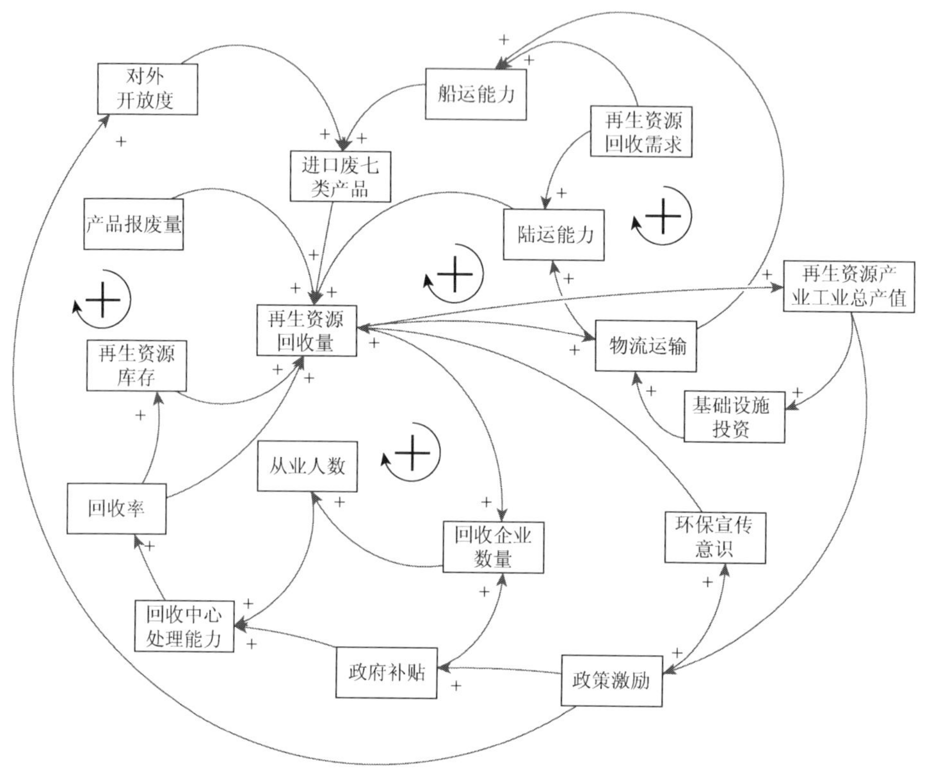

图 6-5　回收子系统因果关系图

策制度、技术水平、设备能力和管理水平同时对该子系统产生作用，如果政策支持力度较小、废弃资源利用率较低、设备能力较差或者从业人品素质较低，都会使得资源化子系统出现失稳现象，使其减小原料需求或者降低销量，激发回收和市场化子系统的脆性风险。资源化子系统的因果关系，如图 6-6 所示。

由图 6-6 可知，资源化子系统的几个主要反馈回路有以下四条。

（1）“再生材料产量”→+“再生资源产业工业总产值”→+“从业人员工资”→+“从业人数”→+“管理人员水平”→+“教育程度”→+“技术水平”→+“有色金属提取量”→+“再生材料产量”。

（2）“再生资源产业工业总产值”→+“资产配置能力”→+“科技投资”→+“技术水平”→+“再制造产品产量”→+“再生资源产业工业总产值”。

（3）“有色金属提取量”→–“原生金属材料需求量”→+“采矿业发展水平”→+“再生资源回收量”→+“有色金属提取量”。

（4）“再制造产品产量”→+“再生资源产业工业总产值”→+“资产配置能力”→+“科技投资”→+“技术水平”→+“有色金属提取量”→+“再生材料产量”→+“再生资源产业工业总产值”。

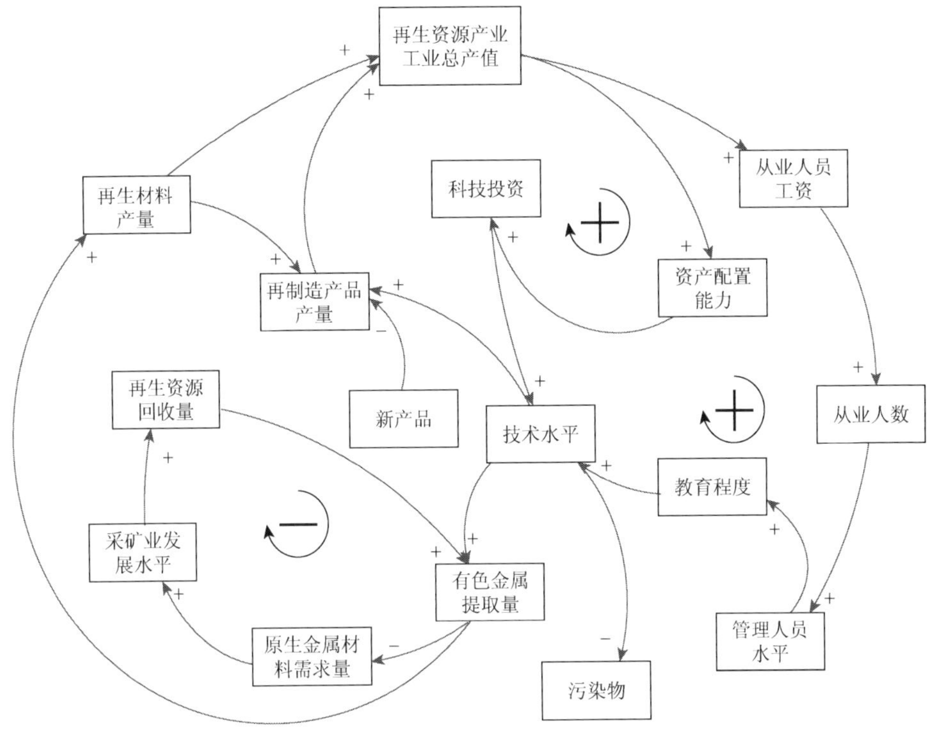

图 6-6　资源化子系统因果关系图

4. 市场化子系统

市场化子系统的脆性因子较少，由管理水平和经济规模决定。它们的增减，会直接影响再生资源产业工业总产值的变化。目前，在系统实际运行中，再生资源产业的再生产品处于供不应求状态，市场化子系统属于脆性风险最小的一个子系统。具体脆性因素、互相之间的关系，以及它们变化所引起的连锁反应效果，如图 6-7 所示。

由图 6-7 可知，市场化子系统中与再生资源产业工业总产值相关的几个主要反馈回路有以下六条。

（1）“再生资源产业工业总产值”→+“利税”→+“政府退税补贴”→+“企业数量”→+“企业规模”→+“从业人数”→+“销售人员水平”→+“商贸体系建设”→+“再生材料销售量”→+“再生资源产业工业总产值”。

（2）“再生材料销售量”→+“基础设施投资”→+“商贸体系建设”→+“再生材料销售量”。

（3）“再制造产品销售量”→+“再生资源回收量”→+“新产品销售量”→–“订单要求”→+“再制造产品销售量”。

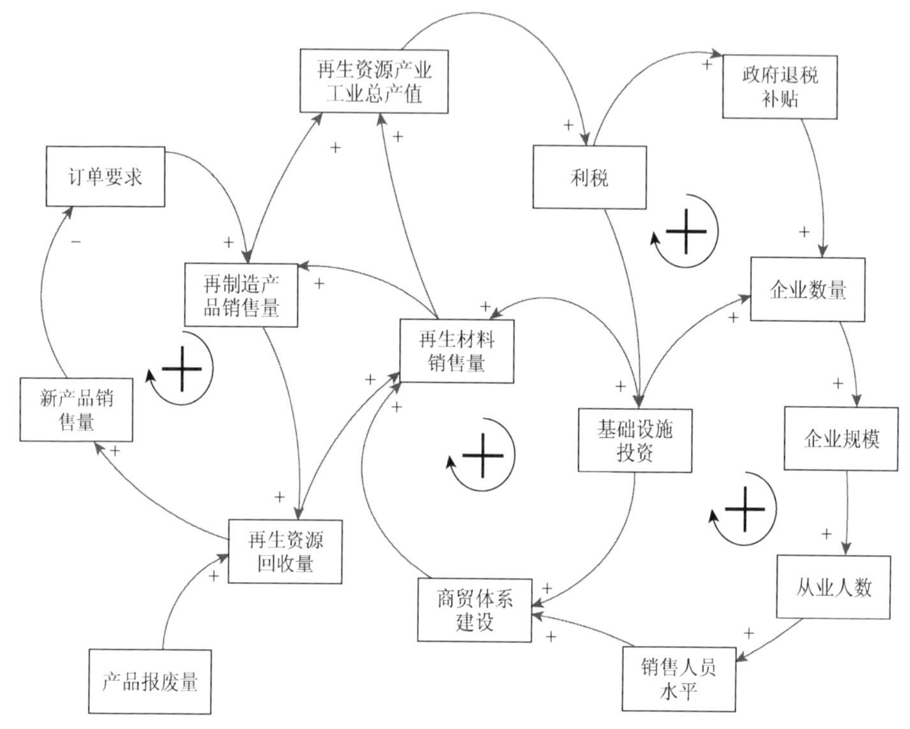

图 6-7　市场化子系统因果关系图

（4）“再生资源产业工业总产值”→+“利税”→+“基础设施投资”+“商贸体系建设”→+“再生材料销售量”→+“再生资源产业工业总产值”。

（5）“再生材料销售量”→+“基础设施投资”→+“企业数量”→+“企业规模”→+“从业人数”→+“销售人员水平”→+“商贸体系建设”→+“再生材料销售量”。

（6）“再制造产品销售量”→+“再生资源产业工业总产值”→+“利税”→+“基础设施投资”→+“再生材料销售量”→+“再制造产品销售量”。

综上所述，可得再生资源产业系统的因果关系，如图 6-8 所示。

6.3.3　系统动力学模型及仿真

根据因果关系图，将其转化为再生资源产业系统动力学流程图，明确系统的定量关系与控制过程，如图 6-9 所示。再生资源产业系统极为复杂，统计数据不够连续、全面和精确，在此只能初步了解系统各个部分基本的行为趋势，因此一些非关键性因素并不放入模型中研究。再生资源产业系统模型中包括状态变量、速率变量、辅助变量和常量，模型中的变量个数为 60 个，如表 6-1 所示。

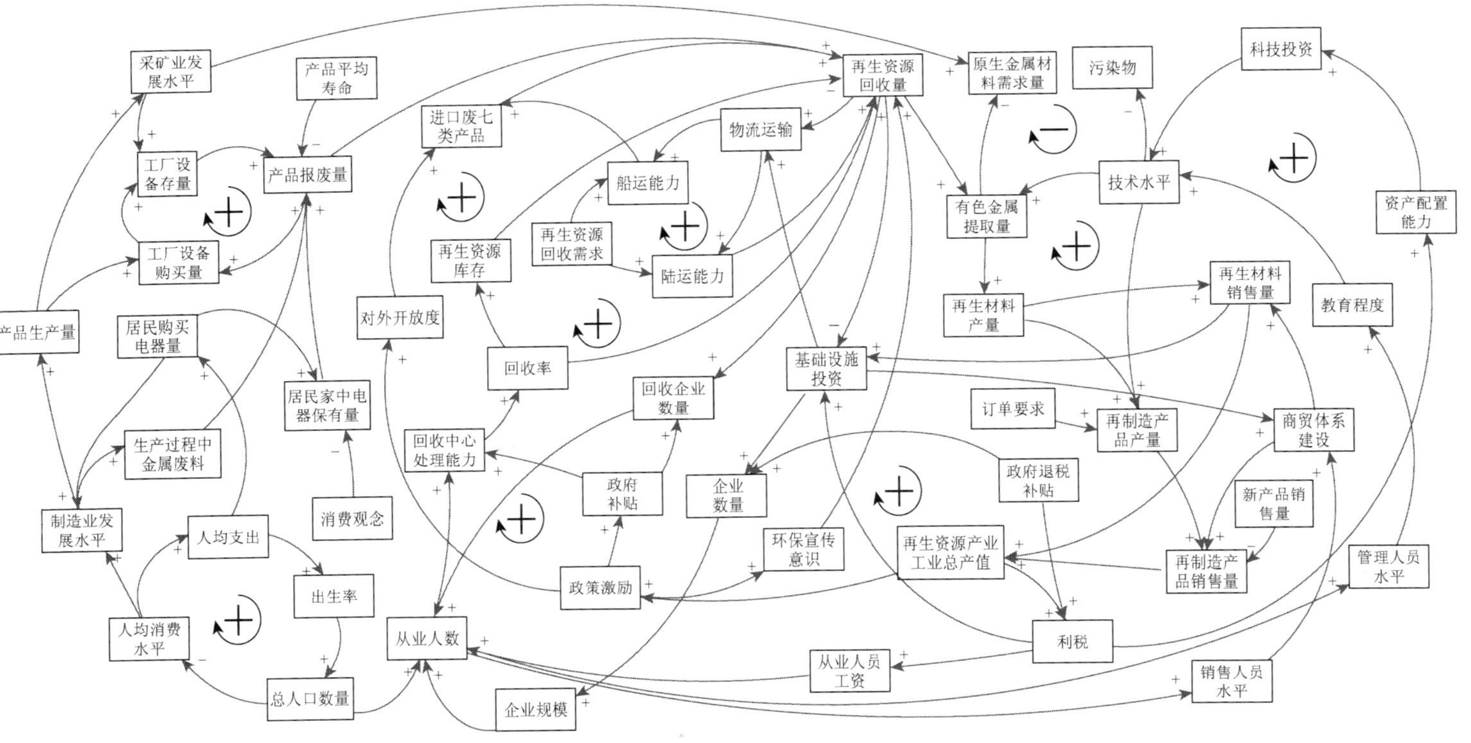

图 6-8　再生资源产业系统因果关系图

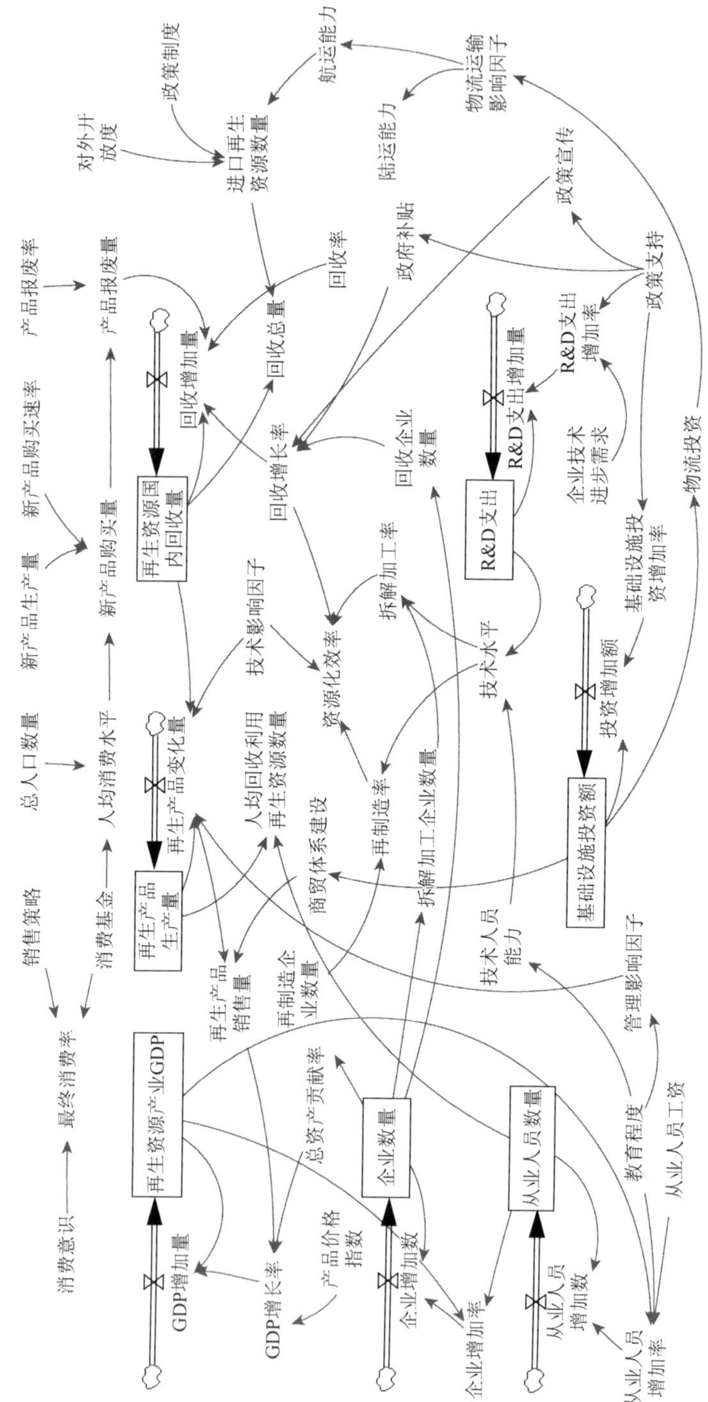

图 6-9　再生资源产业系统的系统动力学模型

表 6-1 系统模型变量表

序号	变量名称	类型	变量单位	序号	变量名称	类型	变量单位
1	消费意识	辅助	台	31	资源化效率	速率	Dmnl
2	最终消费率	速率	Dmnl	32	再制造率	速率	Dmnl
3	销售策略	辅助	台	33	回收增长率	速率	Dmnl
4	消费基金	辅助	亿元	34	再生资源国内回收量	状态	亿吨
5	人均消费水平	辅助	万元	35	回收增加量	辅助	亿吨
6	总人口数量	辅助	亿人	36	回收总量	辅助	亿吨
7	新产品生产量	辅助	亿台	37	进口再生资源数量	常量	亿吨
8	新产品购买速率	速率	Dmnl	38	对外开放度	辅助	Dmnl
9	新产品购买量	辅助	亿台	39	政策制度	辅助	Dmnl
10	产品报废率	速率	Dmnl	40	航运能力	辅助	Dmnl
11	产品报废量	辅助	亿台	41	陆运能力	辅助	Dmnl
12	再生资源产业 GDP	状态	亿元	42	基础设施投资增加率	速率	Dmnl
13	GDP 增加量	辅助	亿元	43	回收率	速率	Dmnl
14	GDP 增加率	速率	Dmnl	44	政府补贴	辅助	万元
15	再生产品销售量	辅助	亿吨	45	政策宣传	辅助	万元
16	产品价格指数	辅助	Dmnl	46	从业人员工资	辅助	万元
17	总资产贡献率	速率	Dmnl	47	回收企业数量	辅助	个
18	再生产品生产量	状态	亿吨	48	拆解加工率	速率	Dmnl
19	再生产品变化量	辅助	亿吨	49	R&D 支出	状态	万元
20	人均回收利用再生资源数量	辅助	万吨/人	50	R&D 支出增加量	辅助	万元
21	商贸体系建设	辅助	Dmnl	51	R&D 支出增加率	速率	Dmnl
22	技术影响因子	常量	Dmnl	52	企业技术进步需求	辅助	Dmnl
23	政策支持	辅助	Dmnl	53	物流投资	辅助	亿元
24	物流运输影响因子	辅助	Dmnl	54	基础设施投资额	状态	亿元
25	投资增加额	辅助	亿元	55	企业数量	状态	个
26	拆解加工企业数量	辅助	个	56	企业增加数	辅助	个
27	技术人员能力	辅助	Dmnl	57	企业增加率	速率	Dmnl
28	从业人员数量	状态	万人	58	再制造企业数量	辅助	个
29	管理影响因子	常量	Dmnl	59	从业人员增加数	辅助	万人
30	教育程度	辅助	Dmnl	60	从业人员增加率	速率	Dmnl

由于系统动力学模型较为复杂，并且再生资源产业系统的相关统计数据不够完备，需要将一些无法定量表示的变量作为隐藏变量进行处理。根据系统脆性影响的过程及机理，对系统动力学模型中的主要方程进行仿真，需要注意模型初始值和仿真时间的设定。

模型初始值是指模型中需要赋予初始值变量的设定。根据模型结构流程图，再生资源产业系统中需要赋予初始值的变量有 5 个。这些变量的初始值都是根据基准年 2004 年实际情况来确定的，具体如下：根据 2004 年《中国统计年鉴》数据，将模型中初始再生资源产业 GDP 确定为 202.8 亿元，企业数量为 3811 个，从业人员数量为 8.66 万人，基础设施投资额为 41.3 万元；根据《2009 年中国再生资源综合利用年鉴》，将模型中初始再生资源回收量确定为 1.07 亿吨。

此外，取时间步长为 1 年，仿真的完成时间为 26 年。根据前文所建立的结果关系和数学模型，设定模型初始值和参数估计值，根据系统动力学软件 Vensim 仿真程序，模拟全国 2004～2030 年再生资源产业系统的运行情况。得到再生资源产业 GDP、企业数量、从业人员数量、再生资源回收数量、人均回收利用再生产品数量和基础设施投资额的模拟数据，具体如下。

1）再生资源产业 GDP

通过对再生资源产业系统的仿真，得到中国 2004～2030 年各年的再生资源产业 GDP 模拟数据，如表 6-2 所示。

表 6-2　再生资源产业 GDP 仿真结果（单位：亿元）

年份	2004	2005	2006	2007	2008	2009	2010
GDP	202.8	233.2	268.2	308.4	354.7	407.9	469.1
年份	2011	2012	2013	2014	2015	2016	2017
GDP	539.4	620.3	713.4	820.4	943.5	1085	1247.7
年份	2018	2019	2020	2021	2022	2023	2024
GDP	1434.9	1650.1	1897.6	2182.3	2509.6	2886.1	3319
年份	2025	2026	2027	2028	2029	2030	
GDP	3816.8	4389.3	5047.7	5804.9	6675.6	7677	

由再生资源产业 GDP 仿真结果可知，该产业在 2004～2009 年处于飞速发展阶段，增长速率约为 34%，远远高于其他产业。如果按照这一发展趋势对 2009 年后十年再生资源产业 GDP 预测，在 2019 年可达到 1650.1 亿元。

2）企业数量

根据再生资源产业企业数量数值，对系统进行仿真，得到中国 2004～2019 年各年的再生资源产业企业数量的模拟数据，如表 6-3 所示。

表 6-3　再生资源产业企业数量仿真结果（单位：个）

年份	2004	2005	2006	2007	2008	2009	2010
企业数量	3 811	4 002	4 202	4 412	4 632	4 864	5 107
年份	2011	2012	2013	2014	2015	2016	2017
企业数量	5 362	5 631	5 912	6 208	6 518	6 844	7 186
年份	2018	2019	2020	2021	2022	2023	2024
企业数量	7 546	7 923	8 319	8 735	9 172	9 630	10 112
年份	2025	2026	2027	2028	2029	2030	
企业数量	10 617	11 148	11 706	12 291	12 905	13 551	

由再生资源产业企业数量的仿真结果可知，该产业规模快速扩大，2004～2030 年处于缓慢发展阶段，新投产的企业、项目和聚集区不断增加，增长速率约为 5%。如果未来十年按照这一趋势发展，再生资源产业企业单位数在 2030 年可达到 13 551 个。

3）从业人员数量

参考《中国统计年鉴》（2005～2016）中该产业全部从业人员年平均人数的数值，发现从业人员数量呈震荡不规则化增长，在 2005 年达到最低后逐渐快速增长。按照这一规律对从业人员数量增长率逐年设定，并以全部从业人员年平均人数的数值代表年从业人员数量，利用表函数法对再生资源产业系统进行仿真，得到中国 2004～2030 年各年的从业人员年平均数量模拟数据，如表 6-4 所示。

表 6-4　再生资源产业从业人员年平均数量仿真结果（单位：万人）

年份	2004	2005	2006	2007	2008	2009	2010
年平均人数	8.66	4.33	5.63	6.75	14.18	13.48	13.88
年份	2011	2012	2013	2014	2015	2016	2017
年平均人数	16.66	18.32	19.97	21.57	23.51	25.39	27.17
年份	2018	2019	2020	2021	2022	2023	2024
年平均人数	29.34	31.98	34.22	35.93	39.52	43.08	46.53
年份	2025	2026	2027	2028	2029	2030	
年平均人数	49.79	52.77	55.41	57.63	59.36	60.54	

由再生资源产业从业人员年平均人数的仿真结果可知，该产业在 2004～2009 年处于震荡增长态势，2005 年的从业人员数量最少，只有 4.33 万人，而 2008 年的增长速率最高，为 2007 年从业人员数量的一倍多。因此，该变量的增加体现为起伏式增长，如果按照这一发展趋势进行预测，在 2030 年可达到 60.54 万人。

4）再生资源回收总量

根据《中国再生资源综合利用年鉴》（2005～2016）中提供的再生资源回收量与进口量数值，对再生资源产业系统中的回收总量进行仿真，得到中国 2004～2030 年年均再生资源回收总量模拟数据，如表 6-5 所示。

表 6-5　再生资源回收总量仿真结果（单位：亿吨）

年份	2004	2005	2006	2007	2008	2009	2010
回收总量	0.90	0.98	1.07	1.17	1.27	1.38	1.51
年份	2011	2012	2013	2014	2015	2016	2017
回收总量	1.65	1.79	1.95	2.13	2.32	2.53	2.76
年份	2018	2019	2020	2021	2022	2023	2024
回收总量	3.01	3.28	3.57	3.89	4.24	4.63	5.04
年份	2025	2026	2027	2028	2029	2030	
回收总量	5.50	6.00	6.53	7.12	7.76	8.46	

由再生资源回收总量仿真结果可知，该变量数值在 2004～2030 年处于缓慢增长阶段，年均增长速率为 9%，与其他工业发展水平增长速率持平。如果未来十几年按照这一发展趋势进行预测，再生资源回收总量在 2030 年时可达到 8.46 亿吨。

5）人均回收利用再生产品数量

根据《“十二五”资源综合利用指导意见》中对废弃物回收率制定的目标，再生资源回收利用率到 2015 年要提高到 70%。因此，可采用表函数法对再生产品的相关影响利用率的因子分时设定数值，从而进行再生资源产业系统中人均回收利用再生产品数量的仿真。中国 2004～2030 年各年的模拟数据，如表 6-6 所示。

表 6-6　再生资源产业人均回收利用再生产品数量仿真结果（单位：万吨）

年份	2004	2005	2006	2007	2008	2009	2010
人均产量	0.06	0.14	0.14	0.15	0.09	0.10	0.13
年份	2011	2012	2013	2014	2015	2016	2017
人均产量	0.13	0.15	0.17	0.19	0.22	0.25	0.28
年份	2018	2019	2020	2021	2022	2023	2024
人均产量	0.31	0.35	0.39	0.45	0.49	0.51	0.52
年份	2025	2026	2027	2028	2029	2030	
人均产量	0.53	0.53	0.53	0.53	0.52	0.50	

由再生资源产业人均回收利用再生产品数量仿真结果可知，在 2004～2009 年处于震荡起伏增长阶段，增长速率并不稳定。2004 年最低，人均产量为 0.06 万吨。由于该变量受到从业人员数量变量和再生产品数量变量的同时影响，如果综合考虑这两个变量发展趋势进行仿真预测，在 2030 年人均产量可达到 0.50 万吨。

6）基础设施投资额

以城镇固定投资总规模代表基础设施投资额，对中国 2004～2030 年各年的基础设施投资额进行仿真模拟，如表 6-7 所示。

表 6-7　再生资源产业基础设施投资额仿真结果（单位：万元）

年份	2004	2005	2006	2007	2008	2009	2010
投资额	41.30	41.71	79.25	142.66	185.46	241.09	257.97
年份	2011	2012	2013	2014	2015	2016	2017
投资额	283.77	425.65	476.73	519.63	545.61	561.98	590.08
年份	2018	2019	2020	2021	2022	2023	2024
投资额	601.88	613.92	632.34	651.31	696.9	836.28	961.72
年份	2025	2026	2027	2028	2029	2030	
投资额	1057.89	1195.42	1386.69	1539.22	1646.97	1943.42	

由再生资源产业基础设施投资额仿真结果可知，2004～2005 年均约为 41 万元，2006 年开始迅速增加。由于政府政策对于再生资源产业的支持和鼓励力度不断加大，可预测未来基础设施投资额在 2030 年将达到 1943.42 万元。

6.3.4　模型检验

1）表达正确性

在分析再生资源产业系统自身脆性关联结构的同时，还要考虑此结构内部包含的因果关系能否反映该系统运行的真实情况，从而构建正确的再生资源产业系统动力学模型。通过全面分析和准确把握再生资源产业 GDP、企业数量、从业人员数量、基础设施投资额四方面指标，引入相关数学方程和模型，在不断调试和运行过程中建立再生资源产业系统动力学模型。

最后，在 Vensim 软件中运行根据系统动力学模型图中所表达的主要方程，通过软件包含的编译检错和跟踪功能，检验再生资源产业系统动力学模型的量纲一致性和表达正确性；由于该模型界限通过了 Vensim 软件相关功能的检验，证明此系统动力学模型结构是可行的。

2）模型有效性

通过对比再生资源产业相关年鉴统计数据的实际数值与模型模拟后的仿真数值，验证上文构建系统动力学模型有效性。具体从再生资源产业 GDP、企业数量、从业人员数量和基础设施投资额四个指标入手，检验模型与我国再生资源产业系统的拟合程度，如表 6-8～表 6-11 所示。

表 6-8　2004～2009 年仿真与实际再生资源产业 GDP 比较表

年份	2004	2005	2006	2007	2008	2009
仿真数值/亿元	202.8	300.1	444.2	657.4	973.0	1440.0
实际数值/亿元	202.8	293.0	420.1	680.7	1137.8	1443.9
误差	0	2%	6%	–3%	–14%	–0.3%

表 6-9　2004～2009 年仿真与实际再生资源产业企业数量比较表

年份	2004	2005	2006	2007	2008	2009
仿真数值/个	3811	4535	5397	6422	7642	9094
实际数值/个	3811	4577	5494	6272	8203	9205
误差	0	–1%	–2%	2%	–7%	–1%

表 6-10　2004～2009 年仿真与实际再生资源产业从业人员数量比较表

年份	2004	2005	2006	2007	2008	2009
仿真数值/万人	8.66	4.33	5.63	6.75	14.18	13.48
实际数值/万人	8.66	4.24	5.51	6.64	14.20	13.65
误差	0	2%	2%	2%	–0.1%	–1%

表 6-11　2004～2009 年仿真与实际再生资源产业基础设施投资额比较表

年份	2004	2005	2006	2007	2008	2009
仿真数值/亿元	41.3	41.7	120.9	217.7	283.1	651.1
实际数值/亿元	41.3	40.9	114.4	211.0	281.8	642.7
误差	0	2%	6%	3%	0.5%	1%

由表 6-8～表 6-11 可知，系统动力学模型中主要状态变量的仿真数值与实际数值之间的误差不超过 15%，可视为模型有效，并且能够进行后续的系统调控分析。

6.4　系统调控策略设计

根据《"十二五"资源综合利用指导意见》中对我国再生资源产业发展制定的基本原则（坚持宏观调控与市场机制相结合；坚持技术创新与高校利用相结合；坚持因地制宜与重点推进相结合），选取管理结构、技术水平、回收利用体系、政策支持四个方面所包含的关键变量，作为调控再生资源产业系统策略设计的主要因素，并借助调控变量，对再生资源产业系统在各参数组合下运行仿真过程，分析不同情景下的系统相应数值对比，进行调控策略设计。

6.4.1　优化系统内部管理结构

再生资源产业系统内部结构的好坏、综合素质的高低，决定了其对外部环境应变能力的强弱。以系统管理水平的提高为基础，结合再生资源产业自身的优势和劣势，把握时机适当地调整内部结构，才能够扬长避短、维持产业运营状态的稳定平衡，避免脆性风险的发生或扩大。若优化系统内部管理结构，提高管理与监测水平，使得各个环节之间实现集成化发展，逐步构成完整、稳定、良好的系统产业链结构，则随着时间递进，管理影响因子对系统的作用越来越低，系统能够呈现自组织运行状态。再生资源产业中的部分再生材料流入下一子系统生产再制造产品，人均利用再生资源数量的增长将小幅上涨，因此微调管理影响因子 2%，比较其仿真结果，如图 6-10 所示。

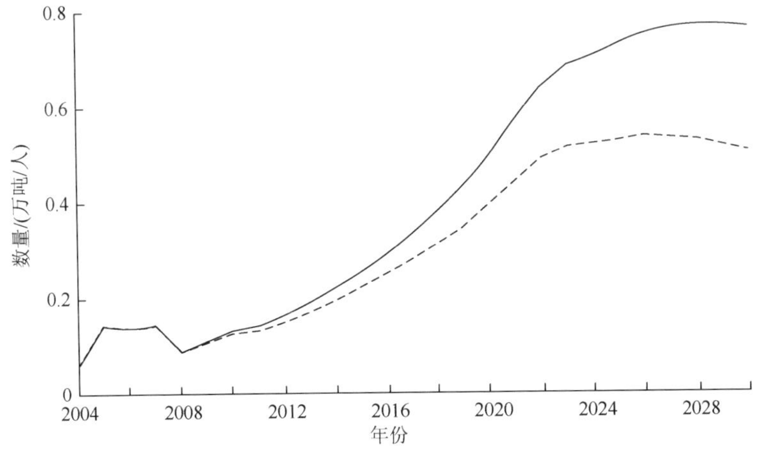

图 6-10　管理影响因子作用下的人均回收利用再生资源数量仿真对比图

通过仿真发现，优化系统内部管理结构，可以同时提高再生产品的生产量和从业人员的数量，导致管理影响因子对人均回收利用再生资源数量的作用并不太敏感，这是由系统特定的静脉产业特性和系统外部的生态环境保护要求所决定的。在近几年产业快速发展的影响下，企业越来越注重管理体制建设。在今后企业发展规划中，会进一步优化人力资源管理流程，强化预算管理机制和内部审计制度建设，建立脆性事件应急体系，为其提供防范脆性事件的理论指导和现实帮助，从而降低管理影响因子作用程度，增加人均回收利用再生资源数量，使其整体保持增长趋势。

6.4.2　提高系统技术研发水平

在包含再制造环节的再生资源产业系统中，需要较高的技术水平做指引，提高再生材料的利用率，增加再生产品的种类、功能及附加价值，满足更多、更专业的市场用户的个性化需求，发展先进的服务型制造模式。因此，保持管理影响因子不变，通过对技术影响因子的改变（同样微调 2%），进行再生资源产业系统中人均回收利用再生资源数量的仿真，结果对比如图 6-11 所示。

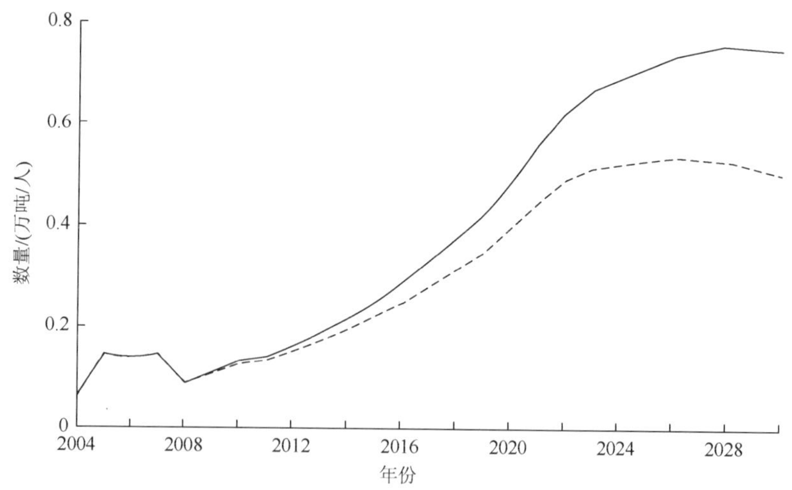

图 6-11　技术影响因子作用下的人均回收利用再生资源数量仿真对比图

通过仿真结果的对比可知，加大技术研发力度，只影响再生产品产量的变化，不影响从业人员的数量。在 2015 年，人均回收利用再生资源数量的仿真数值为

0.22 万吨/人，而管理影响因子作用下的该数值为 0.26 万吨/人，其影响程度要大于管理水平。因此，技术创新和产品研发能力是再生资源产业系统有效运营的生命之源，确立技术创新优势，共享企业内部、外部环境相关的数据或信息，使分布式网络化企业集群成为现实，使系统的发展具有可持续性和延展性，降低脆性风险的出现概率。

6.4.3　完善系统回收利用体系

再生资源回收量分为国内回收量和国外进口量两个部分，国外电子垃圾导致的运输污染很大，国家对其进口的限制较大，其数量近年保持稳定状态。因此，只有通过完善国内回收利用体系，增加国内再生资源回收量，才能保证再生资源系统中供应子系统的正常运行，并应对该产业规模不断扩大的原材料需求。若将回收增长率增加为 12%，则仿真结果对比情况如图 6-12 所示。

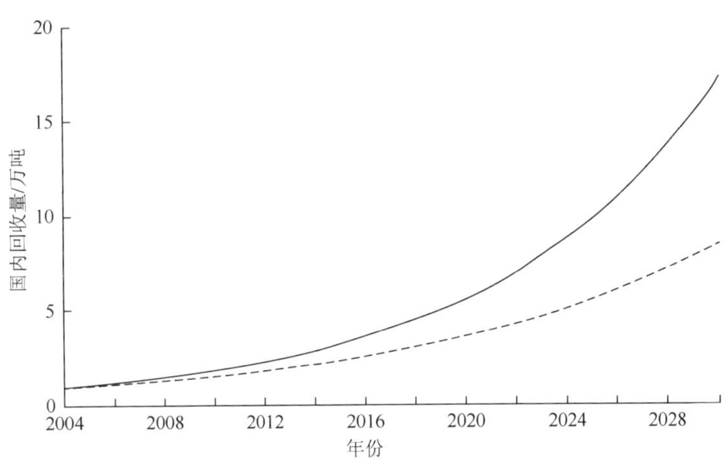

图 6-12　再生资源回收量仿真对比图

由图 6-12 可知，再生资源回收体系的完善，可以有效地实现再生资源回收量的增加，使得产业链各个子系统正常发展，提高整个系统的稳定性，避免或者降低系统脆性风险。因此，需要加快社会回收网点、分拣加工中心、集散交易市场的整合、规范、扩建和新建，构建相对完整的和经济社会发展相匹配的再生资源回收利用体系，同时，逐步向有条件的农村地区推开，实现回收网络的全面覆盖和合理布局，极大地影响再生资源回收率。

6.4.4　加强政策支持与引导

再生资源产业作为我国新兴产业，政策制度因素在其发展过程中的指导作用十分重要，由前文分析可知该因素主要包括回收补贴、基础设施投资额、环保宣传费用等。在加强政策支持与引导的条件下，假设基础设施投资额增加率缓慢上升、企业数量增加率缓慢降低、再生资源产业 GDP 增长率缓慢上升，则仿真结果对比如图 6-13～图 6-15 所示。

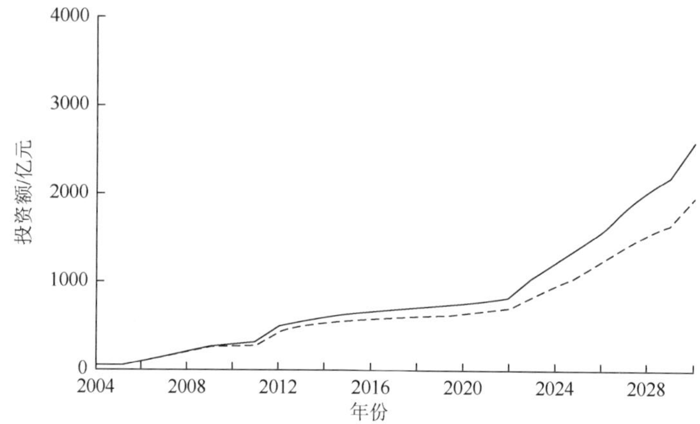

图 6-13　再生资源产业基础设施投资额仿真对比图

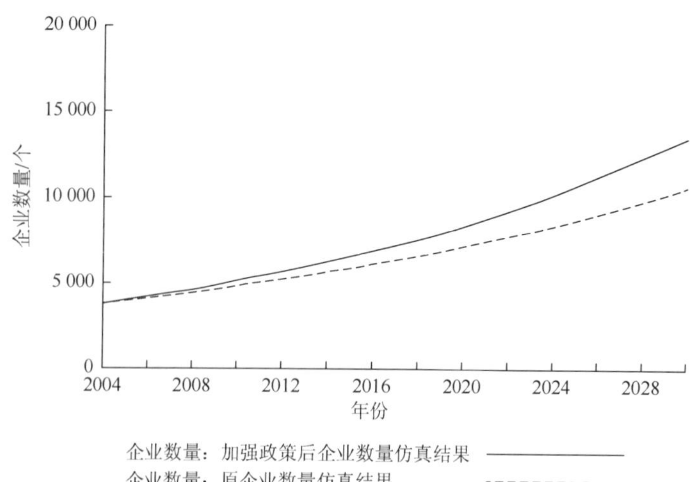

图 6-14　再生资源产业企业数量仿真对比图

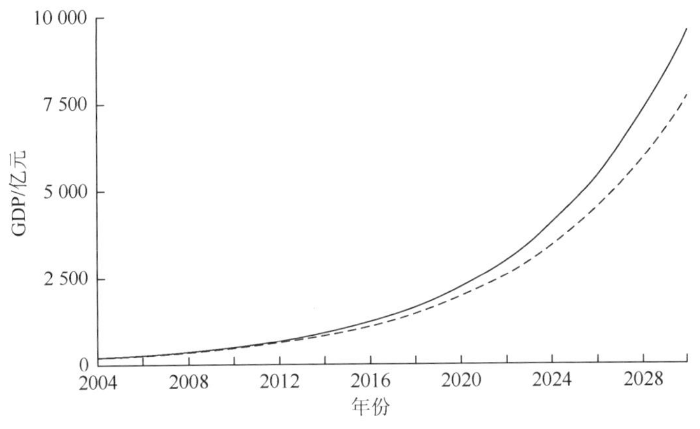

图 6-15　再生资源产业再生资源产业 GDP 仿真对比图

通过三者的仿真对比结果，可知基础设施投资额会缓慢增长，高于原仿真数值；企业数量增长缓慢，总体增长量低于原仿真数值；再生资源产业 GDP 数值保持缓慢的增长状态，略高于原仿真数值。因此，说明加强政策支持与引导，将会使得整个系统的关键变量保持稳定提升，在初始快速成长期后逐步进入成熟发展期，既避免传统的小作坊生产模式以获取高环境代价带来高收益的发展模式，形成规范化、规模化、科学化的发展模式，在一定程度上也极大地影响了再生资源产业系统的形成、发展与壮大，降低了脆性发生的程度。

6.5　本 章 小 结

本章的主要内容是再生资源产业系统脆性多维临界调控，再生资源产业系统多维度调控目标具有多维、多元、多层次的特征，第一层目标为战略性总目标，第二层目标为各子系统的整体性目标，第三层目标为脆性风险预警调控的具体化目标。接下来介绍了系统脆性风险预警设计的原则、原理及方法。并详细介绍了系统脆性风险预警设计和动态反馈视角下的多维临界调控；系统调控策略设计通过选取管理结构、技术水平、回收利用体系、政策支持四个方面所包含的关键变量，作为调控再生资源产业系统策略设计的主要因素，并借助调控变量，对再生资源产业系统在各参数组合下运行仿真过程，分析不同情景下的系统相应数值对比，进行调控策略设计，形成规范化、规模化、科学化的发展模式，在一定程度上极大地影响了再生资源产业系统的形成、发展与壮大，降低了脆性发生的程度。

第 7 章　天津市再生资源产业系统脆性分析与调控

7.1　基金补贴政策：天津市再生资源产业回收处理实践

7.1.1　废弃资源回收政策

为了促进再生资源的回收利用，促进再生资源回收行业的健康有序发展，节约资源，保护环境，促进税收公平和税制规范，经国务院批准，决定调整再生资源回收与利用的增值税政策，取消了废旧物资回收经营单位销售其收购的废旧物资免征增值税和生产企业增值税一般纳税人购入废旧物资回收经营单位销售的废旧物资，可按照废旧物资回收经营单位开具的由税务机关监制的普通发票上注明的金额，按 10%计算抵扣进项税额的政策。天津市严格按照国务院下发的相关标准，制定了相关补贴政策。

1）废旧电子信息产品

2016 年 1 月 1 日，《废弃电器电子产品处理基金补贴标准》正式实施，该标准由财政部、环境保护部等四部委发布，就废弃电器电子产品的标准进行调整，电视机方面分为 2 个档次，分别为 60 元/台、70 元/台，微型计算机为单独档次 70 元/台，洗衣机则与电视机档次相同，分别为 35 元/台、45 元/台，电冰箱为 80 元/台，空气调节器为 130 元/台。另外，回收再产的炼钢炉料只要符合国家相关技术标准和条件，则对其实行按增值税退税 30%的政策。

2）报废汽车及黑色金属设备

报废汽车、报废摩托车、报废船舶、废旧农机具、报废机器设备、废旧生活用品、工业边角余料、建筑拆解物等产生或拆解出来的废钢铁：2009 年在已安排老旧汽车报废更新补贴资金 10 亿元的基础上，再安排 40 亿元，对符合一定使用年限要求的中、轻、微型载货车和部分中型载客车，以及“黄标车”适度提前报废并换购新车，给予不高于同型车辆单辆车辆购置税金额补贴。具体为：中型载货车 6000 元、轻型载货车 5000 元、微型载货车 4000 元、中型载客车 5000 元、轻型载客车 4000 元、微型载客车 3000 元、其他车型 6000 元。另对其回收再产的炼钢炉料要求其中产品原料占比 95%以上；炼钢炉料符合《废钢铁》（GB 4223—2004）规定的技术要求；法律、法规或规章对相关废旧产品拆解规定了资质条件的，纳税人应当取得相应的资质；纳税人符合工业和信息化部《废钢铁加工行业准入条件》的相关规定，炼钢炉料的销售对象应为符合工业和信息化部《钢铁行业规范条件》或《铸造行业准入条件》并公告的钢铁企业或铸造企业，对其实行按增值税退税 30%的政策。

3）废旧轮胎及橡塑

废塑料、废旧聚氯乙烯（PVC）制品、废橡胶制品及废铝塑复合纸包装材料为原料生产的汽油、柴油、废塑料（橡胶）油、石油焦、炭黑、再生纸浆、铝粉、汽车用改性再生专用料、摩托车用改性再生专用料、家电用改性再生专用料、管材用改性再生专用料、化纤用再生聚酯专用料（杂质含量低于 0.5g、水分含量低于 1%）、瓶用再生聚对苯二甲酸乙二醇酯（PET）树脂（乙醛含量小于等于 1μg/g）及再生塑料制品，只要符合国家相关技术标准和条件，则对其实行增值税即征即退 50%的政策。

对已回收的废旧轮胎和废橡胶制品再生产的胶粉、翻新轮胎、再生橡胶等产品，其中产品原料占比 95%以上且胶粉符合《硫化橡胶粉》（GB/T 19208—2008）规定的技术要求，翻新轮胎符合《载重汽车翻新轮胎》（GB 7037—2007）、《轿车翻新轮胎》（GB 14646—2007）或《工程机械翻新轮胎》（HG/T 3979—2007）规定的技术要求，再生橡胶符合《再生橡胶　通用规范》（GB/T 13460—2016）规定的技术要求，则实行增值税即征即退 50%的政策。

4）废渣

对采矿选矿废渣、冶炼废渣、化工废渣和其他废渣再生产的砖瓦（不含烧结普通砖）、砌块、陶粒、墙板、管材（管桩）、混凝土、砂浆、道路井盖、道路护栏、防火材料、耐火材料（镁铬砖除外）、保温材料、矿（岩）棉、微晶玻璃、U 形玻璃等，其中产品原料占比在 70%以上则实行增值税即征即退 70%的政策。

5）废旧七类固体废物

废旧七类固体废物指废电机、变压器、废电线、废电缆、废配电盘（开关、控制柜）、废仪器仪表、废散热器、废机械零件、废线路板、废家用电器（目前国内禁止进口）等，可拆解出铜、铝等价值较高的有色金属及稀有金属。但由于进口废旧七类固体废物中存在大量的高污染垃圾与危险性废物，为保护我国环境和人民群众的健康，环境保护部于 2017 年向世界贸易组织（WTO）提交文件，要求紧急调整进口固体废物清单，并于 2017 年底前，禁止进口 4 类 24 种固体废物，包括生活来源废塑料、钒渣、未经分拣的废纸和废纺织原料等高污染固体废物。经中国有色金属工业协会再生金属分会确认，2018 年底之前将禁止包括废电线、废电机马达、散装废五金等“废七类”进口。

7.1.2　天津主要受基金补贴的企业

首批纳入废弃电器电子产品处理基金补贴范围的处理企业中天津市有四家企

业入围，分别为 TCL 奥博（天津）环保发展有限公司（以下简称 TCL 奥博）、天津和昌环保技术有限公司（以下简称和昌）、泰鼎（天津）环保科技有限公司（以下简称泰鼎）、天津同和绿天使顶峰资源再生有限公司（以下简称绿天使）。每隔一个季度，这四家企业处理彩电、冰箱、空调、洗衣机、计算机 5 类家电，可申领一次 35～85 元/台的补贴。《废弃电器电子产品处理基金征收使用管理办法》将使废旧家电行业的回收规范化、集中化，带动正规拆解企业健康发展。

1. 相关企业发展现状分析

根据我国《废弃电器电子产品回收处理管理条例》《关于组织编制废弃电器电子产品处理发展规划（2011－2015）的通知》《中华人民共和国固体废物污染环境防治法》《危险废物经营许可证管理办法》《电子废物污染环境防治管理办法》等相关法律法规条文，国家对废弃电器电子产品实行集中处理制度，使天津市废弃电器电子产品回收、处理产业统筹规划，规范发展，贯彻落实国家要求的集中处理制度[262]。拆解处理企业的基本信息如表 7-1 所示。

表 7-1　拆解处理企业的基本信息

企业名称		坐落地点	占地面积	投资总额	建筑面积	处理能力
TCL 奥博		天津子牙循环经济产业区	28 万平方米	一期：3 亿元（人民币）	3.7 万平方米	10 万吨
和昌		天津市宝坻区九园工业园区	7 万平方米	0.55 亿元（人民币）	2 万平方米	—
泰鼎		天津经济技术开发区汉沽现代产业区	1.96 万平方米	0.6 亿元（人民币）	7459 平方米	3 万吨
绿天使	现状	西青区收集储存，子牙租厂房拆解	收集储存 40 亩[1)]；拆解 15 亩	—	—	—
	在建	天津子牙循环经济产业区	110 亩	1.96 亿元（人民币） 一期 0.8 亿元（人民币）	—	—

1）亩，面积单位，1 亩 = 666.6667 平方米

拆解处理企业的相关技术设备、人员情况如表 7-2 所示。

表 7-2　拆解处理企业的相关技术设备、人员情况

企业名称		拆解生产线	工人/技术人员	设备运行率
TCL 奥博		自动线：9	221/19	40%
和昌		半自动：3	66/12	15%
泰鼎		人工台：100	110/27	50%
绿天使	现状	人工台：30	80/4	30%
	在建	自动线：8	—	—

2. 现有废弃电器处理工艺及最新发展

1）TCL 奥博

TCL 奥博公司现有电视、计算机主机回收处理线、洗衣机及其他家电处理线、印刷电路板及其他电子废料回收处理线、废电缆回收处理线等多条处理线。近日，TCL 奥博联合百度打造家电回收“O2O（online to offline，线上到线下）价值链”，并开发了“百度回收站”项目，借助手机客户端的便利性，通过互联网实现了废旧家电的高效回收，开创了全新的“家电绿色循环 O2O 价值链”模式。

“百度回收站”项目启动后，TCL 奥博将利用遍布全国的销售服务网络、物流网络及专业回收网络优势，提供信息支持及物流服务，并负责上门回收。在为用户提供便利家电回收服务的同时，“百度回收站”加快了废旧家电循环利用效率，产生了良好的环保效益。

2）和昌

该公司于 2009 年 4 月，与国内高校合作开发了线路板和使用阴极射线管（cathode ray tube，CRT）的显示器（显像管）深度处理设备，研发并制作了两组深度处理电路板和 CRT 显示器（显像管）的生产线，并拥有深度处理电路板的生产线、CRT 显示器（显像管）的生产线。液晶显示器（liquid crystal display，LCD）目前最主要来源于计算机报废显示器件。拆解采用非破坏方式，拆分为液晶面板、背光模组及驱动集成电路。背光模组中的冷阴极荧光管，其中含有的汞需专业处理，液晶物质采用加热析出及催化裂解的方式处理。

线路板干法处理工艺路线：拆除导线—拆除元器件—破碎—制粉—分离。在使用熔锡炉熔锡拆除电子元器件时要控制烟尘污染，该公司设置了负压集气净化装置。不含危废的元器件入炉冶炼，富含贵金属的金属化合物成为电解槽内的阳极泥，阳极泥进一步处理分离出金、银、钯等贵金属。

3）泰鼎

不同性质的电子物料，处理方式分为以下四种：拆解/分类、粉碎/分选、电析（湿法冶金）回收、贵金属精炼和移动式中间处理设施。

污染防治技术：采用袋式过滤器解决粉碎过程产生的粉尘；采用碱液洗涤塔吸收酸性气体及酸雾；采用二段式碱氯法加中和、化学沉淀工艺处理含氰及重金属工艺废水，处理后的工艺废水再经调节池、快混池、絮凝沉淀池、沉淀池、活性炭吸附进行处理；企业不能利用的危险废物全部交给有资质的处理单位处理，一般固废进行资源化回收或交环卫系统收集处理。

4）绿天使

绿天使公司积极调整工作思路，在巩固现有社区回收网络的基础上，创新社会回收模式，推出了“互联网+分类回收+公益推广”——“绿回收”项目，实现线上线下的有机融合。“绿回收”项目旨在倡导垃圾分类回收，逐步让老百姓认识到“混起来是垃圾，分开来是资源”的回收理念，加大公众对再生资源循环利用重要性的认识，提高全社会资源节约意识和环境保护意识，逐渐扭转垃圾消费习惯和垃圾处理方式。

3. 问题分析

（1）企业同时具有回收和拆解资质，存在凭证监管难的问题。凭证的回收联与拆解联最后进行核对难予实现，对有效控制和防止骗补行为造成一定困难。目前，凭证只有销售、回收、拆解联，缺乏存根联，使有关部门很难对凭证进行跟踪管理，不利于加强凭证的监管。

（2）操作系统缺少凭证跟踪监管、数据分析等功能。一是操作系统功能不够完善，在凭证跟踪监管、数据分析等方面存在不足；二是目前仍存在系统不稳定，经常出现死机或系统无法登录问题，影响了工作效率。

（3）由于回收废家电环节操作空间较大，形成送到拆解处理企业的废家电缺件少件，附加值较高的空调、计算机、冰箱被电视机取而代之的现象，高价值的家电流入二级市场和非法作坊，电子垃圾进入正规拆解处理企业，形成守法的亏损，非法的暴利的局面。

（4）目前 CRT 玻璃再利用的空间较窄[263]，主要是用于再制造显像管，随着平板电视的逐步普及并替代显像管电视，显像管生产企业势必会停产，而显像管回用数量大大降低，会出现大批废弃显像管玻璃没有去向的局面，会引发诸多管理难题。

（5）较大型拆解处理企业每日进厂的废家电数量、种类较多，验货过程无法细致，造成拆解联与实际到厂货物不可能做到一一对应，并平均带来每台家电 15 元的误差损失。

（6）缺乏针对回收环节的管理规定，例如，旧家电在什么状况下可以回到二级市场，旧家电在什么状况下回到拆解处理企业，拆除有价组件、以次充好、调换家电种类行为的处理措施及监督检查机制。

（7）目前回收企业均开具普通发票，而不能开具增值税发票，导致拆解处理企业经济损失较大。

（8）在缺少企业优惠政策支持时，家电销售市场将会受到影响，因缺乏资金支持，市民对家电的购买力将会下降。

（9）在新的废家电回收机制建立之前，废家电的回收率会明显降低，规模化的家电回收、拆解企业将会受到一定影响，维持现有的稳定局面存在困难，部分拆解企业甚至会出现生存困难危机。

（10）由于没有了购新补贴，回收、拆解企业需要与二手市场和拆解作坊进行竞争，但从正规回收、拆解企业的投资规模、环保处理费用、人工成本等费用上看，单纯通过市场竞争手段来获得资源是不可能的，会有相当数量的废家电流入非法回收、拆解作坊，非法拆解造成的污染势头会加剧。

7.2　科技研发机构：天津再生资源研究所科研与合作交流

7.2.1　天津再生资源研究所概况

中华全国供销合作总社天津再生资源研究所（以下简称天津再生资源研究所）于 1978 年经国务院批准设立，是我国最早从事再生资源产业研究的科研院所。天津研究所一直以国家可持续发展战略为宏观方向，以资源高效利用、循环利用为科研目标，围绕再生资源回收利用产业，开展相关的科技研发和信息服务工作，致力于打造我国再生资源产业发展的高端智库、创新中心、人才高地和信息共享平台。目前，天津再生资源研究所下设资源再生技术创新研究中心、技术咨询与服务中心、信息培训中心、国际交流合作中心、产业孵化中心、科学计划管理部、再生资源杂志社等核心业务部门，形成了一支年龄结构和学科结构合理的高素质科研队伍。

经过 40 年左右的发展，天津再生资源研究所逐步建立起再生资源工程技术中心、再生资源行业专家库、全国再生资源信息中心、职业技能鉴定再生资源分中心等多个综合性科研、信息服务平台，从再生资源回收利用技术专项课题研究，逐步扩展到科技研发、出版宣传、统计分析、规划咨询、培训鉴定等立体化综合服务功能，在行业中形成了广泛的影响力，为我国再生资源回收利用产业的现代化、产业化、系统化发展提供了强有力的支撑。

科技研发版块是天津再生资源研究所六大业务板块的核心，主要针对工业生产过程和资源回收利用过程中的关键技术、装备、工艺路线、项目建设等展开科技创新服务。它下设四个研究中心，分别为工业过程废物资源化关键技术研究中心、资源再生技术创新研究中心、技术咨询与服务中心、再制造与资源再生技术集成研究中心。

1）工业过程废物资源化关键技术研究中心

以促进工业过程清洁化和提升节能减排技术支撑能力为目标，重点研究工业生产过程的清洁生产工艺和污染防控技术、大宗废弃物资源化技术及智能环境监控技术等，搭建资源高效清洁转化和高值产品研发的过程工程平台。

2）资源再生技术创新研究中心

针对农业废弃物、大宗工业废弃物、废旧金属、废旧高分子材料、废旧机电与电子产品、废旧包装与纺织产品等再生资源的加工利用关键技术及装备进行攻关，同时进行复合材料、高性能纤维及先进稀土材料等新型产品研发，开展工程示范活动，建设资源再生技术创新服务平台与产业化基地。

3）技术咨询与服务中心

针对企业生产与管理过程、生产过程环境控制、节能减排、项目研发、难题攻关、技术改造及项目建设等方面提供技术咨询与服务。

4）再制造与资源再生技术集成研究中心

开展设备零部件维修与再制造技术研究，以表面工程技术为基础，针对机械零部件特种修复技术开展专项研发。在表面涂覆、熔覆及电刷镀技术、冷态重熔技术及热场处理等修复技术研究领域进行拓展。以废旧办公设备零部件、飞机零部件、钻头钻杆等再制造技术为重点突破领域，开展专项技术研发和中试生产，推动产业化项目建设。

7.2.2 天津再生资源研究所科研成果

天津再生资源研究所的主要科研成果有废感光材料提银新工艺研究、构建区域循环经济与生态工业园模式的技术方法及示范推广、农作物秸秆高效炼制新型生物有机肥、新型氧化铝固液分离与双螺旋卸料平盘过滤技术、拜耳法氧化铝生产多管道溶出新技术等。重点介绍如下几项。

1. 废感光材料提银新工艺研究

废感光材料是银二次综合利用的重要资源之一，胶片片基的再利用及饱和加工药液的再生都具有很高的经济价值。该成果采用水解脱膜与循环浸出技术，实现废胶片无污染提银与废胶片基体的综合利用，解决了工艺过程中银胶分离的关键技术难题，实现银回收率大于 99.5%，基体回收率 100%，产品电解银纯度大于 99.99%，具有广泛的市场前景。

该成果改变了我国落后的胶片片基回收再利用过程中造成环境严重污染的现状，实现循环浸出，大大减少了回收利用过程对环境的二次破坏，为胶片的环保回收利用提供一条新途径。该工艺稳定可靠、运行成本低、规模可大可小、适合再生资源企业间歇操作或集中连续处理，市场前景巨大，有广阔的发展空间和前景。

2. 构建区域循环经济与生态工业园模式的技术方法及示范推广

该项目针对区域经济发展中存在的产业关联度差、资源能源效率低、污染重、特色不明显、持续发展能力不高等技术难题，采用“政产学研”结合的运作模式，在全面研究循环经济的内涵、特征、系统稳定性及其影响因素的基础上，从生产过程的源头削减、产业链组装、系统集成及稳定运行等关键技术创新方面入手，结合对现有高新技术的消化、吸收和再创新，创建了日照、潍坊、东营、济南 4 个循环经济示范城市，潍坊滨海经济技术开发区和烟台经济技术开发区等 5 个生态工业示范园区及信发集团、金沂蒙集团等 20 余家循环经济示范企业。项目实施至今，新增效益 247.72 亿元，减排废水 1432.3 万吨、化学需氧量（chemical oxygen demand，COD）1680 吨、二氧化硫 2346 吨、氨氮 77 吨，废水、COD、二氧化硫排放量分别减少 72.41%、70.96%、64.48%。该模式的循环模式如图 7-1 所示。

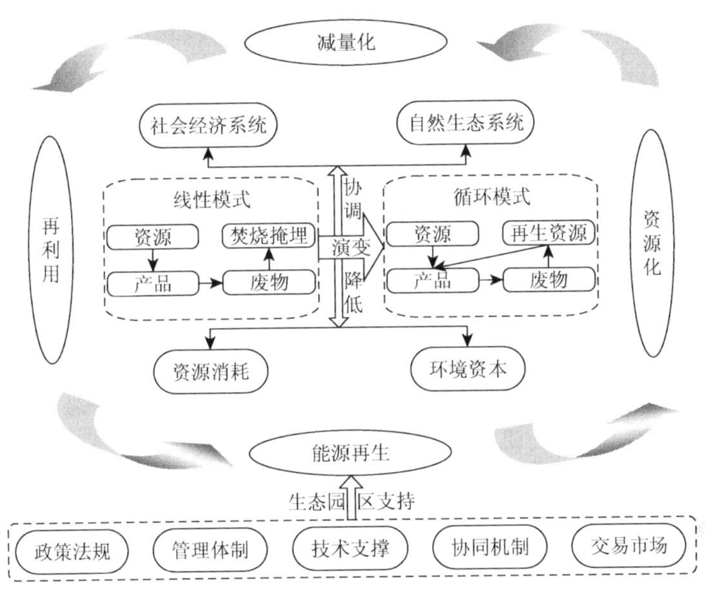

图 7-1　循环经济与生态工业园模式

3. 农作物秸秆高效炼制新型生物有机肥

该技术成果以玉米、小麦等秸秆为原料，形成完善的植物秸秆高效资源化清洁加工体系，利用自主筛选的弱碱性生物菌种，对秸秆进行发酵，将富含菌体蛋白、有机腐植酸钾的发酵料液采用高效浓缩和喷浆造粒技术，制成新型生物有机肥，能最大限度提高农作物秸秆的综合利用率，改善土壤环境。

生产的生物有机肥富含有机腐植酸钾，能将秸秆中的钾归还到土壤中，使得钾元素得到自然循环利用，减缓土壤钾元素的亏损流失、改善现有土壤结构、增加作物产量、提高产品质量、稳定农业生产，是解决我国钾肥资源不足的一项重要措施，具有很大的市场竞争优势。该成果的秸秆利用率高、生产成本低、有效遏制环境污染，为秸秆的高效高值综合利用找到了一条新的工业化路径。

7.2.3 天津再生资源研究所的合作交流

2013 年 11 月 28 日，以天津再生资源研究所为依托单位的“金鉴明院士工作站”通过由天津市科学技术协会组织的验收，正式批准成立。

1. 科研动态

天津再生资源研究所以资源循环利用产业发展技术需求为导向，以项目为纽带，与金鉴明院士及其创新团队合作，搭建科技创新平台，共同开展“典型工业废物循环利用模式中关键链接技术研究”“园区产业共生模式与运行机制研究”“资源循环利用技术先进性评价体系研究”等项目的研发。依托院士工作站，天津再生资源研究所将逐渐建立循环经济方向的博士、硕士培养基地，并通过组建该领域的创新团队、重点实验室及工程中心，积极承担资源循环利用领域国家重大科研项目，为资源循环利用产业培养、吸引和输送高层次领军人才的同时，增强天津再生资源研究所自主创新和突破关键技术的能力，实现技术及示范工程的输出，促进行业创新体系的优化升级，引领和带动资源循环利用领域的发展。

2. 成果展示

2014 年 6 月 25 日，中华全国供销合作总社科技教育部组织行业专家在天津召开国家级星火计划重大项目“供销合作社农村实用人才星火培训”验收会。专家组听取了项目汇报，经严格审查、质询和认真评审，一致同意项目通过验收。

该项目由中华全国供销合作总社推荐，天津再生资源研究所牵头，联合江西省农业生产资料协会、四川省农业生产资料科学技术协会及中华全国供销合作总社科技推广中心共同承担。项目针对我国建设社会主义新农村和农村实用人才培养需要，结合各地差异化的学员特点及层次，建立了具有针对性、科学性、可操作性的培训教材教辅体系和指导方案；培训农产品经纪人、庄稼医生、棉花检验员、农民专业合作社带头人、废旧物资回收挑选工等 2 万人次；新增或扩建再生资源职业技能培训基地、农产品经纪人培训站点、庄稼医生培训基地约 60 个，形成各类科技培训师资和考评员队伍约 500 人，带动 20 万农民参加相关科技培训。项目的实施由点带面，深入基层，带动广大农民学科技、学文化、科学经营、创业致富的积极性，引导更多农民创业就业和增收致富，繁荣城乡经济，发挥出了“星火富民”的作用。

3. 基地建设

天津再生资源研究所青岛农业再生资源研究中心于 2013 年 7 月 16 日审批成

立。基地是天津再生资源研究所与稼禾生物股份有限公司合作成立的围绕农业资源及其废弃物综合利用，参与国家相关战略研究、规划和标准编制，创新农业废物回收技术等为目的的综合性科技成果孵化基地。

国内缺乏相应的交流平台，导致各种农业废弃物带来的严重的大气、水和土壤污染等没有得到有效控制和及时解决。基地的建成将为促进农业经济的有序发展，加快农业资源及废弃物的高值高效利用，为农业资源及其废弃物综合利用技术提供交流的平台，从而更多地解决农业资源加工过程中及农业废弃物自身造成的环境污染。

基地的科研开发工作是以循环经济为核心的，清洁化的农产品综合加工技术，涵盖了生物质精炼、纤维素开发、生物质能源、生物有机肥料等各个领域，基地将组建含生物质能源、生物发酵、生物肥料三个主要方向的人才高地。基地可承办农林牧渔方向的国际国内专题会、科技成果鉴定会、大型科技展会和学术会议等。基地还可为相关企业提供技术服务与支持，对具有推广应用价值的技术进行转让，对行业内技术人员进行培训，提供咨询，承接试验中试等。

7.3　产业集聚化发展：天津子牙循环经济产业区

7.3.1　基本情况

天津子牙循环经济产业区的再生资源加工业起源于 20 世纪 80 年代，90 年代中期迅速发展，逐步形成了以个体经营为主、具有鲜明特色的再生资源产业聚集地，成为中国北方地区最大的再生资源集散地。

21 世纪初，子牙地区的再生资源加工业步入正轨。2001 年，天津市环境保护局批复了静海区子牙地区《建设天津市进口第七类废物统一管理区域实施方案》。2002 年，天津市发展计划委员会以津计农经〔2002〕718 号文批准天津子牙环保产业园成立。2003 年，静海区政府组建了天津子牙环保产业园管理委员会。2006 年 5 月，国家批准天津子牙环保产业园为省级开发区。园区按照国家和天津市有关部门要求，加强基础设施和服务配套能力建设，优化发展环境，以日韩企业为标准，规范企业发展，严格按照国家环境保护总局对进口七类废物示范区建设标准的要求，实行封闭式管理，加强环境保护，为园区较快发展创造了良好条件。截至 2006 年底，子牙循环经济产业区拥有各类企业 75 家，年处理废旧金属、橡塑等再生资源达 100 万吨，其中引进日韩的废旧资源 50 万吨。

2011 年以来，园区被国家发展和改革委员会、财政部、工业和信息化部及国家标准化管理委员会等批准为“国家循环经济试点园区”“中国国际青少年活动中心（天津）”“国家新型工业化产业示范基地”“国家循环经济标准化试点”。2012

年 12 月，园区经国务院批准晋升为全国第一家也是目前唯一一家以循环经济为主导产业的国家级经济技术开发区。2014 年向国家环境保护部、商务部、科技部申请创建“国家生态工业示范园区”，建设规划方案已通过专家论证。

园区严格按照总体规划、产业规划，狠抓招商引资，优化空间布局，延伸产业链条，提升服务水平，强化土地集约利用，提高工业用地产出贡献率。2012 年，园区委托专业机构编制了《天津子牙循环经济产业区总体规划》，并通过了专家论证。园区还重新修订了《优惠政策》《入区指南》《手续要件》《投资协议书》等相关招商引资文件。

此后，园区的经济总量快速增加，产业链条开始完善，循环经济特色突显，空间布局骨架形成。按照“一心、两带、三轴、六区”的空间布局规划，形成了工业区（包含三个产业区）、科研服务居住区（包含科技教育培训区及居住和配套服务区）、林下农业循环经济示范区“三区联动”、循环互补的经济发展态势，打造了“循环、创新、开放、服务、生态、宜居”的循环经济“子牙模式”，并入选国家发展和改革委员会循环经济典型模式案例向全国示范推广。2011～2016 年，与日韩的交流合作进一步深化。日本驻华大使、北九州市长先后莅临园区考察，多次召开了中日合作交流研讨会。同时引进了格林美（天津）城市矿产循环产业园项目、100 万台新能源车辆制造项目等，初步构建起废旧物资回收、拆解、加工、深加工、再制造较为完整的产业链条，该园区的静脉产业体系和动脉产业体系如图 7-2 所示。子牙园区循环经济企业达到 280 家，年拆解加工各类工业固废 150 万吨，每年向市场提供再生铜 45 万吨、铝 25 万吨、铁 30 万吨、橡塑材料 30 万吨、其他材料 20 万吨。同利用原生资源相比，年节约能源 524 万吨标准煤，节约石油 180 万吨，减少排放二氧化碳 166 万吨、二氧化硫 10 万吨。

7.3.2 构建三大主导产业

1. 再生资源利用和精深加工业

重点发展四个行业，包括废旧机电产品加工业、废弃电器电子产品加工业、废旧橡塑再生利用加工业、废旧建材再生利用加工业。

1）废旧机电产品加工业

作为园区重点发展产业，废旧机电产品年拆解能力达到 200 万吨，已具备一定的规模优势。在此基础上，加大收集京津冀周边地区和进口日韩废旧机电产品力度，引进吸收日韩先进技术，重点发展废旧电机绿色拆解项目、废电线电缆绿色拆解项目、废变压器绿色拆解项目等，提高科技含量，形成合理的产业规模体系，提升产业增值水平，打造中日韩循环经济“城市矿山”。

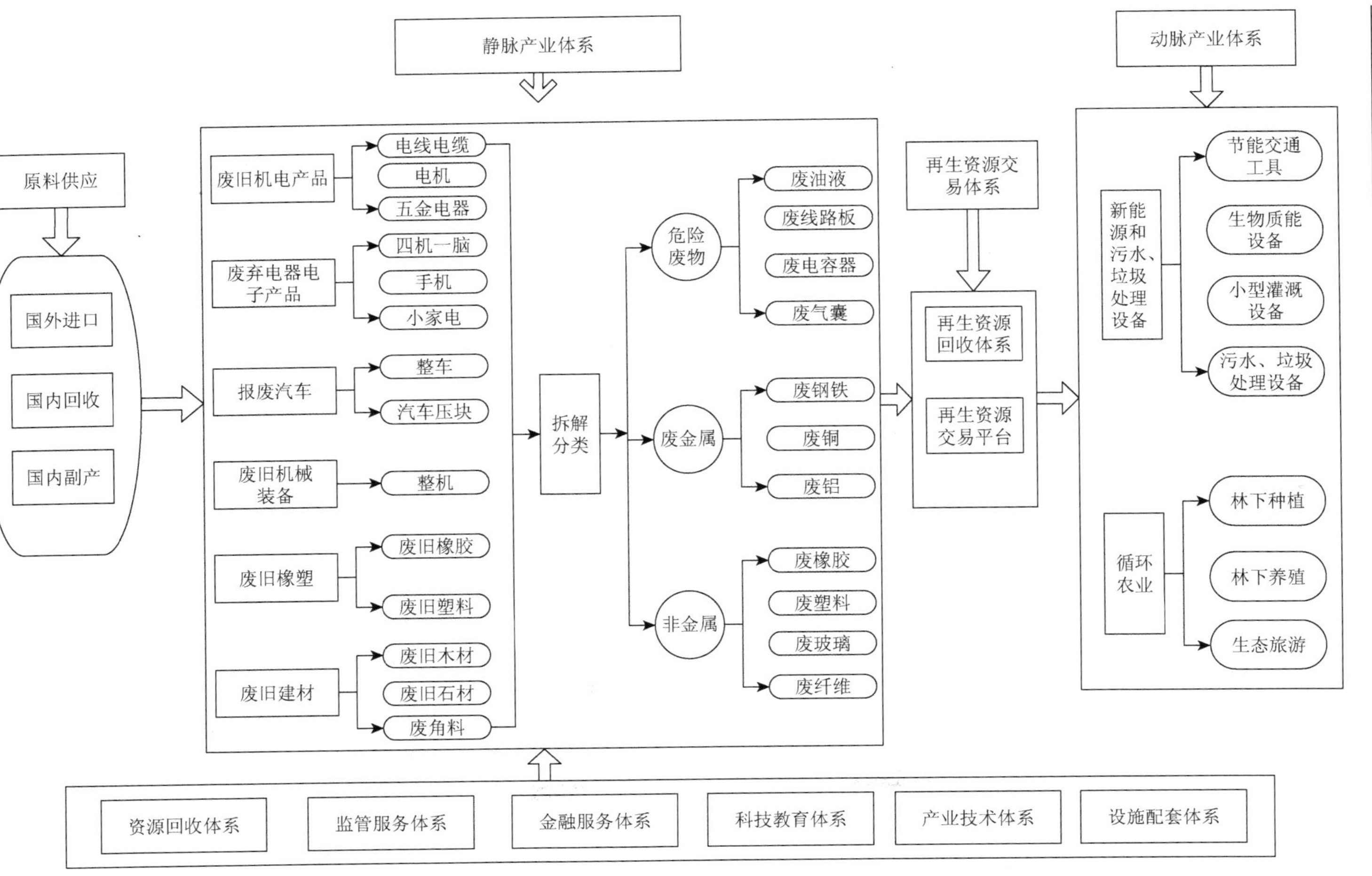

图 7-2　天津子牙循环经济产业体系框架图

2）废弃电器电子产品加工业

园区的废弃电器电子产品年再生利用规模达到150万吨以上，依托TCL奥博、绿天使等园区龙头企业，加强与日韩合作，借鉴日韩产业发展经验，着力发展电视机、洗衣机、冰箱、空调等家用电器的再制造，重点引进日韩废旧线路板资源化项目，废旧硒鼓再生利用项目，废旧锂电池资源化、无害化项目等，提升废弃电器电子产品资源化率。

3）废旧橡塑再生利用加工业

园区年回收处理废旧橡胶能力达到10万吨、再生塑料产量可达30万吨，利用园区现有基础，积极引入日韩相关企业，探求与日韩在废旧橡塑再生利用领域的合作。重点发展旧轮胎的翻修与再制造、废轮胎的胶粉生产与再利用、废轮胎橡胶的复原再利用、废橡胶的负压裂解再利用产业，大力引进再生瓶级聚酯切片项目、再生聚乙烯（PE）制品项目和环保型再生木塑复合材料等项目。

4）废旧建材再生利用加工业

园区年回收处理废旧建材能力达到20万吨，依托中日韩循环经济示范基地建设，广泛采用日韩先进设备技术，重点发展利用废旧建材生产新型建筑材料项目，形成废旧建材资源高附加值综合利用的产业体系。

2. 汽车拆解和零部件再制造产业

重点发展两个行业，包括报废汽车拆解业和废旧机械装备再制造业。

1）报废汽车拆解业

园区年拆解报废汽车能力为15万辆、汽车压块破碎20万吨。借助中日韩循环经济示范基地建设，广泛开展与日韩联系，重点引进报废汽车发动机再制造项目、报废汽车压块破碎项目、废铅酸电池回收铅项目，实现报废汽车零部件的高效再生利用，形成以高新技术为支撑、与日韩相结合、既高效利用又有良好效益的报废汽车再制造产业体系。

2）废旧机械装备再制造业

园区年废旧机械装备回收处理能力达10万台。吸收国外先进废旧机械装备回收生产处理经验，积极与日韩知名机械装备制造企业合作，重点开展废旧工程机械装备、废旧印刷机械、废旧办公设备、废旧农业机械装备、废旧环保机械设备的拆卸和零部件再制造项目，形成从回收、拆解、清洗到再制造全过程的专业化产业体系。

3. 节能环保相关产业

重点发展三个行业，包括节能交通工具制造业，生物质能设备制造业，小型灌溉、污水、垃圾处理设备制造业。

1）节能交通工具制造业

依托子牙园区静脉产业，借鉴日韩先进经验和高新技术，加强园区对节能交通工具制造业的支持力度，聚集一批相关零部件生产企业，以新型节能交通工具为重点，引进相关日韩项目落户园区并逐步向新能源汽车整车制造迈进。在吸收日韩高新技术的基础上，自主研发掌握关键核心技术，加快科技成果转化，尽快形成园区节能交通工具产业化、规模化。

2）生物质能设备制造业

以生物质能技术开发为重点，大力引进生物质取暖炉制造、生物质固化成型燃料制造等项目，组织实施相关重大工程和产业化项目，培育园区龙头骨干企业，提升生物质能产业综合竞争力。吸引日韩知名企业设立总部和研发中心，支持园区龙头企业做大做强，扶持中小企业创新创业，打造生物质能设备制造产业基地。

3）小型灌溉、污水、垃圾处理设备制造业

加强子牙园区与京津冀周边地区及日韩合作，充分利用国内外资本、技术、管理和人才资源提升园区小型灌溉、污水、垃圾处理设备制造业发展水平。重点发展农业灌溉设备制造，小型污水、垃圾处理设备制造等项目，开发适用于城镇化发展需求的分散式污水处理技术和成套化设备，支持研发城市生活污水脱氮除磷深度处理、重金属废水处理、高浓度难降解有机废水处理、低冲击开发、膜处理、工业园区废水集中处理、污泥处理处置等技术和装备，提供垃圾焚烧处理、填埋场气体发电、生活垃圾和工业固体废弃物分类收集等技术与成套化装置，改进医疗垃圾、工业危险废弃物、餐厨垃圾无害化处理技术和设备。

7.4　回收处理企业：天津同和绿天使顶峰资源再生有限公司回收利用状况

7.4.1　公司概况

公司坐落于天津子牙循环经济产业区，项目总投资 1.96 亿元，总占地面积约 5.2 万平方米，主要从事废旧家电回收、拆解及对废旧贵金属的加工再利用。该公司不但拥有国际先进的废旧家电再生循环利用技术，而且拥有天津市独有的废旧家电再生资源回收网络体系。公司通过引进日本同和集团培育数十年的先进技术设备，拆解计算机、彩电、冰箱、空调、洗衣机等废旧家电，并利用该套设备的先进处理工艺和高新技术，最大限度地回收废旧家电中的可再生利用资源，对生产加工过程中产生的危废进行无害化处理，既为国民经济其他行业提供可再生利用的原料，又解决了废旧家电处置不当而对环境造成的污染，实现了经济建设与生态环保协调发展。作为天津市唯一的社区商业连锁回收企业，绿天使公司始终按照“政府引导、市场运作、连锁经营、便民利民”的思路，着力打造天津市社区再生资源回收网络。目前，公司已拥有 3 个子公司、10 个区域性分公司、400 余个社区回收亭（点）、5000 余辆整合社会流动回收车，初步形成了以社区回收为基础，以加工处理中心为枢纽，以拆解加工基地为载体，以综合利用为目的，集回收加工拆解利用为一体的产业化格局。打造现代化回收网络体系和循环经济可持续发展产业链条。在商务部再生资源回收体系建设中发挥引领和示范作用。

7.4.2　主要业务

废新闻纸回收销售：新闻纸、文化纸、未发行报纸、已发行报纸、书卷、书本、办公废纸、铜版纸、铜版书及其他。

废箱板纸回收销售：箱板纸、汽车包装箱、烟箱、工业报废箱板纸、超市包装箱及其他包装箱。

废塑料回收销售：聚乙烯、聚丙烯（PP）、聚苯乙烯（PS）、聚氯乙烯、聚甲醛（POM）、聚酰胺（俗称尼龙，PA）、聚碳酸酯（PC）、丙烯腈-丁二烯-苯乙烯共聚物（ABS）、聚甲基丙烯酸甲酯（俗称有机玻璃，PMMA）。

废电子垃圾回收销售：废弃线路板、内存条、CRT 玻璃等，企事业、机关、超市、学校等废旧物资回收服务。

工业废弃物回收处置系统解决方案：为工业企业提供生产过程中产生的边角废料、残次品等废弃物的收集、分拣、处置、销毁等整套解决方案。

家政服务、外檐清洗回收销售：临床护理师、育婴师、月嫂及经验丰富的家庭医院陪护人员、保洁人员。

7.4.3　全力打造再生资源回收利用产业链

绿天使公司作为市再生资源回收体系建设龙头企业，自 2004 年组建以来，在天津市商务委员会领导下，紧紧围绕加快建设与发展循环经济相适应的再生资源回收体系的主题，全力打造再生资源回收利用产业链，已形成了以社区回收亭（点）为基础、以分拣加工中心为枢纽、以拆解加工基地为载体，集回收、拆解加工、销售于一体的产业化格局。

一是整合社区回收资源，建设覆盖城乡的便民回收网络。绿天使公司以方便居民、构建网络、培育市场为出发点和落脚点，积极推进以建设社区回收亭（点）、整合社会流动回收车、建立分拣加工处理中心为主要任务的社区再生资源回收网络体系，并取得明显成效。截至目前，公司已建立了 10 个区域性分公司，在市内六区和滨海新区建设回收亭（点），初步实现了社区回收网络的合理布局，提高了组织化程度。

二是提升企业经营规模，全力打造再生资源产业链条。近几年，绿天使公司充分利用自身品牌优势和回收网络，着力在做大再生资源产业规模上下功夫，多渠道聚集再生资源。为进一步加快再生资源回收、加工和利用产业化进程，实现回收网络与加工基地的有效对接，先后在西青区、滨海新区建立了加工分拣处理中心，并投资数千万元在静海建设废旧电子电器拆解基地，已与天津市多个大型家电卖场达成合作，拓展了废旧家电回收渠道，拆解、销售规模不断攀升。此外，公司还拓展了除“四机一脑”以外的废旧电子产品的回收业务，开辟了如通信、厨卫、办公等电子产品的回收工作，特别是承接了天津海关电子废弃物销毁业务，电子废弃物回收渠道不断扩大，企业经营的触角也在不断延伸，已成为天津市废家电回收领域的主力军。世界上从来就没有所谓的垃圾一说，所谓的垃圾都是被放错了地方的资源——冰箱、空调、洗衣机、电视机等家用电器及计算机、手机等通信电子产品等所谓的电子垃圾同样如此。如果这些废物能够被回收，完全可以成为一座新的城市矿山；在个体拆解和无资质的拆解小企业那里，他们采用火烧、硫酸浸泡等不顾环境保护的措施低成本拆解，极大地污染了环境，如果能够被无害化拆解，则完全可以做到从中“掘金”。电子废弃物中所蕴含的金属，尤其是贵金属，其品位是天然矿藏的几十倍甚至几百倍，而回收成本大大低于开采自然的矿床。有资料显示：我国平均每年需报废的电视机在 500 万台以上、洗衣机约 600 万台、冰箱约 400 万台，每年淘汰 2000 多万台废旧家电，从中应该回收到大量的钢材和金、银、铜等贵金属。作为一家国有正规废旧电子产品的回收、拆解企业，一直坚持“政府引导、市场运作、连锁经营、便民利民”的思路，着力打造社区再生资源回收网络。

三是精心打造企业品牌，全面提升综合竞争实力。绿天使公司在做大再生资源产业规模的同时，注重培育企业品牌，充分发挥企业无形资产效能，积极尝试联合合作。与日本两大再生资源龙头企业同和控股（集团）有限公司、住友集团开展合作，投资 1.96 亿元，在子牙循环经济产业区共同建设废旧加工拆解基地。这标志着绿天使公司在利用外商元素跨国界联合发展再生资源产业方面迈出实质性一步，促进了企业发展理念的更新、发展方式的转变。同时，以无形资产参与合作，这在供销社系统对外联合上也是一大突破，为品牌转化为资源、资源转化为资本做出了示范。废旧家电加工处理基地年拆解能力为 80 万台，年回收铜、铁、铝及塑料等原料 1.248 万吨，每年可减少排放工业废渣 5.056 万吨，减少排放二氧化碳 950 吨，节约标准煤约 2973.44 吨，具有良好的生态环境效益。目前绿天使再生资源回收网络日益扩大，逐步向各区县延伸。

7.4.4 社会责任

1. 便民服务

绿天使公司是天津市再生资源回收加工领域的龙头企业，主要从事社区回收网络建设及整合社会流动回收人员和废旧物资的回收、加工、集散等，在再生资源回收体系建设方面，发挥着行业领军作用。绿天使公司作为天津市唯一的社区商业连锁企业，拥有以“绿天使品牌”构建的再生资源回收网络体系，社区网络覆盖率在天津市市区已超过 80%，年回收各类废旧物资达 25 余万吨。近年来，随着企业不断发展，再生资源回收经营规模逐年提升，再生资源回收网络功能日趋完善。

2. 节能减排无公害处理

学习借鉴国内外先进经验，采用先进的生产设备，着力实施绿色环保规划设计，对回收的废旧物资采取相应措施进行严格管理，做到既聚集资源又不污染环境，打造绿色环保的循环经济产业链。

加工处理中心在原有基础上，进一步提升改造，计划新购置先进的单辊破碎生产线（含进出料传送机），在封闭的库房对废塑料、易拉罐、电子垃圾等进行破碎处理，该设备采用隔音措施，防止作业对环境造成噪声污染。生产加工过程不产生废水、废气、废渣污染物且无粉尘，原材料及产成品将实行分类码放。电子信息平台的建设是通过互联网技术和第三代移动通信系统（third-generation mobile system，3G）技术实现网上在线回收及在线交易，不产生废水、废气、噪声及污染物。

绿天使公司遵循科学发展、兼顾当前、立足长远的原则，坚持经济效益、环境效益和社会效益相统一，以有利于提高再生资源回收率、保护环境、方便居民生活及行业发展。按照“回收—集中—减废—无害化处理—再生利用”流程规范化运作，致力于改变大生产、大消费、大废弃、大污染的传统落后的生产方式，实现废旧物资的“绿色回收、定点处理、规范交易、统一治理”，实现发展质量与结构效益同步提升，全力打造资源节约型企业。

3. 低碳环保

每回收利用 1 万吨废旧物资，可以节约自然资源 4.12 万吨，节约能源 1.4 万吨标准煤，减少 6 万～10 万吨垃圾处理量；每利用 1 万吨废钢铁，可出钢 8500 吨，节约成品铁矿石 2 万吨，节约能源 0.4 万吨标准煤，少产生 1.2 万吨矿渣，比用铁矿石炼钢节约 2/3 的工时；每利用 1 万吨废纸，可生产纸浆 8000 吨，节约木材 3 万立方米，节约能源 1.2 万吨标准煤，节水 100 万立方米，少排放废水 90 多万立方米，节电 600 万千瓦·时。

4. 无害化处理

废旧家电经机械处理、热处理等方式拆解分类后，将家电中的可再生物质进一步提取并加工，而将废弃残渣等运送焚烧炉车间处理。废旧家电的无害化处理是一个复杂的工艺化系统流程（图 7.3），高效的处理对节约资源、减少有害垃圾、保护环境、加快循环经济发展具有积极作用[264, 265]。

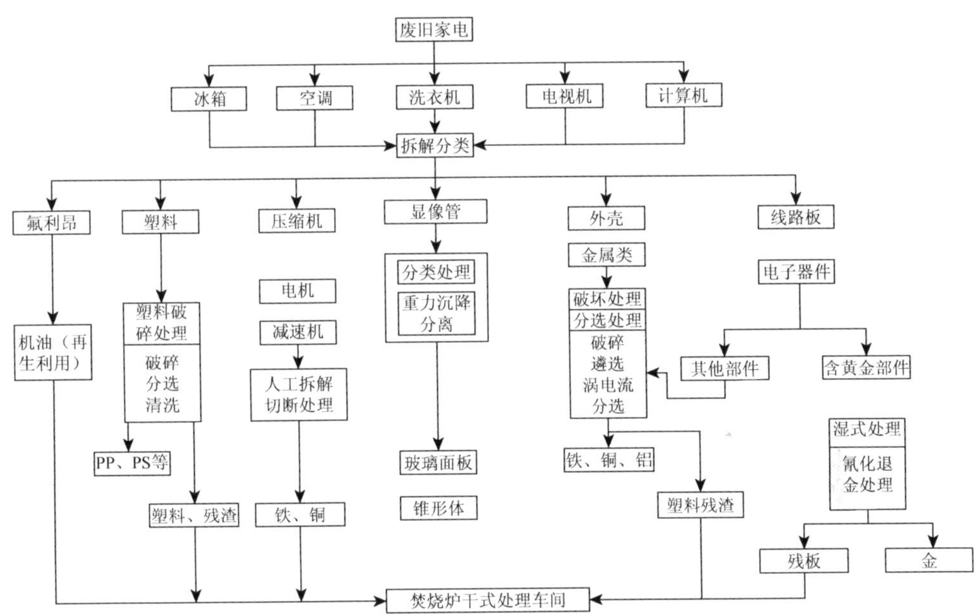

图 7-3　废旧家电拆解工艺流程

5. 就业岗位

区域性分公司 10 个，建设回收亭（点）400 余个，整合社会流动回收人员 5400 余人，培训社区回收人员 2000 余人，提供就业岗位 6000 余个，年回收各类废旧物资达 30 余万吨。近年来，随着企业不断发展，再生资源回收经营规模逐年提升，再生资源回收网络功能日趋完善，集废旧物资回收、加工、销售、集散为一体的运营模式已形成格局。

作为市供销社精心打造的再生资源回收利用企业，绿天使公司从组建开始就本着方便居民、培育市场、规范经营的原则，积极推进以建立回收亭（点）、整合社会流动回收车、建立初级分拣加工处理中心为主要任务的社区再生资源回收网络。

经过多年的培育和发展，公司已建立了 10 个区域性分公司，整合、建设回收亭（点）400 余个，同时建成了占地 40 亩和 20 亩的两个初级分拣加工处理中心，年回收各类废旧物资 30 余万吨，社区再生资源回收网络初步打造成形。为了改变废品回收市场混乱无序的局面，提升商贸大都市整体形象，公司还对员工实行统一培训、统一管理、统一标识、统一着装、统一车辆和规范服务项目、规范服务标准、规范管理制度“五统一”“三规范”的管理原则，有效提升了物回行业在美化城市、保护环境、强化治安、安置就业和服务社区等方面的职能，规范了行业秩序，提高了组织化程度。在此基础上，绿天使公司还充分利用其回收网络，吸引世界 500 强企业在静海子牙循环经济产业区，合作建设了废旧家电加工处理基地，形成废旧家电回收、拆解、处置一条龙的循环经济产业链，提升再生资源回收利用行业的科技含量。

7.5　系统脆性研究：再生资源产业系统脆性评价

1. 指标体系

再生资源产业系统脆性是个复杂、综合的概念，从理论上讲，选取的指标越多，就越能全面体现该产业系统脆性的信息。本书从数据指标的可得性、客观真实性、代表性、可比性出发，并结合天津市工业系统现状，在指标体系构建中可以不考虑采矿业发展水平这一部分指标的影响，利用剩余再生资源产业系统脆性指标，构建了包含 1 个一级系统指标、4 个二级子系统指标、8 个三级子系统指标和 18 个四级子系统指标在内的指标体系。主要从供应子系统、回收子系统、资源化子系统和市场化子系统 4 个方面来衡量天津市再生资源产业系统的脆性程度，如图 7-4 所示。

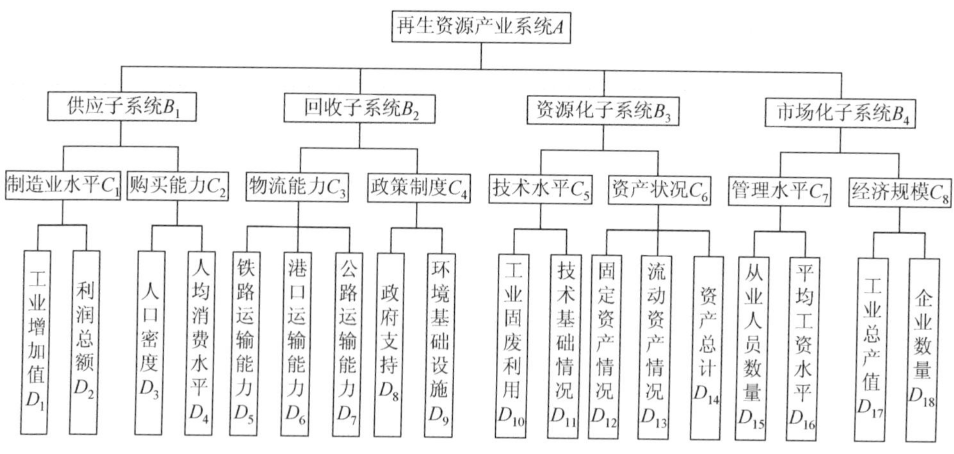

图 7-4　天津市再生资源产业系统脆性指标体系

供应子系统指标包括制造业水平和购买能力，分别反映天津市制造业生产电子产品和机械设备的能力及居民购买消费电子产品和机械设备的能力，代表再生资源产业系统潜在的供应能力。其中，制造业水平可主要从装备制造业的工业增加值和利润总额两个指标来衡量；购买能力可从人口密度和人均消费水平两个指标来衡量。

回收子系统指标包括物流能力和政策制度，分别反映天津市物流状况和政府给予的政策支持，代表再生资源产业系统在回收方面具有的能力。其中，物流能力可从铁路运输能力、港口运输能力、公路运输能力三个方面指标进行衡量，分别表示进口再生资源与国内再生资源回收的物流能力；政策制度可从政府支持和环境基础设施两个指标进行衡量，即以政府非转移支出和环境基础设施投资两个方面进行衡量。

资源化子系统指标包括技术水平和资产状况，分别反映天津市再生资源产业的技术研发和财务情况，代表再生资源产业系统在资源化环节具有的能力。其中，技术水平可从工业固废利用和技术基础情况两个方面进行衡量，分别表示资源化效率和技术基础；资产状况可从固定资产情况、流动资产情况和资产总计三个方面进行衡量，分别表示设备能力、财务情况的健康程度。

市场化子系统指标包括管理水平和经济规模，反映再生资源产业系统在市场销售方面的情况。其中，管理水平可从从业人员数量和平均工资水平两个指标进行衡量；经济规模可从工业总产值和企业数量两个指标进行衡量，分别反映再生资源产业经济能力和产业规模。

2. 突变系统类型确定

根据突变级数法的基本原理，确定再生资源产业系统各层级指标的突变系统类型。

（1）一级指标系统：整个再生资源产业系统 A 属于互补型蝴蝶突变系统，控制变量为 B_1、B_2、B_3、B_4。

（2）二级指标系统：供应子系统 B_1 为互补型尖点突变系统，控制变量为 C_1、C_2；回收子系统 B_2 为互补型尖点突变系统，控制变量为 C_3、C_4；资源化子系统 B_3 为互补型尖点突变系统，控制变量为 C_5、C_6；市场化子系统 B_4 为互补型尖点突变系统，控制变量为 C_7、C_8。

（3）三级指标系统：制造业水平子系统 C_1 为互补型尖点突变系统，控制变量为 D_1、D_2；购买能力子系统 C_2 为互补型尖点突变系统，控制变量为 D_3、D_4；物流能力子系统 C_3 为互补型燕尾突变系统，控制变量为 D_5、D_6、D_7；政策制度子系统 C_4 为互补型尖点突变系统，控制变量为 D_8、D_9；技术水平子系统 C_5 为互补型尖点突变系统，控制变量为 D_{10}、D_{11}；资产状况子系统 C_6 为互补型燕尾突变系统，控制变量为 D_{12}、D_{13}、D_{14}；管理水平子系统 C_7 为互补型尖点突变系统，控制变量为 D_{15}、D_{16}；经济规模子系统 C_8 为互补型尖点突变系统，控制变量为 D_{17}、D_{18}。

3. 指标标准化处理

1）数据来源及样本选取

再生资源产业近年来才在我国受到重视并推动其发展，因此数据统计开始年份较晚，在数据统计时间上具有局限性和不统一性。本节的基础数据以2004～2016年为研究期限，以天津市再生资源产业及相关产业数据为样本，构建再生资源产业的初始数据。脆性评价中采用的所有数据均来源于《天津统计年鉴》（2005～2017）、《中国劳动统计年鉴》（2005～2017）、《中国环境统计年鉴》（2005～2017）中的相应统计数据。天津市再生资源产业系统脆性评价指标初始数值，如表 7-3 所示。

表 7-3　天津市再生资源产业系统脆性评价指标初始数值

控制变量	单位	2004 年	2005 年	2006 年	2007 年	2008 年	2009 年
D_1	亿元	518.9	648.8	885.3	1 096.8	1 241.6	1 125.5
D_2	亿元	182.9	215.7	232.4	234.0	251.9	321.7
D_3	人/千米^2	780.0	797.0	805.0	813.0	822.0	831.0
D_4	元	8 621.0	9 504.0	10 609.0	11 957.0	14 000.0	15 149.0
D_5	百万吨	206.2	240.7	257.6	309.5	355.9	381.1
D_6	百吨	105.1	108.4	113.2	115.3	120.6	143.2
D_7	吨	286.0	353.0	353.0	355.0	343.0	297.0
D_8	亿元	31.1	28.5	17.9	20.1	35.3	56.1
D_9	亿元	332.7	393.2	475.9	594.8	754.7	1001.6
D_{10}	%	97.3	98.0	98.4	98.4	98.2	98.3
D_{11}	项	2 578.0	3 045.0	4 159.0	5 584.0	6 621.0	7 216.0
D_{12}	亿元	2.5	5.5	9.0	18.1	18.9	33.7
D_{13}	亿元	0.8	3.2	4.8	8.5	8.5	13.3
D_{14}	亿元	0.2	1.2	1.4	7.6	8.0	2.0
D_{15}	人	271.0	1 619.0	2 297.0	3 372.0	4 445.0	4 766.0
D_{16}	千元	13.987	11.3	2.7	42.0	53.7	47.5

续表

控制变量	单位	2004 年	2005 年	2006 年	2007 年	2008 年	2009 年
D_{17}	亿元	7.7	7.5	11.9	22.6	51.1	140.4
D_{18}	个	54.0	25.0	100.0	133.0	326.0	246.0
控制变量	单位	2010 年	2011 年	2012 年	2013 年	2014 年	2015 年
D_1	亿元	1 482.5	1 394.7	1 589.6	1 627.3	1 804.5	1 917.4
D_2	亿元	485.3	568.8	635.0	728.7	967.3	1 256.7
D_3	人/千米^2	837.0	18 424.0	20 024.0	22 306.0	24 290.0	32 594.7
D_4	元	17 784.0	1 355.0	1 413.0	1 472.0	1 517.0	1 547.0
D_5	百万吨	413.3	520.0	494.9	494.8	519.4	520.0
D_6	百吨	148.3	152.3	158.5	162.3	176.6	179.3
D_7	吨	298.0	266.7	318.2	313.7	349.0	380.0
D_8	亿元	89.2	97.4	120.3	137.6	143.9	167.8
D_9	亿元	1 239.1	794.2	917.9	1 162.5	1 240.2	1 479.8
D_{10}	%	98.6	98.6	98.5	98.7	98.7	98.8
D_{11}	项	10 998.0	11 998.0	12 545.0	13 676.0	14 385.0	14 892.0
D_{12}	亿元	46.7	70.0	92.2	134.9	174.7	221.3
D_{13}	亿元	19.6	60.1	69.6	95.5	127.4	164.7
D_{14}	亿元	2.1	15.3	32.3	40.6	57.8	103.2
D_{15}	人	3 905.0	4 205.0	4 507.0	4 673.0	4 893.0	5 115.0
D_{16}	千元	47.5	54.8	61.5	67.7	72.7	80.0
D_{17}	亿元	75.6	129.6	196.7	201.3	243.4	259.6
D_{18}	个	261.0	292.0	331.0	361.0	383.0	403.0

2）数据处理

依据突变级数法基本原理的要求，在使用归一公式之前，双枝模糊突变评价模型建立时，应将再生资源产业系统中各个控制变量的原始数据进行转化，建立数值在[0,1]之间的矩阵[266-269]。根据激发再生资源产业系统脆性程度效果的实际状况，按照式（5-3）对原始数值矩阵进行计算，计算出各个指标的模糊接吻隶属度，建立模糊接吻函数，如矩阵 R_{ij} 所示：

$$
R_{ij}=\begin{bmatrix}
-0.940 & -0.932 & -0.917 & -0.909 & -0.912 & -0.927 & -0.918 & -0.927 & -0.923 & -0.930 & -0.928 & -0.943\\
-0.979 & -0.978 & -0.978 & -0.981 & -0.983 & -0.980 & -0.974 & -0.972 & -0.971 & -0.970 & -0.963 & -0.964\\
-0.910 & -0.916 & -0.924 & -0.933 & -0.942 & -0.946 & -0.954 & -0.929 & -0.932 & -0.937 & -0.940 & -0.955\\
1.000 & 1.000 & 1.000 & 1.000 & 1.000 & 1.000 & 1.000 & 1.000 & 1.000 & 1.000 & 1.000 & 1.000\\
-0.976 & -0.975 & -0.976 & -0.975 & -0.975 & -0.976 & -0.978 & -0.975 & -0.978 & -0.981 & -0.982 & -0.986\\
-0.988 & -0.989 & -0.990 & -0.991 & -0.992 & -0.991 & -0.993 & -0.995 & -0.995 & -0.996 & -0.996 & -0.997\\
-0.988 & -0.963 & -0.967 & -0.971 & -0.976 & -0.981 & -0.984 & -0.988 & -0.987 & -0.989 & -0.989 & -0.991\\
-0.996 & -0.997 & -0.999 & -0.999 & -0.998 & -0.997 & -0.996 & -0.998 & -0.997 & -0.997 & -0.997 & -0.997\\
-0.961 & -0.959 & -0.955 & -0.951 & -0.947 & -0.935 & -0.931 & -0.960 & -0.957 & -0.951 & -0.952 & -0.957\\
-0.701 & -0.680 & -0.608 & -0.533 & -0.527 & -0.524 & -0.382 & -0.350 & -0.375 & -0.388 & -0.409 & -0.544\\
-0.989 & -0.990 & -0.991 & -0.992 & -0.994 & -0.994 & -0.996 & -0.998 & -0.998 & -0.999 & -0.999 & -0.999\\
-1.000 & -1.000 & -0.999 & -0.999 & -0.999 & -0.999 & -0.998 & -0.999 & -0.998 & -0.997 & -0.996 & -0.996\\
-1.000 & -1.000 & -1.000 & -1.000 & -1.000 & -1.000 & -1.000 & -1.000 & -1.000 & -0.999 & -0.998 & -0.997\\
0.023 & 0.126 & 0.132 & 0.635 & 0.571 & 0.131 & 0.117 & 0.378 & 0.459 & 0.604 & 0.764 & 0.773\\
-0.969 & 0.170 & 0.216 & 0.281 & 0.317 & 0.314 & 0.219 & 0.226 & 0.223 & 0.207 & 0.199 & 0.155\\
0.002 & 0.001 & 0.000 & 0.003 & 0.003 & 0.002 & 0.002 & 0.000 & 0.000 & 0.000 & 0.000 & 0.000\\
-0.999 & -1.000 & -0.999 & -0.999 & -0.997 & -0.992 & -0.997 & -0.996 & -0.993 & -0.994 & -0.993 & -0.994\\
-0.994 & -0.998 & -0.991 & -0.990 & -0.977 & -0.985 & -0.986 & -0.987 & -0.986 & -0.987 & -0.987 & -0.990
\end{bmatrix}
$$

根据矩阵 R_{ij}，建立论域 X，$X=X^{+}\cup X^{-}\cup X^{*}$，包括促进和抑制再生资源产业系统发展的两方面指标，然后结合突变级数法的评价步骤进行脆性分析。

4. 系统综合脆性评价

1）基于双枝模糊集的相对隶属度计算

应用第 5 章双枝模糊模型中的式（5-5）和式（5-7），分别计算出供应子系统、回收子系统、资源化子系统和市场化子系统各个指标的上枝模糊相对隶属度 u^{+} 和下枝模糊相对隶属度 u^{-}，并对各指标隶属度进行极性识别与输出，在本章实例中令 $\lambda_1=\lambda_2=1$，则 2004～2015 年的 4 个子系统极性输出向量如表 7-4 所示。

表 7-4　天津再生资源产业系统各指标相对隶属度

指标	2004 年	2005 年	2006 年	2007 年	2008 年	2009 年
供应子系统	0.2177	0.2177	0.2176	0.2176	0.2177	0.2179
回收子系统	0.1959	0.1958	0.1958	0.1958	0.1958	0.1958
资源化子系统	0.1808	0.1881	0.1853	0.2147	0.2112	0.1810
市场化子系统	0.1908	0.1714	0.1729	0.1753	0.1762	0.1761

指标	2010 年	2011 年	2012 年	2013 年	2014 年	2015 年
供应子系统	0.2178	0.2177	0.2177	0.2178	0.2178	0.2180
回收子系统	0.1958	0.1959	0.1959	0.1959	0.1959	0.1959
资源化子系统	0.1718	0.1884	0.1953	0.2042	0.2122	0.2205
市场化子系统	0.1728	0.1730	0.1728	0.1722	0.1719	0.1704

2）基于突变级数法的脆性指标计算

结合不同突变子系统类型，利用表 5-3 中突变级数法使用的归一公式进行脆性评价计算，2004～2015 年天津再生资源产业系统各指标脆性评价值如表 7-5 所示。

表 7-5　天津再生资源产业系统各指标脆性评价值

指标	2004 年	2005 年	2006 年	2007 年	2008 年	2009 年
供应子系统	0.5582	0.5582	0.5579	0.5579	0.5581	0.5586
回收子系统	0.5597	0.5596	0.5596	0.5595	0.5595	0.5593
资源化子系统	0.4305	0.4478	0.4411	0.5112	0.5029	0.4310
市场化子系统	0.5020	0.4511	0.4550	0.4614	0.4636	0.4634
指标	2010 年	2011 年	2012 年	2013 年	2014 年	2015 年
供应子系统	0.5584	0.5583	0.5582	0.5585	0.5584	0.5590
回收子系统	0.5593	0.5597	0.5597	0.5596	0.5597	0.5597
资源化子系统	0.4091	0.4486	0.4649	0.4862	0.5052	0.5249
市场化子系统	0.4548	0.4553	0.4547	0.4533	0.4524	0.4483

由各指标的脆性评价值可知，4 个子系统的评价值均为正，对系统脆性激发具有一定程度的促进作用，属于基本稳定的状态，易受内部和外部因素的影响，引发各个子系统间脆性的传播，导致产业链的崩溃，需要各相关机构及企业的关注。

3）脆性评价结果分析

由于 4 个子系统之间遵循“互补”原则，参照以上天津再生资源产业系统各指标脆性评价值，可按平均值法取得综合脆性评价值，如图 7-5 所示。

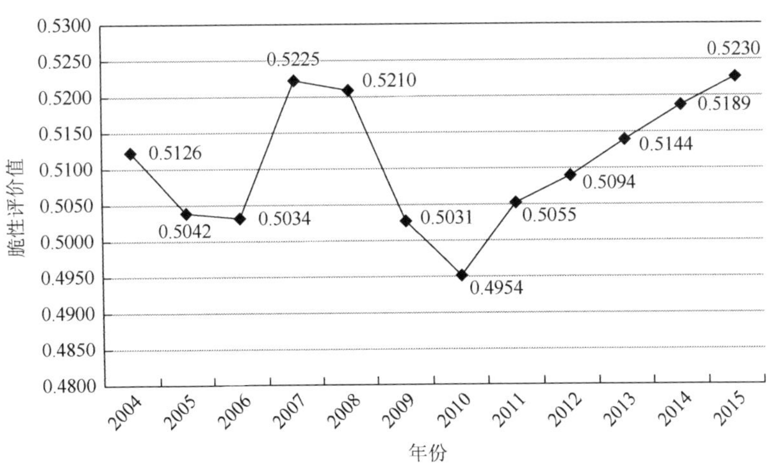

图 7-5　天津再生资源产业系统综合脆性评价值

由图 7-5 可知，天津再生资源产业系统综合脆性评价值虽然均为正数，但是其发展趋势随年份增长并未呈一定增长规律。若按照年份进行排序，各年脆性程度由强到弱可表示为：2015 年＞2007 年＞2008 年＞2014 年＞2013 年＞2004 年＞2012 年＞2011 年＞2005 年＞2006 年＞2009 年＞2010 年。通过分析排序结果，可知天津再生资源产业系统的发展总体趋于上升。2004 年的脆性评价值为 0.5126，表明再生资源产业初期发展时的产业结构未进行合理调整，易受内部和外部脆性因素所影响；2007 年和 2008 年的脆性程度很高，说明当年的再生资源产业发展并不均衡，受金融危机影响较大；2009 年和 2010 年脆性程度大幅下降，趋于稳定，表示通过近几年再生资源产业的发展，产业链基本形成并得到一定程度的完善，在政府取消相关税收优惠政策之后仍能保持良好发展。

若按不同子系统进行脆性排序，以 2004 年和 2015 年为例进行分析。2004 年的脆性排序为：回收子系统＞供应子系统＞市场化子系统＞资源化子系统，说明初期产业发展回收子系统对整个系统的影响最大，资源化子系统影响最小。在 2015 年，脆性排序为：回收子系统＞供应子系统＞资源化子系统＞市场化子系统，说明当前产业发展回收子系统对整个系统的影响最大，市场化子系统影响最小。综合来看，再生资源产业受到政策支持与企业重视，产业初期设备及生产线投资较高，设备能力与资源化能力较强，不易受其他因素所影响，使得资源化子系统脆性较低。但是，回收体系尚不健全、公众回收意识较为淡薄，回收子系统与供应子系统脆性较高，整个系统将会受到原材料来源问题的影响，直接导致下游各子系统的崩溃。因此，这 4 个子系统均需要采取一定措施调整其相关影响因素，尤其是回收子系统的调控，在整个系统脆性控制上最为重要。

7.6　协调实现机制：产业可持续发展调控途径

7.6.1　推行再生资源产业协同管理措施

1. 完善再生资源管理机构

由于再生资源管理机构地位与分工不明、权责不清，部门之间只有分工专责而缺少协作配合或者无法进行协同管理，既不能充分发挥各部门的综合职能作用，又不能形成及强化整体效率，这将造成再生资源回收和资源化的无序发展[270-274]。

为此，建议天津市再生资源的行政管理系统采取“系统统一管理和部门分工管理相结合”的体制，由天津市发展和改革委员会负责再生资源的回收再利用组织协调工作，制定再生资源回收再利用发展规划和促进再生资源回收再利用产业发展；环境保护局负责再生资源资源化过程的监督管理工作，处理违法违规事件；

工商、税务、财政、海关、监察、公安等部门负责各自职能管辖内的相关监管工作。

随着天津市再生资源产业由静脉产业向动脉产业的过渡和发展，原有管理办法的内容需要修订，重点是按照国家可再生能源中心的定位、目标和标准修订相关管理内容，形成正式的纲领性文件并执行。根据第 3 章中阐述的五大主导产业分别属于不同的行业，使用的技术工艺和规范差异较大，因而有必要针对各个主导产业制定管理实施细则，以指导各类再生资源回收与再制造企业的建设和发展。

2. 健全海关、商检、环保、税收“四位一体”的监管体系

随着天津再生资源产业的发展，需要打造再生资源产业示范园区，将海关、商检、环保、税务、银行等部门陆续派出入驻园区，形成“四位一体”的监管体系。各部门及时同驻区管委会、企业等商洽监管内容、标准、途径和方式，按照相关法律法规及政策要求，监管和调控园区内部的经济活动，规范和约束回收再利用企业经营行为，保证园区的良性、健康、可持续的运行。

严格依照再生资源产业相关法律法规及园区的规章制度，对入园企业申请进行严格审查，严把企业准入关，科学合理提供土地，对新项目严格履行报建预批手续[275-280]，在厂区建设布局规划、建筑容积率、建筑密度、厂区绿化率、生产技术工艺、危废处置及污水排放等建设内容符合要求后，方允许园区管委会与项目建设单位签订《投资协议书》，并督促、协助项目尽快开工建设，确保新建项目按期投产，为投产后的健康运营奠定坚实的基础。

3. 严格环境管理，保护生态环境

合理处理“三废”，保护再生利用场所周围生态环境，是关系天津市再生资源产业示范效应的重大问题。因此，天津市再生资源产业系统要始终严格管理系统内部和外部生态环境。一方面，开展相关污水处理厂扩建工程、废弃物处理处置中心建设工程、废弃物储存库建设工程、绿化工程等建设，并切实发挥作用；另一方面，要重点抓好企业环保治理措施的落实，要继续贯彻执行以前制定的《进口废五金电器、废电线电缆和废电机定点加工利用企业环保验收考核评估标准》，并参照此标准，对再生资源产业系统中的其他产业分别制定环保考核标准，用制度强化企业的环保意识，治理好、保护好、利用好系统内部及周边地区的生态环境。

7.6.2　加快推进综合回收网络建设

1. 建设标准化的回收站点

按照天津市有关再生资源产业的规划，遵循统一规划、合理布局、科学管理、

物流便利、绿色环保的原则，在进一步完善天津城市回收体系的基础上，逐步向有条件、经济条件较好的农村地区推开，实现再生资源回收网络的全面覆盖和合理布局。以城市每2000～2500户居民、乡镇每2500～3000户居民配套设置1个社区回收站点为标准，使试点城市90%以上回收人员和站点纳入规范化管理。保证中小型回收站营业面积不低于100平方米，各个再生资源回收点营业面积不低于10平方米，两者使用期限不少于3年，同时具备生活垃圾储存和再生资源回收双重功能。另外，对于企事业单位的再生资源（包括废弃设备、工业废料等），实行回收企业定时、定点上门回收。

2. 培育区域性商贸交易市场

在再生资源产业园区培育立足天津、辐射京津冀地区的再生资源回收区域集散市场，整合完善和规划建设涵盖主要再生资源品种的规模化、标准化、集约化、产业化的集散配送中心，使得90%以上的再生资源进入指定市场进行规范化的交易和集中处理。充分发挥再生资源集散市场的储存、集散、中转、包装、分拣、物流、交易、信息、进出口等功能，保证每个集散配送中心的规划、设计与运转必须满足10年以上的使用期限[281-283]，使天津成为再生资源集中度高、交易规模大、基础设施相配套、物流配送便捷、商贸功能齐全、能带动和辐射天津及周边地区的跨地域商贸交易市场。

3. 建立再生资源信息服务系统

依托再生资源产业园区，利用云计算等互联网前沿信息技术，建立和完善再生资源回收信息交换中心、销售服务需求信息资源集成系统、物流信息中心，收集、存储、核查、分析与回收企业经营相关的内部管理需求与外部销售需求信息，使分布式网络化企业集群成为现实，能突破时间、区域、部门、组织多方面的限制，使回收服务的管理信息具有可标识性、可追溯性和可继承性，尽量降低人工干预程度，加强对再生资源产品的控制、跟踪和决策，提高再生资源产业企业的网络化、自动化和智能化水平，如图7-6所示。

4. 规范再生资源回收行业管理

将“散兵游勇”式的走街串巷回收人员和原有再生资源回收站点纳入体系统一管理，进行登记备案。加快培育再生资源产业龙头企业，通过吸收、兼并、加盟、连锁经营、整合、联营、规范等形式，以整合资源为基础，以建设项目为核心，支持企业进行组织、管理和技术创新，发挥其对再生资源回收体系建设的带动作用。打造再生资源加工示范基地，鼓励企业规范运营，制定再生资源行业规范与标准，塑造行业整体形象，使再生资源加工示范基地内形成涵盖天津及周边

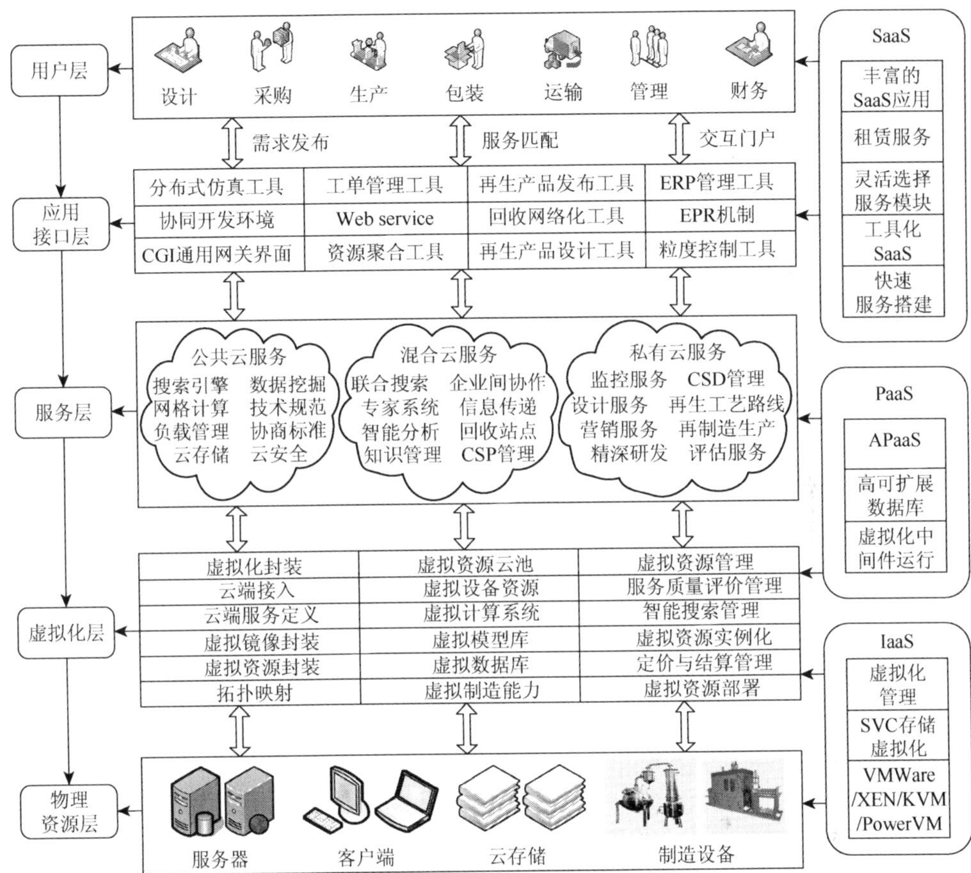

图 7-6　面向云制造的天津再生资源产业信息平台总体架构

注：SaaS—软件即服务（software as a service）；ERP—企业资源计划（enterprice resource planning）；Web service—网络服务；CGI—通用网络接口（common gateway interface）；CSD—剑桥结构数据库（Cambridge structural database）；CSP—企业社会绩效（corporate social performance）；PaaS—平台即服务（platform as a service）；APaaS—应用部署和运行平台（application platform as a service）；IaaS—基础设施即服务（infrastructure as a service）；SVC—交换虚拟电路（switching virtual circuit）；VMWare—虚拟化服务厂商（virtual machine ware）；XEN—开放源代码虚拟机监视器；KVM—交换机（keyboard video mouse）；PowerVM—虚拟化技术族

地区主要再生资源品种回收、拆解、加工、综合利用的再生资源产业链。以天津子牙循环经济产业区为例，其基于云制造系统的规范化生产经营示意图[284-286]，如图 7-7 所示。

7.6.3　加强产学研合作的科技创新能力

1. 建立以企业为主体、政产学研用紧密结合的科技创新机制

建立以企业为主导的技术创新体系，积极整合企业内外部人才、技术、市场、

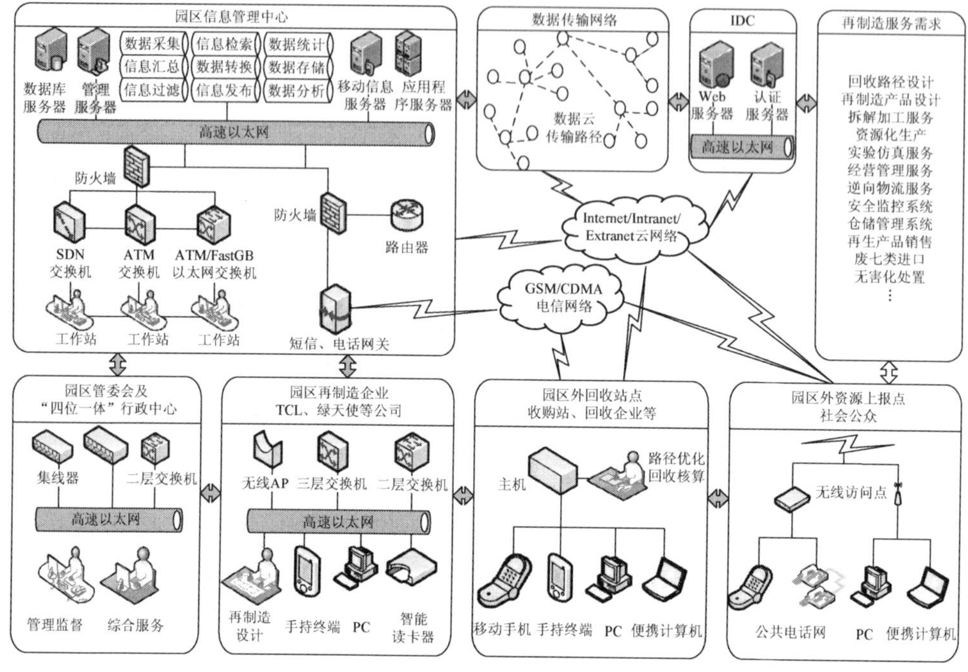

图 7-7　基于云制造的天津子牙循环经济产业区生产经营示意图

注：IDC—互联网数据中心（internet data center）；SDN—软件定义网络（software defined network）；ATM—异步传输模式（asynchronous transfer mode）；ATM/FastGB—以太网交换机；Internet—互联网；Intranet—内联网；Extranet—外联网；GSM—全球移动通信系统（global system for mobile communication）；CDMA—码分多址（code division multiple access）；AP—访问接入点（access point）；PC—个人计算机（personal computer）

资金等优势要素，将政、产、学、研、用多方紧密结合起来，是天津市再生资源产业系统科技创新机制的关键所在。应继续鼓励和支持再生资源相关企业加大科技研发和新产品开发投入，推进自主创新能力建设，同时大力倡导企业通过与高等院校、科研机构契约研发、技术授权、联合研发、技术买断等各种技术取得方式进行合作和交流，共同开发再生资源拆解加工、再生材料替代和再制造技术，形成联系紧密的再生资源产业技术战略联盟和科研技术创新体系。

2. 创建再生资源科技研发中心

创建再生资源科技研发中心是对天津再生资源产业发展与升级具有重大意义的建设项目，要争取在市属相关部门和驻区有关单位的支持下，尽快启动再生资源科技研发中心项目建设。要积极购买一流的设备和成立实验平台，从事具有重大推广示范战略意义的前沿和关键技术攻关研发项目，关键是聚集再生资源再利用技术领域一流的高端技术人才。建议重点实施吸引高端人才的“绿色通道”建设，从科研场地、科研经费、科研工作前景、科研管理服务、科研成果转化、知识产权保护及生活条件支撑等方面确定优惠政策。吸引北京、天津、河北和其他地区的环境工程、化学工程、生态工业工程等专业人才，以及国外留学生来天津创业。同时，争取同天津大学、南开大学、天津理工大学等有关院校合作，为再生资源产业定向培养环境技术和环境管理方面的人才，依靠一流的要素建设国际一流、国内领先的再生资源综合利用技术研发基地。

3. 建设科技成果展示和孵化平台

利用天津子牙循环经济产业区建设的科技研发大楼，建设再生资源产业资源化与再制造试验基地，由市政府和县政府财政补贴租金，吸引天津市及国内外科技人员在该基地进行创新中试和技术集成研究，促进平台上成果的快速转化及形成产业化。利用子牙循环经济产业区的“国家级废旧电子信息产品回收拆解处理示范基地”、“国家循环经济教育示范基地”、“国家新型工业化产业示范基地”、“国家循环经济试点园区”、“国家进口废物‘圈区管理’园区”和“国家‘城市矿产’示范基地”的品牌效应，建设再生材料和再制造产品成果展示平台，促进成果转化和项目引进，培育再生资源产业群[287]。

7.7 本章小结

本章介绍了天津市再生资源产业的相关废弃资源回收政策，以及天津研究所的概况、科研成果及合作交流，通过研究天津子牙循环经济产业区和天津绿天使公司的再生资源回收利用状况，建立脆性指标体系，并根据突变级数法的基本原理，确定系统各层级指标的突变系统类型。结论表明：再生资源产业受到政策支持与企业重视，产业初期设备及生产线投资较高，设备能力与资源化能力较强，不易受其他因素所影响，使得资源化子系统脆性较低。但是，回收体系尚不健全、公众回收意识较为淡薄，回收子系统与供应子系统脆性较高，整个系统将会受到原材料来源问题的影响，直接导致下游各子系统的崩溃。最后，提出天津市再生资源产业可持续发展应由静脉产业向动脉产业过渡和发展，原有管理办法的内容需要修订，重点是按照国家可再生能源中心的定位、目标和标准修订相关管理内容，形成正式的纲领性文件并执行。

参 考 文 献

[1] Boulding K E. The Economics of the Coming Spaceship Earth[M]. London：Earth Scan Publications Ltd. ，1992.

[2] Liu G F，Liu X L，Yang X W. Research on the development strategy of China's renewable resource industry based on swot analysis[C]. Piscataway，NJ，USA：International Conference on Management and Service Science，2010：1-5.

[3] 张帆. 再生资源产业链——能否更进一步[J]. 环境经济，2005，（4）：14-18.

[4] 宋林飞. 发展再生资源产业的世界潮流与对策建议[J]. 现代经济探讨，2008，（2）：5-9.

[5] 李敬伟，胡艳华，胡日查. 我国可再生资源开发利用的现状、存在的问题及对策建议[J]. 内蒙古环境科学，2008，20（1）：53-56.

[6] 武春友，邓华，段宁. 产业生态系统稳定性研究述评[J]. 中国人口·资源与环境，2005，15（5）：20-25.

[7] Baldwin J S ，Ridway K. Modeling industrial ecosystems and the problem of evolution[J]. Progress in Industrial Ecology，2004，（1-3）：39-60.

[8] 蔡小军，张清娥，王启元. 论生态工业园悖论成因及其解决之道[J]. 科技进步与对策，2007，24（3）：41-45.

[9] Schmidt C W. E-junk explosion[J]. Environmental Health Perspectives，2002，110（4）：A188-A194.

[10] Meskers C E M，Hagelueken C. Closed loop WEEE recycling？Challenges and opportunities for a global recycling society[C]. USA：Metals and Materials Society（TMS），Warrendale，PA，2009：1049-1054.

[11] 王景伟，施德汉，陈须连. 美国电子废弃物资源化产业现状分析[J]. 上海环境科学，2003，22（12）：1034-1037.

[12] Huisman J，Magalini F. Where are WEEE now？Lessons from WEEE：will EPR work for the US[C]. Orlando，FL，USA：Proceedings of the 2007 IEEE International Symposium on Electronics and the Environment，2007：149-154.

[13] Yamasue E，Nakajima K，Daigo I，et al. Evaluation of the potential amount of dissipated rare metals from WEEE in Japan[C]. Japan：Aboba Aramaki，2008：87-92.

[14] Chen P F. The WEEE challenge to China[J]. International Symposium on Environmentally Conscious Design and Inverse Manufacturing，2006：532-534.

[15] 佚名. 德国电子废弃物回收处理的法律要求及实施情况[J]. 节能与环保，2006（8）：8-9.

[16] 佚名. 荷兰电子废弃物回收处理立法及实施情况[J]. 中国经贸导刊，2006（15）：39-41.

[17] 王斌，乌力吉图. 日本电子废弃物处理模式的阶段式研究[J]. 经济师，2008（12）：106-107.

[18] 郝应征，梁文萍，许宝兴. 世界电子垃圾回收处理动态[J]. 电子工艺技术，2006，27（1）：4-7.

[19] Jofre S，Morioka T. Waste management of electric and electronic equipment：comparative analysis of end-of-life strategies[J]. Journal of Material Cycles and Waste Management，2005，7（1）：24-32.

[20] Kahhat R，Kim J，Xu M，et al. Exploring e-waste management systems in the United States[J]. Resources，Conservation and Recycling，2008，52（7）：955-964.

[21] Chenming K，Esher H. Waste home appliances recycling in some European and Asian countries[C]. The Society：Minerals，Metals and Materials Society Meeting，2007：111-120.

[22] 张科静，魏珊珊. 国外电子废弃物再生资源化运作体系及对我国的启示[J]. 中国人口·资源与环境，2009，19（2）：109-115.

[23] Foo K Y，Hameed B H. Utilization of biodiesel waste as a renewable resource for activated carbon：application to environmental problems[J]. Renewable and Sustainable Energy Reviews，2009，13（9）：2495-2504.

[24] Hepbasli A. A key review on exergetic analysis and assessment of renewable energy resources for a sustainable future[J]. Renewable and Sustainable Energy Reviews，2008，12（3）：593-661.

[25] Giuseppe D V. Natural resources dynamics：exhaustible and renewable resources，and the rate of technical substitution[J]. Resources Policy，2006，31（3）：172-182.

[26] Hottenstein F A. MSS optical sorting technologies for automated sorting of electronic scrap-Practical case studies from the USA[C]. American：Society of Plastics Engineers，2008：976-1001.

[27] Grosser Z，Thompson L，Davidowski L. Inorganic analysis for environmental RoHS compliance[C]. American：International Scientific Communication Inc，2007，39（18）：30-33.

[28] Shishoo R. The use of renewable resource based materials for technical textiles applications[C]. UK，Woodhead Publishing Ltd.，Cambridge：The Way Forward for Sustainable Development in Textiles，2007，111（2）：109-127.

[29] Islam M R，Islam M R，Beg M R A. Renewable energy resources and technologies practice in bangladesh[J]. Renewable and Sustainable Energy Reviews，2008，12（2）：299-343.

[30] Tu W B，Zhang L X，Zhou Z R，et al. The development of renewable energy in resource-rich region：a case in China[J]. Renewable and Sustainable Energy Reviews，2011，15（1）：856-860.

[31] Ardehali M M. Rural energy development in Iran：non-renewable and renewable resources[J]. Renewable Energy，2006，31：655-662.

[32] Taylor D C. Policy incentives to minimize generation of municipal solid waste[J]. Waste Management and Research，2000，18（5）：406-419.

[33] Johnson C Y，Bowker J M，Cordell H K. Ethnic variation in environment belief and behavior：an examination of the new ecological paradigm in a social psychological context[J]. Enviroment and Behavior，2004，36（2）：157-186.

[34] Realff M J，Raymond M，Ammons J C. E-waste：an opportunity[J]. Materials Today，2004，7（1）：40-45.

[35] Sinha K D，Kraeuchi P，Schwaninger M. A comparison of electronic waste recycling in Switzerland and in India[J]. Environmental Impact Assessment Review，2005，25（5）：492-504.

[36] Troschinetz A M，Mihelcic J R. Sustainable recycling of municipal solid waste in developing countries[J]. Waste Management，2009，29（2）：915-923.

[37] Yang J X，Lu B，Xu C. WEEE flow and mitigating measures in China[J]. Waste Management，2008，28（9）：1589-1597.

[38] Widmer R，Oswald-Krapf H，Sinha-Khetriwal D，et al. Global perspectives one-waste[J]. Environmental impact Assessment Review，2005，25（5）：436-458.

[39] Goggin K，Browne J. Electronic products recovery-PAWS，a BRITE-EURAM project[J]. Computers in Industry，1998，36（1-2）：65-74.

[40] Abduli M A. Industrial waste management in tehran[J]. Environment International，1996，22（3）：335-341.

[41] 王爱兰. 我国再生资源产业发展中的问题及对策探讨[J]. 上海环境科学，2007，26（6）：252-255.

[42] 王爱兰. 再生资源产业发展的国际经验与我国的对策选择[J]. 城市环境与城市生态，2006，19（3）：37-39.

[43] 周宏春. 我国再生资源产业发展的思路与对策[J]. 发展研究，2008，（9）：10-13.

[44] 李文东. 再生资源产业发展中市场机制的缺陷和对策[J]. 再生资源研究，2007，（3）：1-4.

[45] 欧阳婉娥. 再生资源高值化利用及财税扶持思考[J]. 海峡科学，2008，（9）：45-47.

[46] 何其勇. 充分发挥协会网络作用，做大做强再生资源行业[J]. 广东合作经济，2006，（3）：23-25.

[47] 冯慧娟，鲁明中. 再生资源产业发展的思考[J]. 环境与可持续发展，2008，（1）：49-51.

[48] Shih L H. Reverse logistics system planning for recycling electrical appliances and computers in Taiwan[J]. Resources，Conservation and Recycling，2001，32（1）：55-72.

[49] 王蓉，尹海萍. 北京市再生资源产业发展实证研究[J]. 中国农业大学学报，2009，14（1）：77-83.

[50] 张菲菲，李慧明. 天津滨海新区再生资源产业发展对策[J]. 再生资源与循环经济，2010，3（1）：29-31.

[51] 任鸿源，韩颖. 京津冀区域再生资源产业竞争力研究[J]. 城市，2010，（4）：54-60.

[52] 庄辽，陈德彩. 江门市再生资源产业化经营的实践与思考[J]. 再生资源研究，2007，（5）：1-6.

[53] 白天. 汨罗市再生资源产业的 SWOT 分析及发展战略[J]. 管理世界，2010，（4）：179-180.

[54] 王良健，何琼峰，文娉. 湖南省汨罗市再生资源产业集群升级研究[J]. 中国人口·资源与环境，2008，18（2）：35-39.

[55] 武秩. 浅析青海省再生资源产业发展[J]. 资源与产业，2010，12（S1）：109-112.

[56] 梅光军，解科峰，张纪文，等. 湖北省再生资源回收利用现状的调查研究与相关政策建议[J]. 再生资源研究，2007，（4）：8-12.

[57] 李俊. 加强广西再生资源回收利用对策研究[J]. 经济技术协作信息，2008，(11)：61.
[58] 许高峰，李光军，范丽. 基于循环经济理论的固体废物治理研究——以河北文安县为例[J]. 环境科学与技术，2010，33（6E)：506-508.
[59] Chua T E，Garces L R. Waste Management in the Coastal Areas of the ASEAN Region[M]. Batu Maung：The World Fish Center，1992.
[60] Elkington J. Cannibals with Forks：the Triple Bottom Line of 21st Century Business[M]. Oxford，United Kingdom：Capstone Publishing，2002.
[61] Mayers K，France C. Meeting the "producer responsibility，challenge"：the management of waste electrical and electronic equipment in the UK[J]. GMI25，1999，(25)：51-66.
[62] Lindhqvist T，Lifset R. Can we take the concept of individual producer responsibility from theory to practice?[J]. Journal of Industrial Ecology，2010，7（2)：3-6.
[63] Gottberg A，Morris J，Pollard S，et al. Producer responsibility，waste minimization and the WEEE directive：case studies in eco-design from the European lighting sector[J]. Science of the Total Environment，2006，359（1)：38-56.
[64] Jofre S，Morioka T. Waste management of electric and electronic equipment：comparative analysis end-of-life strategies[J]. Journal of Material Cycles and Waste Management，2005，7（1)：24-32.
[65] Lee J C，Song H T，Yoo J M. Present status of the recycling of waste electrical and electronic equipment in Korea[J]. Resources，Conservation and Recycling，2007，50（4)：380-397.
[66] 刘冰，梅光军. 生产者责任延伸制度在电子废弃物管理中的探讨[J]. 环境技术，2005，24（6)：1-3.
[67] 黄英娜，张锡辉，郭振仁. 生产者延伸责任制及其在我国电子电器行业推行的现实意义[J]. 生态经济（中文版)，2005，(10)：163-165.
[68] Walls M. The role of economics in extended producer responsibility：making policy choices and setting policy choices and setting policy goals[EB/OL]. Resources for the Future，Discussion Paper，http://www.rff.org/Documents/RFF-DP-03-11.pdf[2006-03-28].
[69] 国家发改委环境和资源综合利用司. 部分发达国家和地区废旧家电及电子产品回收处理费用机制[EB/OL]. http://hzs.ndrc.gov.cn/newzhly/t20050912.42088.htm[2006-04-18].
[70] Walls M，Palmer K. Upstream pollution，downstream waste disposal，and the design of comprehensive environmental policies[J]. Journal of Environmental Economics and Management，2001，41（1)：94-108.
[71] Palmer K，Walls M. Extended product responsibility：an economic assessment of alternative policies[EB/OL]. http://www.rff.org/Documents/RFF-DP-99-12.pdf[1999-1-12].
[72] Macauley M，Palmer K，Shih J S. Dealing with electronic waste：modeling the costs and environmental benefits of computer monitor disposal[J]. Journal of Environmental Management，2003，68（1)：13-22.
[73] 郑红，张振业. 发达国家及地区废旧家电多元化回收和集中处理模式及建立我国废旧家电回收与再生利用管理模式的建义[J]. 家电科技，2006，(6)：39-43.
[74] 周进. 关于废旧家电回收利用法之"付费制度体系"的研究[J]. 再生资源研究，2004，(5)：14-16.

[75] 周进. 再论建立废旧家电回收处理之“付费制度体系”的科学性[J]. 再生资源研究，2005，（6）：18-21.

[76] 郭亚军，赵礼强，李绍江. 随机需求下闭环供应链协调的收入费用共享契约研究[J]. 运筹与管理，2007，16（6）：15-20.

[77] 费金玲，聂永有. 静脉产业中再生资源经营者的收益分析[J]. 现代管理科学，2008，（2）：72-73.

[78] 刘凌轩，毕军，袁增伟，等. 我国废纸回收利用系统的成本收益模型与政策分析[J]. 系统工程理论与实践，2009，29（5）：76-82.

[79] 蔡维力，唐绍均. 废弃产品回收与循环利用责任的经济分析及对策[J]. 环境保护，2008，（12）：31-33.

[80] 张大伟，胡山鹰，沈静珠，等. 再生资源价值回收率分析[J]. 中国人口·资源与环境，2010，20（4）：165-168.

[81] Liu X B，Tanaka M，Matsui Y. Electrical and electronic waste management in China：progress and the barriers to overcome[J]. Waste management and research，2006，24（1）：92-101.

[82] Lonn S A，Stuart J A，Losada A. How collection method and e-commerce impact product arrival rate to electronic return，reuse，and recycling center[C]. San Francisco：IEEE International Symposiurn on Electronics and the Environment，2002：228-233.

[83] Kang H Y，Schoenung J M. Estimation of future outflows and infrastructure needed to recycle personal computer systems in California[J]. Journal of Hazardous Materials，2006，137（2）：1165-1174.

[84] Kang H Y，Schoenung J M. Economic analysis of electronic waste recycling：modeling the cost and revenue of a materials recovery facility in California[J]. Environmental science and technology，2006，40（5）：1672-1680.

[85] Hainault T，Smith D S，Cauchi D J，et al. Minnesota’s multi-stakeholder approach to managing electronic products at end-of-life[C]. San Francisco：Proceedings of the 2000 IEEE Internationals Symposium on Electronics and the Environment，2000：310-317.

[86] Peralta G L，Fontanos P M. E-waste issues and measures in the Philippines[J]. Journal of Material Cycles and Waste Management，2006，8（1）：34-39.

[87] Jain A，Sareen R. E-waste assessment methodology and validation in India[J]. Journal of Material Cycles and Waste Management，2006，8（1）：40-45.

[88] Yang J X，Lu B，Xu C. WEEE flow and mitigating measures in China[J]. Waste Management，2008，28（9）：1589-1597.

[89] Piet J L P. The challenges of going green[J]. Harvard Business Review，1994，72（4）：37-49.

[90] 刘小丽，杨建新，王如松. 中国主要电子废物产生量估算[J]. 中国人口·资源与环境，2005，15（5）：113-117.

[91] Krumwiede D W，Chwen S. A model for reverse logistics entry by third-party providers[J]. Omega，2002，30：325-333.

[92] Spicer A J，Johnson M R. Third-party demanufacturing as a solution for extended product responsibility[J]. Journal of Cleaner Production，2004，12（1）：37-45.

[93] Ravi V，Shankar R，Tiwari M K. Analyzing alternatives in reverse logistics for end-of-life

computers：ANP and balanced scorecard approach[J]. Computers and Industrial Engineering，2005，48：327-356.

[94] 范江华. 逆向物流运作模式研究[J]. 物流科技，2004，27（7）：10-13.

[95] 姚卫新. 再制造条件下逆向物流回收模式的研究[J]. 管理科学，2004. 17（1）：76-80.

[96] 魏洁，李军. EPR下的逆向物流回收模式选择研究[J]. 中国管理科学，2005，13（6）：18-22.

[97] 裴杰夫. 上海久信物流发展旧电子产品逆向物流的分析研究[D]. 上海：上海海事大学，2006.

[98] Nagel C，Meyer P. Caught between ecology and economy：end-of-life aspects of environmentally conscious manufacturing[J]. Computers and Industrial Engineering，1999，36（4）：781-792.

[99] der Horng L，Dong M. A heuristic approach to logistics network design for end-of-lease computer products recovery[N]. Transportation Research Part E：Logistics and Transportation Review，2007-02-12.

[100] Krikke H R，Harten V A，Schuur P C. Business case roteb：recovery strategies for monitors[J]. Computers and Industrial Engineering，1999，36（4）：739-757.

[101] Krikke H R，Harten V A，Schuur P C. Business case：reverse logistic network redesign for copiers[J]. OR Spektrum，1999，21（3）：381-409.

[102] Min H，Ko H J，Ko C S. A genetic algorithm approach to developing the multi-echelon reverse logistics network for product returns[J]. International Journal of Management Science，2006，34（1）：56-69.

[103] Nagurney A，Toyasaki F. Reverse supply chain management and electronic waste recycling：a multi-tiered network equilibrium framework for e-cycling[J]. Transportation Research Part E：Logistics and Transportation Review，2005，41：1-28.

[104] Schultmann F，Zumkeller M，Rentz O. Modeling reverse logistic tasks within closed-loop supply chains：an example from the automotive industry[J]. European Journal of Operational Research，2006，171（3）：1033-1050.

[105] Streicher P M，Widmer R，Jain A. Key drivers of the e-waste recycling system：assessing and modeling e-waste processing in the informal sector in Delhi[J]. Environmental impact assessment review，2005，25（5）：472-491.

[106] 唐燕，陈禹锡. 基于产业安全的逆向物流网络舆情演变机制研究[J]. 图书馆学研究，2016，（10）：89-94.

[107] 喻朝阳. 可再生资源的一个寡头博弈模型及其均衡分析[J]. 西昌学院学报（自然科学版），2010，24（2）：30-34.

[108] Kumaran D S，Ong S K，Reginald B H，et al. Environmental life cycle cost analysis of products[J]. Environmental Management and Health，2001，12（3）：260-276.

[109] 钟麦英，黄小原. 可再生资源开发与投资的 $H\infty$控制策略研究[J]. 系统工程学报，2000，15（1）：80-85.

[110] 金鸿章，李琦，吴红梅. 基于脆性因子的复杂系统脆性分析[J]. 哈尔滨工程大学学报，2005，26（6）：739-743.

[111] 吴红梅，金鸿章，林德明，等. 复杂系统脆性理论的风险分析[J]. 系统工程与电子技术，2008，30（10）：2019-2022.

[112] 韦琦，金鸿章，郭健. 基于脆性的复杂系统研究[J]. 系统工程学报，2004，19（3）：326-328.
[113] 韦琦. 复杂系统脆性理论及其在危机分析中的应用[D]. 哈尔滨：哈尔滨工程大学，2003.
[114] Wei Q，Jin H Z，Guo J. Study on complex system based on the brittleness[C]. Washington，USA：Proceedings of 2003 IEEE International Conference on Systems，Man and Cybernetics，2003：3056-3061.
[115] Lin D M，Jin H Z，Li Q. The brittleness model of complex system based on cellular automata[J]. Journal of Marine Science and Application，2004，3（2）：69-72.
[116] 金鸿章，郭健，韦琦. 基于尖点突变模型对复杂系统脆性问题的研究[J]. 舰船电子工程，2004，24（2）：1-3.
[117] 金鸿章，郭健，韦琦，等. 基于滑动 t 检验法的非典型性肺炎疫情的脆性分析[J]. 哈尔滨工程大学学报，2003，24（6）：640-645.
[118] Jin H Z，Yan L M，Rong P X，et al. Brittleness analysis of electric network[C]. Guelph，Ontario，Canada：In Proceedings of the 4th International Conference on Engineering Applications and Computational Algorithms，2005：32-36.
[119] 林德明. 适应性 Agent 图及其在复杂系统脆性分析中的应用[D]. 哈尔滨：哈尔滨工程大学，2007.
[120] 林德明，金鸿章，韦琦. 基于元胞自动机的复杂系统脆性仿真[J]. 系统工程学报，2005，20（2）：167-176.
[121] 吴红梅，金鸿章. 基于熵理论复杂系统的脆性[J]. 中南大学学报（自然科学版），2009，40（s1）：347-351.
[122] 李琦，金鸿章，林德明. 复杂系统的脆性模型及分析方法[J]. 系统工程，2005，23（1）：9-12.
[123] Kellman M，Shachmurove Y，Saadawi T. Import vulnerability of defense-related industries：an empirical model[J]. Journal of Policy Modeling，1996，18（1）：87-107.
[124] Soutter M，Musy A. Global sensitivity analyses of three pesticide leaching models using a Monte-Carlo approach[J]. Journal of Environmental Quality，1999，28（4）：1290-1297.
[125] Füssel H M. Vulnerability：a generally applicable conceptual framework for climate change research[J]. Global Environmental Change，2007，17（2）：155-167.
[126] 薛萍，武俊峰，金鸿章，等. 通信系统脆性的数学模型及分析方法[J]. 系统工程学报，2008，23（6）：759-763.
[127] 闫丽梅，徐建军，许爱华，等. 基于临界自组织理论的电力系统脆性分析[J]. 西北农林科技大学学报（自然科学版），2006，34（12）：231-234.
[128] 张江，应俊，王琼，等. 基于 FAHP 的电力变压器系统的脆性分析[J]. 自动化技术与应用，2004，23（7）：9-12.
[129] 张玮，朱金福，覃义. 基于蚁群算法的多式联运系统脆性因子决策分析[J]. 企业经济，2010，（2）：35-37.
[130] 钟波，谢挺. 供应链系统的脆性模型研究[J]. 中国管理科学，2005，13（10）：443-446.
[131] Larry D，David G. Informal social support networks and household vulnerability：empirical findings from Georgia[J]. World Development，1998，26（10）：1827-1838.
[132] 李颖. 煤矿事故系统脆性模型的建立与仿真[D]. 哈尔滨：哈尔滨工程大学，2007.

[133] 张志霞，陆秋琴，邵必林. 矿井通风安全系统的脆性关联分析[J]. 金属矿山，2006，(6)：68-71.

[134] Evan D G F，Warren M，Olav S. Mutual vulnerability，mutual dependence：the reflexive relation between human society and the environment[J]. Global Environmental Change，2003，13（2）：137-144.

[135] Paul M，Thomas D. Structure，agency and environment：toward an integrated perspective on vulnerability[J]. Global Environmental Change，2008，18（1）：99-111.

[136] Edwards-Jones G，Plassmann K，York E H，et al. Vulnerability of exporting nations to the development of a carbon label in the United Kingdom[J]. Environmental Science and Policy，2009，12（4）：479-490.

[137] Sergio O，Saldanã Z. Stakeholder's views in reducing rural vulnerability to natural disasters in Southern Mexico：hazard exposure and coping and adaptive capacity[J]. Global Environmental Change，2008，18（4）：583-597.

[138] Eakin H. Institutional change，climate risk，and rural vulnerability：cases from Central Mexico[J]. World Development，2005，33（11）：1923-1938.

[139] Tommy F，Indra M，Surbakti B，et al. Potential climate-change related vulnerabilities in Jakarta：challenges and current status[J]. Habitat International，2011，35（2）：372-378.

[140] Suzanne B，Barry S，Ben B. Multiple exposures and dynamic vulnerability：evidence from the grape industry in the Okanagan Valley，Canada[J]. Global Environmental Change，2006，16：364-378.

[141] Wei Y M，Fan Y，Lu C，et al. The assessment of vulnerability to natural disasters in China by using the DEA method[J]. Environmental Impact Assessment Review，2004，24：427-439.

[142] Michele C. Vulnerability and chronic poverty in rural Sichuan[J]. World Development，2003，31（3）：611-628.

[143] Varis O，Kummu M，Salmivaara A. Ten major rivers in monsoon Asia-pacific：an assessment of vulnerability[J]. Applied Geography，2011，32（2）：441-454.

[144] David M N，José J G，Gilberto G. Syndromes of sustainability of development for assessing the vulnerability of coupled human-environmental systems：the case of hydrometeorological disasters in Central America and the Caribbean[J]. Global Environmental Change，2007，17：207-217.

[145] Amy M，Darrin M，Aaron T W. Hydropower and sustainability：resilience and vulnerability in China's powersheds[J]. Journal of Environmental Management，2009，90：286-293.

[146] 韩传峰，陈建业，孙庆荣，等. 黄河中下游灾害系统的脆性源控制[J]. 系统工程理论与实践，2006，26（6）：135-140.

[147] Adrianto L，Matsuda Y. Developing economic vulnerability indices of environmental disasters in small island regions[J]. Environmental Impact Assessment Review，2002，22：393-414.

[148] Bhattacharyya S C. Fossil-fuel dependence and vulnerability of electricity generation：case of selected European countries[J]. Energy Policy，2009，37（6）：2411-2420.

[149] Éloi L. Issues in environmental justice within the European Union[J]. Ecological Economics，2011，70：1846-1853.

[150] Thanawat N，Bhattacharyya S C. High gas dependence for power generation in Thailand：the vulnerability analysis[J]. Energy Policy，2007，35：3335-3346.
[151] 李东序. 城市综合承载力理论与实证研究[D]. 武汉：武汉理工大学，2008.
[152] 唐敏. 基于熵的矿业可持续发展问题分析——以云南铜业为例[D]. 昆明：昆明理工大学，2007.
[153] 孙平军. 矿业城市经济发展脆弱性及其发展策略研究[D]. 长春：东北师范大学，2010.
[154] Nicola G，Jean-Michel S，Josef S，et al. Economic valuation of the vulnerability of world agriculture confronted with pollinator decline[J]. Ecological Economics，2009，68：810-821.
[155] Christopher B. Confronting the coffee crisis：can fair trade，organic，and specialty coffees reduce small-scale farmer vulnerability in northern nicaragua？[J]. World Development，2005，33（3）：497-511.
[156] 刘金霞. 农业风险管理理论方法及其应用研究[D]. 天津：天津大学，2004.
[157] 杨年芳，严奉宪. 基于复杂系统的柑橘产业链脆弱性研究[J]. 浙江农业学报，2011，23（1）：164-169.
[158] Eshita G. Oil vulnerability index of oil-importing countries[J]. Energy Policy，2008，36：1195-1211.
[159] Wong Y H，Chan R Y K，Ngai E W T，et al. Is customer loyalty vulnerability-based？An empirical study of a Chinese capital-intensive manufacturing industry[J]. Industrial Marketing Management，2009，38：83-93.
[160] Thun J H，Hoenig D. An empirical analysis of supply chain risk management in the German automotive industry[J]. International Journal of Production Economics，2011，131：242-249.
[161] Caponecchia C，Sheils I. Perceptions of personal vulnerability to workplace hazards in the Australian construction industry[J]. Journal of Safety Research，2011，42：253-258.
[162] Barnes P，Oloruntoba R. Assurance of security in maritime supply chains：conceptual issues of vulnerability and crisis management[J]. Journal of International Management，2005，11：519-540.
[163] Øyvind B，Asbjϕrnslett B E，Rice J B. Formal vulnerability assessment of a maritime transportation system[J]. Reliability Engineering and System Safety，2011，96：696-705.
[164] Cook D A，Wang W. Neutralizing the piracy of motion pictures：reengineering the industry's supply chain[J]. Technology in Society，2004，26：567-583.
[165] Desai P. Macroeconomic fragility and exchange rate vulnerability：a cautionary record of transition economies[J]. Journal of Comparative Economics，1998，26：621-641.
[166] Katia R，Ajax M. The role of domestic fundamentals on the economic vulnerability of emerging markets[J]. Emerging Markets Review，2010，11（2）：173-182.
[167] Ashoka M，Mark P T. Regional vulnerability：the case of East Asia[J]. Journal of International Money and Finance，2007，26：1292-1310.
[168] Montalbano Pierluigi M. Trade openness and developing countries' vulnerability：concepts，misconceptions，and directions for research[J]. World Development，2011，39（9）：1489-1502.
[169] 武占云. 2007—2009 国际金融危机传染的时空机制研究[D]. 上海：华东师范大学，2010.
[170] 严太华，艾向军. 基于复杂系统脆性理论的金融体系脆弱性结构模型的建立[J]. 重庆广播

电视大学学报，2007，19（2）：36-37.
[171] 伍志文. 中国金融脆弱性分析[J]. 经济科学，2002，(3)：5-14.
[172] 李正辉. 金融系统脆弱性理论研究[J]. 统计信息与论坛，2006，21（3）：39-44.
[173] Ou T，Musa N S. Identifying risk issues and research advancements in supply chain risk management[J]. International Journal of Production Economics，2011，133（1）：25-34.
[174] Stephan M W，Christoph B. An empirical investigation into supply chain vulnerability[J]. Journal of Purchasing and Supply Management，2006，12（6）：301-312.
[175] Stephan M W，Nikrouz N. Assessing the vulnerability of supply chains using graph theory[J]. International Journal of Production Economics，2010，126（1）：121-129.
[176] Peter T，Kevin M. Supply chain risk in turbulent environments：a conceptual model for managing supply chain network risk[J]. International Journal of Production Economics，2009，119（2）：247-258.
[177] Bogataj D，Bogataj M. Measuring the supply chain risk and vulnerability in frequency space[J]. International Journal of Production Economics，2007，108（1）：291-301.
[178] Oke A，Gopalakrishnan M. Managing disruptions in supply chains：a case study of a retail supply chain[J]. International Journal of Production Economics，2009，118（1）：168-174.
[179] 易海燕. 供应链风险的管理与控制研究[D]. 成都：西南交通大学，2007.
[180] 杨东升. 基于自组织理论的复杂供应链系统脆性研究[D]. 北京：北京交通大学，2010.
[181] Knemeyer A M，Zinn W，Eroglu C. Proactive planning for catastrophic events in supply chains[J]. Journal of Operations Management，2009，27（2）：141-153.
[182] 田耕. 基于智慧与创新资本视角的企业危机管理系统脆性研究[J]. 统计与决策，2011，(2)：176-178.
[183] 杜军，冯志军. 企业自主创新支持系统脆性结构模型的构建研究——基于系统失效的危机视角[J]. 科技进步与对策，2010，27（12）：90-93.
[184] 张东风. 基于复杂性理论的企业集群成长与创新系统研究[D]. 天津：天津大学，2005.
[185] 李金兵. 资源熵视角企业复杂系统可持续发展研究[D]. 南京：南京理工大学，2009.
[186] 马丽娜. 基于复杂系统脆性理论的企业集团性建模及应用研究[D]. 青岛：中国海洋大学，2010.
[187] 齐晔，蔡琴. 可持续发展理论三项进展[J]. 中国人口·资源与环境，2010，20（4）：110-116.
[188] 牛文元. 可持续发展理论的基本认知[J]. 地理科学进展，2008，27（3）：1-6.
[189] 李斌. 基于可持续发展的我国环境经济政策研究[D]. 青岛：中国海洋大学，2007.
[190] Gutes M C. The concept of weak sustain-ability[J]. Ecological Economics，1996，17（3）：147-156.
[191] 刘鸿明，邓久根. 可持续发展理论研究的两种范式述评[J]. 经济纵横，2010，(4)：122-125.
[192] 马丽娜. 基于复杂系统脆性理论的企业集团脆性建模及应用研究[D]. 青岛：中国海洋大学，2010.
[193] 李学功. 中国煤矿重大瓦斯事故致因复杂性机理及其管控研究[D]. 徐州：中国矿业大学，2010.
[194] 闰丽梅，金鸿章，付光杰，等. 复杂系统崩溃机理初探[J]. 大庆石油学院学报，2004，28（5）：68-70.

[195] 荣盘祥，王继尧，金鸿章. 复杂系统的脆性与系统演化分析[J]. 电机与控制学报，2004，8（2）：142-144.
[196] 郭健. 基于突变理论的复杂系统的脆性研究[D]. 哈尔滨：哈尔滨工程大学，2002.
[197] 荣盘祥. 复杂系统脆性及其理论框架的研究[D]. 哈尔滨：哈尔滨工程大学，2006.
[198] 闫丽梅，金鸿章，荣盘祥，等. 系统脆性及其脆性源[J]. 哈尔滨工程大学学报，2006，27（2）：223-226，237.
[199] 荣盘祥，金鸿章，韦琦. 基于元胞自动机的复杂系统脆性的研究[J]. 哈尔滨工程大学学报，2006，27（2）：227-231.
[200] 李悦. 20 世纪中国工业经济学的研究概述[J]. 经济理论与经济管理，2006，（4）：73-74.
[201] 唐晓华，王广凤，马小平. 基于生态效益的生态产业链形成研究[J]. 中国工业经济，2007，（11）：121-127.
[202] 唐晓华. 产业经济学教程[M]. 北京：经济管理出版社，2007.
[203] 简新华. 简评中国经济学领域的几个争论[J]. 中国经济问题，2008，（1）：75-79
[204] 李孟刚，蒋志敏. 产业经济学理论发展综述[J]. 中国流通经济，2009，23（4）：30-32.
[205] 干春晖，郑若谷. 改革开放以来产业结构演进与生产率增长研究——对中国 1978—2007 年“结构红利假说”的检验[J]. 中国工业经济，2009，（2）：55-65.
[206] 余典范，干春晖. 适宜技市、制度与产业绩效——基于中国制造业的实证检验[J]. 中国工业经济，2009，（10）：47-57.
[207] 张少军，刘志彪. 我国分权治理下产业升级与区域协调发展研究——地方政府的激励不相容与选择偏好的模型分析[J]. 财经研究，2010，36（12）：83-93.
[208] 杨公仆，夏大慰. 现代产业经济学[M]. 2 版. 上海：上海财经大学出版社，2005.
[209] 葛红玲，熊晶. 产业组织理论与资本结构理论融合研究综述[J]. 北京工商大学学报（社会科学版），2012，27（1）：95-101.
[210] 孟令彤. 西方产业组织理论追踪[J]. 山东理工大学学报（社会科学版），2011，27（2）：10-12.
[211] 郝奇，赵军. 中国产业结构理论发展综述[J]. 社科纵横，2012，（2）：38-43.
[212] 唐燕，陈禹锡. 知识密集型服务下高校 RICS 知识服务模式分析与设想——以天津理工大学工程专业认证为例[J]. 图书馆工作与研究，2016，1（5）：119-123.
[213] 洪谦益. 报废汽车拆解与再制造：“城市矿产”的新亮点[J]. 中国科技投资，2010，（12）：41-43.
[214] Thierry M，Salomon M，van Nunen J，et al. Strategic issues in product recovery management[J]. California Management Review，1995，37（2）：114-135.
[215] 肖远才. 再生资源回收交易市场亟待规范[J]. 中国资源综合利用，2004，（3）：38-39.
[216] 吴解生. 对“再生资源”几种定义的简略评析[J]. 中国资源综合利用，2002，（10）：15-17.
[217] 吴解生. 再生资源产业的涵义、构成、特征及其与环境产业的区别[J]. 再生资源研究，2005，（5）：3-6.
[218] 朱海伦. 对再生资源概念的理论思考[J]. 再生资源研究，2005，（3）：1-4.
[219] 郭庭政，段宁，武春友. 我国资源再生产业集群辨识研究[J]. 中国人口·资源与环境，2010，20（2）：139-143.
[220] 周宏春. 变废为宝：中国资源再生产业与政策研究[M]. 北京：科学出版社，2008.

[221] 李慧明，朱红伟，廖卓玲. 论循环经济与产业生态系统之构建[J]. 现代财经，2005，25（4）：8-11.
[222] 邓楠. 中国的可持续发展与绿色经济——2011 中国可持续发展论坛主旨报告[J]. 中国人口·资源与环境，2012，22（1）：1-3.
[223] 唐燕，王庆山，李健. 能源密集型行业碳排放权总量分配阶段决策模型研究[J]. 软科学，2016，30（8）：52-56.
[224] 沙景华，马惠新，严丽娟. 内蒙古乌拉特后旗新兴矿业城市循环经济发展模式研究[J]. 中国人口·资源与环境，2011，21（3）：143-146.
[225] 植田和弘著. 废弃物のサイクル[M]. 东京：有斐阁出版社，1992.
[226] 細田衛士. 静脈物流に関する基礎的分析－東アジアへの展開を視野において－[J]. 三田学会雑誌，2006，99（2）：47-65.
[227] Tang Y，Li J. Material flow analysis on venous industrial park-taking Tianjin Ziya Circular Economy Park for example[C]. The 17th International Conference on Industrial Engineering and Engineering management，2010：1828-1831.
[228] 王亚丹. 国内废弃物物流的理论研究综述[J]. 物流科技，2012，（2）：67-69.
[229] Naushad K，Huan F，Eric S. A purview of waste management evolution：special emphasis on USA[J]. Waste Management，2009，29（2）：974-985.
[230] 杨敬增. 日本再生资源综合利用技术简介[J]. 再生资源与循环经济，2011，4（4）：42-44.
[231] 沈镭. 再生资源的产业化发展[J]. 中国资源综合利用通讯，2001，9：12.
[232] 范连颖. 日本循环经济的特点及发展现状[J].现代日本经济，2006，145（1）：50-54.
[233] 张弢，闫逢柱. 中国装备制造业地理集聚：测度与绩效评价[J]. 中国科技论坛，2009，（12）：32-37.
[234] 徐剑，张云里. 废旧电子产品回收网络研究[J]. 物流科技，2005，28（3）：56-59.
[235] Gladstone D L. Tourism urbanization in the United States[J]. Urban Affairs Review，1998，34（1）：3-27.
[236] 冯慧娟，张继承. 再生资源回收市场组织运作现状的分析[J]. 中国人口·资源与环境，2007，（3）：262-264.
[237] 杨洪焦，孙林岩，吴安波. 中国制造业聚集度的变动趋势及其影响因素研究[J]. 中国工业经济，2008，（4）：64-72.
[238] 林朝阳. 基于产品生命周期理论的新产品渠道策略选择[J]. 大众科技，2006，（1）：120-121.
[239] 金素，申钢强. 高科技产品市场生命周期特征与影响因素分析[J]. 江苏科技信息，2005，（3）：42-44.
[240] Henderson J V. Marshall's scale economics[J]. Journal of Urban Economics，2003，53：1-28.
[241] van Beukering P，van den Bergh J. Modeling and analysis of international recycling between developed and developing countries[J]. Resource，Conservation and Recycling，2006，46：1-46.
[242] Canas A，Ferrão P，Coneicão P. A new environmental Kuznets curve？Relationship between direct material input and incomeper capita：evidence from industrial countries[J]. Ecological Economics，2003，46：217-229.
[243] 李君华，彭玉兰. 中国制造业空间分布影响因素的实证研究[J]. 南方经济，2010，28（7）：

28-40.

[244] Levin A，Lin C F，Chu C. Unit root tests in panel data：asymptotic and finite-sample lewis，properties[J]. Journal of Econometrics，2004，108（1）：1-24.

[245] Breitung J. The Local Power of Some Unit Root Tests for Panel Data[M] //Baltagi B H. Advances in Econometrics：Nonstationary Panels，Panel Cointrgration，and Dynamic Panels. London：Emerald Group Publishing Limited，2000.

[246] Hardi K. Testing for stationarity in heterogeneous panel data[J]. Econometric Journal，2000，（3）：148-161.

[247] Pesaran M H，Im K S，Shin Y. Testing for unit roots in heterogeneous panels[J]. Journal of Econometrics，2003，115：53-74.

[248] Maddala G S，Wu S W. A comparative study of unit root tests with panel data and a new simple test[J]. Oxford Bulletin of Econometrics and Statistics，1999，61（S1）：631-652.

[249] Fisher R A. Statistical Methods for Research Workers[M]. Edinburgh：Oliver and Boyd，1970.

[250] 李琦，金鸿章，林德明. 复杂系统的脆性模型及分析方法[J]. 系统工程，2005（1）：9-12.

[251] 解佳龙，胡树华，蒋园园. 基于突变级数法的国家高新区竞争力空间分异研究[J]. 科学学与科学技术管理，2011，32（12）：101-108.

[252] 李政，刘韬. 基于突变级数法的企业技术创新能力评价模型[J]. 华东经济管理，2010，24（12）：154-156.

[253] Zadeh L A. Fuzzy sets[J]. Information and Control，1965，8（3）：338-353.

[254] Shi K. Both-branch fuzzy sets S（Ⅰ）[J]. Journal of Shan Dong University of Technology，1998，28（2）：144-149.

[255] Shi K. Both-branch fuzzy sets S（Ⅱ）[J]. Journal of Shan Dong University of Technology，1998，28（3）：206-211.

[256] 张春英，尹守峰，刘保相. 双枝模糊层次分析与分析模型[J]. 山东大学学报（工学版），2005，35（1）：119-124.

[257] 刘保相，张春英. 基于 SPA 的双枝模糊决策分析[J]. 模糊系统与数学，2006，20（4）：74-78.

[258] 黄光球，任大勇. 基于双枝模糊决策与模糊 Petri 网的攻击模型[J]. 计算机应用，2007，27（11）：2689-2693.

[259] 周宏安，李炳杰. 基于相对隶属度的模糊信息的多目标决策法[J]. 陕西工学院学报，2004，20（4）：77-80.

[260] 金巾，包亦望，万德田，等. 基于突变理论与模糊集的玻璃幕墙安全可靠性评价[J]. 建筑科学，2010，26（9）：54-61.

[261] Franz W. Thresholds in concave renewable resource models[J]. Ecological Economics，2004，48：259-267.

[262] 中华人民共和国商务部天津特派员办事处. 关于天津市再生资源回收行业发展情况的调研报告[EB/OL]. http://tjtb.mofcom.gov.cn/aarticle/zhuantdy/as/201202/20120207980098.html [2012-02-23].

[263] Elíasson L，Turnovsky S J. Renewable resources in an endogenously growing economy：balanced growth and transitional dynamics[J]. Journal of Environmental Economics and Management，2004，48：1018-1049.

[264] 武春友，刘岩，王恩旭. 基于哈肯模型的城市再生资源系统演化机制研究[J]. 中国软科学，2009，（11）：154-159.

[265] 武春友，刘岩. 城市再生资源利益相关者满意度评价模型及实证[J]. 中国人口·资源与环境，2010，20（3）：116-123.

[266] Giurco D，Bossilkov A，Patterson J，et al. Developing industrial water reuse synergies in Port Melbourne：cost effectiveness，barriers and opportunities[J]. Journal of Cleaner Production，2011，19（8）：867-876.

[267] Beers D，Biswas W K. A regional synergy approach to energy recovery：the case of the Kwinana industrial area，Western Australia[J]. Energy Conversion and Management，2008，49（1）：3051-3062.

[268] Varga M，Kuehr R. Integrative approaches towards Zero Emissions regional planning：synergies of concepts[J]. Journal of Cleaner Production，2007，15（13-14）：1373-1381.

[269] Chen S Y，Liu Y L，Chen C F. Evaluation of land-use efficiency based on regional scale—a case study in Zhanjiang，Guangdong Province[J]. Journal of China University of Mining and Technology，2007，17（2）：215-219.

[270] 李德一，张树文. 黑龙江省水资源与社会经济发展协调度评价[J]. 干旱区资源与环境，2010，24（4）：8-12.

[271] Li Q F，Dang Y G ，Qian W Y . Study on measurement of level of economic—environmental system's coordination development in Yixing city[J]. Energy Procedia，2011，（5）：1937-1943.

[272] 刘传明，张义贵，刘杰，等. 城市综合交通可达性演变及其与经济发展协调度分析[J]. 经济地理，2011，31（12）：2028-2033.

[273] 沈玉芳，刘曙华，张婧，等. 长三角地区产业群、城市群和港口群协同发展研究[J]. 经济地理，2010，30（5）：778-783.

[274] 郭庭政，段宁，武春友. 我国资源再生产业集群辨识研究[J]. 中国人口. 资源与环境，2010，20（2）：139-143.

[275] Haken H. Synergetics[J]. Naturwissenschaften，1984，127（1-3）：26-36.

[276] 宋超山，马俊杰，杨风，等. 城市化与资源环境系统耦合研究——以西安市为例[J]. 干旱区资源与环境，2010，24（5）：85-90.

[277] 刘耀彬，李仁东，张守忠，等. 城市化与生态环境协调标准及其评价模型研究[J]. 中国软科学，2005，（5）：140-148.

[278] 邱菀华. 管理决策与应用熵学[M]. 北京：装备工业出版社，2002.

[279] 章穗，张梅，迟国泰，等. 基于熵权法的科学技术评价模型及其实证研究[J]. 管理学报，2010，7（1）：34-42.

[280] 李国柱，李从欣. 基于熵值法的经济增长与环境关系研究[J]. 统计与决策，2010，（24）：107-109.

[281] Valerie I. The Penguin Directionary of Physics[M]. Beijing：Foreign Language Press，1996.

[282] 宋学锋，刘耀彬. 城市化与生态环境的耦合度模型及其应用[J]. 资源与环境，2005，23（5）：31-33.

[283] Sterr T，Ott T. The industrial region as a promising unit for eco-industrial development-reflections，practical experience and establishment of innovative instruments to support

industrial ecology[J]. Journal of Cleaner Production，2004，12（8）：947-965.

[284] 李健，唐燕. 基于物联网的逆向物流企业竞争情报系统研究[J]. 情报杂志，2011，30（10）：151-155.

[285] 唐燕，孟繁玥，李健. 基于众包的逆向物流企业竞争情报服务系统研究[J]. 情报杂志，2016，35（3）：61-65.

[286] 唐燕，李健，张吉辉. 面向再制造的闭环供应链云制造服务平台设计[J]. 计算机集成制造系统，2012，18（7）：1554-1562.

[287] 唐燕，李开航，李健，等. 基于政策工具的逆向物流产业政策框架应用研究[J]. 情报杂志，2016，35（5）：15-19.